MEMBACA TEKS
BAHASA INDONESIA

인도네시아어 읽기 연습

MEMBACA TEKS BAHASA INDONESIA

인도네시아어 읽기 연습

| 고영훈 |

HU:iNE

본 교재는 2020년 정부(교육부 국립국제교육원) '특수외국어 교육 진흥 사업'의
지원을 받아 수행된 결과입니다.

책을 펴내며

한국과 인도네시아의 관계가 날로 발전하고 있음을 실감합니다. 현재 인도네시아에 거주하는 외국인 중 한국인이 가장 많다는 통계를 접했습니다. 그만큼 우리와 인도네시아가 여러 분야에서 두드러진 협력관계를 유지하고 있다는 방증이 됩니다. 대학에서도 전공이나 제2 전공으로 인도네시아 관련 학과에 관한 관심이 더욱 높아지고 있습니다. 아울러 최근 국가에서 실시하는 여러 평가 고사에서 인도네시아어 능력 시험(FLEX)에 응시하는 인원이 날로 늘고 있는 것도 사실입니다. 이러한 상황에서 효과적인 인도네시아어 학습에 관한 관심도 높아지고 있습니다.

이 책은 인도네시아어 문법, 기본 구문을 숙지한 후 좀 더 난이도 있는 구문을 이해하는 데 도움을 주고자 집필되었습니다. 이를 위하여 각 분야에서 다루는 토픽을 텍스트로 사용하였습니다. 소설 일부분이나 단편을 통하여 인도네시아 문학 작품 안에 녹아있는 문화를 이해할 수 있도록 하였고, 민담을 소개하여 인도네시아 사람들의 전통과 관습에 다가갈 수 있도록 하였습니다. 아울러 각종 언론 기사, 주식회사의 설립 정관 등의 텍스트를 통하여 실생활과 관련된 지문을 접할 수 있도록 하였습니다.

이러한 텍스트를 제대로 소화하고 자기 것으로 만드는 것은 독자의 몫입니다. 수없이 많은 문장을 분석하고 단어를 암기하는 정도의 노력이 필요합니다. 아는 바와 같이 어학 공부의 지름길은 없습니다. 디지털 시대에 아날로그적인 기법을 적용해야 하는 것이 어학 공부입니다. 그만큼 많은 시간을 투자하여 어휘를 암기하고 구문을 분석하는 능력을 배양하는 길밖에 없을 것입니다. 이 책이 그러한 길목에 서 있는 독자들에게 조금이라도 도움이 된다면 이 책을 출간한 목적이 달성될 것이며 저에게는 보람이 될 것입니다.

끝으로 이 책을 만드는 데 조언과 지원을 아끼지 않은 한국외국어대학교 지식출판원 신선호 팀장 등 여러 스태프에게 감사드립니다.

2016. 9.

저자 고 영 훈

목차

I

Bahasa Indonesia, Bahasa Kita

인도네시아어, 우리의 국어

1.1

Sehari setelah Proklamasi Kemerdekaan 17 Agustus 1945, dalam rapat Panitia Persiapan Kemerdekaan Indonesia (PPKI), disahkan konsep yang dikenal sebagai Piagam Jakarta, menjadi Undang-Undang Dasar (UUD) yang kemudian dikenal sebagai 'UUD 1945', setelah dilakukan beberapa perubahan dan pencoretan. Di dalam UUD 1945 itu, tercantum dalam Pasal 36, kedudukan bahasa Indonesia ditetapkan: Bahasa Negara ialah Bahasa Indonesia.

1945년 8월 17일 독립선언 하루가 지난 후 인도네시아독립준비위원회 회의에서 자카르타헌장으로 알려진 구상이 인준되었고 이것이 몇 차례 수정을 거쳐 'UUD 1945'로 알려진 헌법이 제정되었다. 이 45년 헌법 제36조에 인도네시아어의 지위가 다음과 같이 정해져 있다: 인도네시아의 국어는 인도네시아어이다.

kedudukan : status 지위, 위치

disahkan : menetapkan, meresmikan 확정되다, 인준되다

pencoretan : 수정

tercantum : 새겨지다, 실리다

1.2

Kedudukan itu tetap tak tergoyahkan dalam ketiga UUD yang pernah dimiliki negara Indonesia, yaitu UUD1945, UUD RIS, dan UUDS 1950. Kalau UUD (konstitusi) yang disusun oleh konstituante sempat diumumkan, kedudukan bahasa Indonesia sebagai bahasa negara tetap tak tergoyahkan. UUD hasil kerja konstituante tak sempat diumumkan, karena lembaga negara yang dipilih oleh rakyat secara demokratis pada tahun 1955 itu keburu dibubarkan oleh Presiden Soekarno (1959).

이러한 지위는 인도네시아가 소유했던 세 개의 헌법, 즉 45년 헌법, 연합인도네시아공화국헌법, 그리고 1950년 인도네시아임시헌법에서도 흔들리지 않았다. 국민회의가 제정한 헌법이 공표되었다면, 국어로서의 인도네시아어의 지위는 변함이 없었을 것이다. 국민회의가 제정한 헌법이 공표되지 못했는데 그것은 1955년 민주적인 절차에 의하여 국민이 뽑은 국가기관이 수카르노 대통령에 의하여 서둘러 해산되었기 때문이다. (1959).

tergoyahkan : tergoyangkan 움직이다, 흔들리다

UUD (Undang-Undang Dasar) : 헌법

UUD RIS (Undang-Undang Dasar Republik Indonesia Serikat) : 연합인도네시아공화국헌법

UUDS (Undang-Undang Dasar Sementara) : 임시헌법

konstituante : 국민회의

keburu : tergesa-gesa, lebih dahulu 사전에, 서둘러

1.3

Walaupun tidak ada penjelasan tentang arti "bahasa negara", kedudukan bahasa Indonesia sebagai bahasa negara merupakan langkah lanjutan dari pengakuan terhadapnya sebagai "bahasa persatuan" dalam Sumpah Pemuda 28 Oktober 1928. Para pemuda yang menjadi pendiri bangsa dan negara Indonesia pada waktu itu menetapkan melalui sumpah bahwa mereka mengaku (1) bertumpah darah satu, Tanah Air Indonesia, (2) berbangsa satu, bangsa Indonesia, dan (3) menjunjung bahasa persatuan, bahasa Indonesia.

penjelasan : 설명

langkah lanjutan : 후속조치

mengaku : 주장하다, 인정하다, 규정하다

menjunjung : menurut, menaati 따르다, 존중하다

비록 국어에 관한 설명이 없었지만 국어로서의 인도네시아어의 지위는 1928년 10월 28일 청년의 맹세에서 천명한 “통합언어”로서 그에 대한 인정의 후속조치였다. 당시 인도네시아라는 민족과 국가를 규정한 젊은이들은 그들의 맹세를 통하여 (1) 하나의 조국, 인도네시아, (2) 하나의 민족, 인도네시아 민족, (3) 통일된 언어, 인도네시아어를 규정하였다.

1.4

Pada waktu itu, bahasa Indonesia dalam masyarakat masih disebut sebagai "bahasa Melayu". Bahkan Pemerintah Hindia Belanda, melarang pemakaian istilah "bahasa Indonesia" sampai mereka takluk pada balatentara Jepang (1942). Mereka tetap mempergunakan istilah "bahasa Melayu" seperti tampak dalam berbagai maklumat dan juga dalam penerbitan-penerbitan pemerintah, termasuk dalam buku-buku, majalah-majalah dan almanak yang diterbitkan oleh penerbit pemerintah Balai Pustaka. Istilah "bahasa Indonesia" terutama digunakan di kalangan pergerakan kebangsaan, termasuk pers nasional.

takluk : mengaku kalah, menyerah kalah, tunduk 순종하다, 복종하다

balatentara : 군대

almanak : 연감

menghindari : menjauhkan diri 피하다, 회피하다

당시 사회에서 인도네시아어는 “말레이어”로 불리웠다. 게다가 네덜란드 식민통치 정부는 그들이 일본에게 항복할 때까지 “인도네시아어”라는 용어의 사용을 금했다. 그들은 식민통치 정부 출판국인 발레이 뿌스따까에서 출간한 서적, 잡지, 연감 등을 포함한 다양한 정부 간행물에 “말레이어”라는 용어를 사용하였다. “인도네시아어”라는 용어는 민족언론을 포함한 민족주의운동 계층에서 우선적으로 사용되었다.

1.5

Pers yang pro-Pemerintah Hindia Belanda yang disebut "pers putih", dan pers Cina yang disebut "pers kuning", menghindari pemakaian istilah "bahasa Indonesia". Memang yang disebut "bahasa Indonesia" pada waktu itu, tidak ada bedanya dengan "bahasa Melayu" yang menjadi sumbernya. "Bahasa Indonesia" adalah nama yang digunakan oleh para pemuda yang bersumpah pada tahun 1928 itu, sebagai "bahasa persatuan" bangsa yang hidup di Tanah Air yang pada waktu masih merupakan cita-cita belaka.

menghindari : menjauhkan diri 피하다, 회피하다

bersumpah : 맹세하다

cita-cita : 이상

diasumsikan : 추측되다, 예상되다

"백색언론"으로 불린 친 네덜란드 식민통치 언론과 "황색언론"으로 불린 중국계 언론은 "인도네시아어"라는 용어 사용을 회피했다. 당시 "인도네시아어"로 불린 언어는 이 언어의 근원이 된 "말레이어"와 다르지 않다. "인도네시아어"는 1928년 당시까지만 해도 이상에 머물렀던 조국에 살고 있던 민족의 "통합어"로써 청년의 맹세에 참여한 젊은이들이 사용한 용어이다.

1.6

Bangsanya terdiri dari ratusan suku bangsa yang mempunyai kebudayaan dan bahasa sendiri, namun diasumsikan oleh para pemuda itu akan bersatu sebagai satu bangsa, yaitu "Bangsa Indonesia". Tanah airnya terdiri dari belasan ribu pulau yang secara resmi masih disebut sebagai "Hindia Belanda".

Bahasa Melayu yang dinobatkan sebagai bahasa persatuan dengan nama "bahasa Indonesia", bukan merupakan bahasa yang terbesar jumlah penuturnya, dan bukan pula yang paling kaya kesusastraannya.

terdiri dari : ~으로 구성된

dinobatkan : 옹립되다, 임명되다

bahasa persatuan : 통합어

secara unanim : 만장일치로

menggantikan : 교체하다, 바꾸다

독자적인 문화와 언어를 가진 수 백 개의 종족으로 구성된 민족이지만 청년들은 "인도네시아민족"이라는 하나의 민족으로의 통합을 예측하였다. 조국은 "네덜란드령 인디아"라는 이름으로 불리는 만 수 천 개의 섬으로 구성되어 있었다.

"인도네시아어"로 불리우며 통합어로 채택된 말레이어는 언어사용인구가 가장 많은 것도 아니었고, 문학적으로 가장 우위에 있는 것도 아니었다.

1.7

Namun, penobatan itu diterima secara unanim. Sampai sekarang pilihan itu tak pernah ditinjau kembali. Orang yang paling bersemangat hendak memajukan bahasa daerah yang mana pun, tak pernah terdengar ingin menggantikan kedudukan bahasa Indonesia sebagai bahasa persatuan dan bahasa negara.

Sejarah telah menunjukkan bahwa bahasa Melayu dipilih oleh Pemerintah Hindia Belanda pada pertukaran abad yang lalu sebagai bahasa administrasi kekuasaan untuk mengoptimalkan efisiensi eksploitasi kolonialnya.

secara unanim : 만장일치로

menggantikan : 교체하다, 바꾸다

mengoptimalkan : 극대화하다

그러나 그러한 지위는 만장일치로 받아들여졌다. 아직까지 그러한 선택에 대한 재고는 없었다. 어느 지방이건 지방어를 발전시키려는 열정을 가진 사람이라 하더라도 통합어나 국어로서의 인도네시아어의 지위를 교체하려 한다는 말이 들린 적이 없다.

역사는 지난 세기의 전환점에 식민통치 정부가 식민지 착취의 효율성을 극대화하기 위하여 통치행정언어로 말레이어를 택했다는 사실을 보여주고 있다.

1.8

Untuk kepentingan itu, Pemerintah Hindia Belanda menunjuk C.A. van Ophuijsen untuk menyusun "pembakuan" bahasa Melayu, yang antara lain melahirkan sistem ejaan penulisan bahasa Melayu dengan huruf Latin, yang kemudian dikenal sebagai "Ejaan van Ophuijsen". Bahasa yang direkayasa oleh para ahli bahasa Melayu orang Belanda inilah yang kemudian diajarkan melalui sekolah-sekolah yang didirikan oleh pemerintah.

pembakuan : 표준화

antara lain : ~등등

direkayasa : 고안된, 적용된, 수용된

mendirikan : 설립하다, 세우다

이러한 그들의 이익을 위하여 식민통치 정부는 오푸이센으로 하여금 말레이어의 표준화를 정리하도록 지시하였는데 그 중 하나가 훗날 "오푸이센 철자법"으로 알려진 말레이어의 라틴어 표기 시스템 창안이다. 식민통치 정부가 설립한 학교에서는 그 후 이와 같은 네덜란드인 말레이어 전문가들이 고안한 이 언어를 가르쳤다.

1.9

Setelah pemerintah mendirikan "Balai Pustaka"(1917), bahasa Melayu rekayasa itu disebarkan lebih sistematis melalui buku-buku yang diterbitkan. Badan penerbitan itu bukan saja berusaha agar buku-buku terbitannya menjauhkan para pembaca dari "segala yang dapat merusakkan kekuasaan pemerintah dan ketenteraman negeri" seperti yang ditulis oleh sekretarisnya yang pertama - Dr. A. Rinkes - melainkan juga bertugas mengontrol dan mengatur bahasa yang dipakai.

disebarkan : 전파되다, 퍼지다

ketenteraman : 안전, 안녕, 안위

식민통치 정부가 "발레이 뿌스따까"를 설립한 후 (1917) 고안된 이 말레이어는 그들이 출간하는 책을 통하여 더욱 체계적으로 전파되었다. 이 출판국은 그들이 출간하는 책이 첫 번 째 비서관이었던 링커스가 언급한 바의 "식민통치 국가의 안위를 해치는 모든 것"으로부터 독자들을 멀리하도록 노력함은 물론이고 사용하는 언어를 통제하고 조정하는 임무를 가졌다.

1.10

Sementara itu, dalam masyarakat hidup dengan sehatnya bahasa Melayu yang secara melecehkan dinamakan "bahasa Melayu Rendah" (sedangkan bahasa hasil rekayasa ahli Belanda disebut "bahasa Melayu Tinggi"), yang disebut juga "bahasa Melayu Cina" atau "bahasa Melayu Pasar". Penamaan yang pertama, jelas mencerminkan keangkuhan pemberi nama yang niscaya dari kalangan pemakai "bahasa Melayu Tinggi".

sementara itu : 한편

melecehkan : 비하하다

mencerminkan : membayangkan 반영하다

keangkuhan : 교만, 거만

niscaya : 확실히, 틀림없이

한편, 사회에는 "저급 말레이어" (네덜란드 학자가 표준화한 언어는 "고급 말레이어"로 칭함)로 비하하여 칭한 말레이어가 건재했는데 이는 "중화말레이어" 혹은 "시장말레이어"로 불리기도 했다. 첫 번 째 명칭은 "고급말레이어" 구사자 계층일 것이 틀림없는 명명자의 오만함을 반영한 것이다.

1.11

Penamaan kedua juga tidak benar, karena bahasa tersebut digunakan tidak saja oleh atau hanya di kalangan orang Cina (peranakan), tetapi juga di kalangan rakyat pribumi kalau berbicara dengan orang asing atau orang yang berasal dari daerah lain. Bahasa itu adalah *lingua franca* yang sudah dipakai di kepulauan Nusantara sejak berabad-abad. Oleh karena itu, lebih tepat disebut "bahasa Melayu Pasar", karena terutama hidupnya di lingkungan pasar antarbangsa.

peranakan : 혼혈인
kalangan : 계층
pribumi : 토착인
lingua franca : 교통어

두 번 째 명명 역시 옳지 못한데 그것은 이 언어를 중국계(혼혈인)들만 사용한 것이 아니고 토착인들이 외국인이나 외지인들과 대화를 할 때에도 사용했기 때문이다. 이 언어는 수 세기 이전부터 누산따라 군도지역에서 사용된 교통어였다. 그러므로 "시장 말레이어"라고 하는 게 정확한데 그것은 국제 시장 영역에서 사용되었기 때문이다.

1.12

Pada masa itu, bahasa Melayu Pasar digunakan dalam kehidupan sehari-hari dan dipakai sebagai bahasa pers, baik kuning, putih maupun nasional. Ya, pers bahasa Melayu pada waktu itu, umumnya mempergunakan bahasa Melayu Pasar. Yang mempergunakan bahasa Melayu "resmi" yaitu hasil rekayasa para ahli Belanda terbatas pada majalah-majalah resmi, seperti terbitan Balai Pustaka (Pandji Poestaka, Sri Poestaka, Volksalmanak), majalah Poedjangga Baroe, dan beberapa yang lain.

kehidupan sehari-hari : 일상
pers : 언론

당시 시장 말레이어는 일상언어 및 백색 언론, 황색 언론, 그리고 민족 언론 등 언론 매체언어로도 사용되었다. 당시 언론매체에서 사용한 말레이어는 일반적으로 시장말레이어였다. 공식 말레이어, 즉 네덜란드 학자들이 표준화한 말레이어는 발레이 뿌스따가의 출판물 (빤지 부스따까, 스리 뿌스따가, 폭스알마낙), 뿌장가 바루 잡지, 그리고 몇몇 다른 출판물 등 공식적인 잡지에 국한되었다.

1.13

Akan tetapi, bahasa Melayu Tinggi itulah yang diajarkan di sekolah-sekolah dan dengan demikian dipelajari oleh kaum terdidik yang pernah duduk di bangku sekolah yang mempergunakan bahasa Melayu sebagai pengantar. Mereka yang duduk di sekolah yang mempergunakan bahasa Belanda sebagai pengantar pun, kalau belajar bahasa Melayu adalah bahasa Melayu Tinggi.

그러나 그러한 고급말레이어가 바로 학교에서 학습되었으며 그러므로 말레이어를 매개로 사용하는 학교에서 공부한 적이 있는 식자들이 학습한 것이었다. 네덜란드어를 매개로 사용하는 학교에서 공부한 사람들도 말레이어의 경우에는 고급말레이어를 학습하였다.

bangku : 의자, 좌석

bahasa pengantar : 매개어

1.14

Para pemimpin pergerakan kemerdekaan, seperti H.O.S. Tjokroaminoto, H. Agus Salim, Abdoel Moeis, Ir. Soekarno, Drs. Moh. Hatta, Sjahrir, M. Natsir, dan lain-lain mempergunakan dan memperkaya bahasa Indonesia dengan tulisan dan pidato. Bahasa Indonesia digunakan sebagai sarana pikiran-pikiran yang sebelumnya tidak dikenal dalam bahasa Melayu, seperti wacana tentang kolonialisme, sosialisme, Marxisme, dan demokrasi.

쪼끄로아미노또, 아구스 살림, 압둘 무이스, 수카르노, 핫타, 샤흐리르, 낫시르 등 독립운동 지도자들은 그들의 글과 연설에 인도네시아어를 사용하고 이 언어를 풍요롭게 하였다. 인도네시아어는 이전 말레이어에서는 알지 못했던 식민민주의, 사회주의, 마르크스주의, 그리고 민주주의 등에 관한 담화와 같은 사상의 장치로 사용되었다.

pergerakan : 운동

memperkaya : 부유하게 하다, 넉넉하게 하다

sarana : 장치

wacana : 담화, 말

1.15

Dalam lapangan kesusastraan, Abdoel Moeis menulis *Salah Asuhan* (1928), Armijn Pane menulis *Belenggu* (1938), keduanya berbentuk roman yang merupakan genre baru, sedangkan temanya pun bukan yang sebelumnya dikenal dalam khazanah sastra Melayu. Amir Hamzah yang berasal dari lingkungan budaya tradisional Melayu, menulis *Nyanyi Sunyi* (1937), yang berangkat dari akar puisi Melayu namun memperluas kaki langit pengucapannya dengan hal-hal yang sebelumnya tak terdapat dalam khazanah puisi Melayu.

lapangan : 분야

khazanah : harta benda, kekayaan 재산, 보고, 재물

kaki langit : cakrawala, horizon 지평, 범주

문학 분야에서 압둘 무이스는 <잘못된 교육> (1928), 아르민 빠네는 <족쇄> (1938)를 썼는데 이 두 작품은 새로운 장르인 소설이며, 테마도 이전 말레이문학에서 다루던 것이 아니었다. 말레이 전통 문화권 출신인 아미르 함자는 <슬픈 노래> (1937)를 썼는데, 이 작품은 말레이 시의 뿌리에서 출발했지만 그 이전 말레이 시에서는 찾아볼 수 없는 요소로 표현의 지평을 넓혔다.

1.16

Ketika pada masa pendudukan Jepang (1942-1945), bahasa Belanda dilarang digunakan, sedangkan bahasa Jepang belum dikuasai sehingga digunakan bahasa Indonesia sebagai bahasa administrasi dan bahasa pendidikan. Kesempatan itu merupakan peluang emas bagi pengembangan bahasa Indonesia sebagai bahasa persatuan atau bahasa nasional. Tak pernah sebelumnya ada kesempatan begitu luas mempergunakan bahasa Indonesia di seluruh pelosok Tanah Air Indonesia.

pendudukan : 주둔, 진주

pendidikan : 교육

pelosok : 오지, 구석

일본 강점기에 (11942-1945), 네덜란드어 사용이 금지되었으며, 일본어도 제대로 구사할 수 없었기 때문에 행정어와 교육어로 인도네시아어가 사용되었다. 이러한 기회는 인도네시아어를 통합언어 및 국어로 발전시키는 좋은 기회였다. 인도네시아 전역에서 인도네시아어 사용이 이처럼 확대된 적은 없었다.

1.17

Bung Karno, Bung Hatta dan para pemimpin lain yang berkeliling untuk mengadakan pidato yang membakar semangat rakyat, dan juga siaran-siaran melalui radio selalu mempergunakan bahasa Indonesia, sehingga bahasa Indonesia kian dekat dengan rakyat yang sehari-hari dalam komunitasnya hanya mempergunakan bahasa daerah.

pemimpin : 지도자

siaran : 방송

국민들의 열정을 불러일으키기 위한 연설을 행하기 위하여 전국을 돌아다니던 수카르노, 핫타, 그리고 지도자들과 라디오 방송은 인도네시아어를 사용하였으며 그래서 인도네시아어는 지방어만을 사용하던 국민들에게 점점 가깝게 다가갔다.

1.18

Hal itu memperlancar jalan untuk menetapkannya sebagai bahasa negara, seperti tercantum dalam UUD 1945. Dengan demikian, sejak awal kemerdekaan, bangsa kita sudah mempunyai bahasa nasional, bahkan bahasa negara. Berlainan dengan negara-negara tetangga seperti Singapura, Filipina, apalagi India. Negara-negara itu sampai sekarang masih bergulat dalam usahanya untuk mempunyai satu bahasa nasional.

memperlancar : 원활하게 하다

menetapkan : 확정하다

bergulat : 씨름하다, 노력하다

이는 45년 헌법에 명시된 바의 국어로 가는 길을 원활하게 했다. 이렇게 함으로써 독립 초기 이후에 우리 민족은 이미 국어를 가지게 되었다. 이러한 상황은 우리의 인접 국가인 싱가포르, 필리핀은 물론 인도와도 다른 것이었다. 이들 나라들은 아직까지도 하나의 국어를 갖는 노력을 하고 있다.

1.19

Dalam pergulatan itu, di India bahkan sampai jatuh korban manusia. Berlainan dengan banyak negara yang baru merdeka setelah Perang Dunia II, yang mengadopsi bahasa penjajahnya, kita punya bahasa sendiri. Bahasa Indonesia yang kita punyai cukup modern untuk dipakai menyampaikan pikiran yang betapa rumitnya, termasuk ilmu yang betapa tingginya, dan perasaan yang betapa halusnya sekalipun. Dengan begitu, kita tidak terjebak dalam kerangkeng bahasa penjajah kita.

bahkan : 심지어, 게다가

penjajah : 식민통치자

rumit : 복잡한, 간단치 않은

kerangkeng : 철창, 우리, 옥사

이러한 노력 중에 인도는 인명의 희생을 경험하기도 했다. 세계 2차 세계대전 이후에 독립한 후 식민통치국의 언어를 채택한 나라들과는 달리 우리는 독자적인 언어를 소유했다. 우리가 소유한 인도네시아어는 높은 수준의 학문, 섬세한 우리의 감성을 포함한 복잡한 사고를 전달하는데 부족함이 없다. 그래서 우리는 우리를 식민통치했던 국가의 언어의 철창에 갇히지 않았다.

1.20

Memang ada untungnya juga negara-negara yang mengadopsi bahasa bekas penjajahnya, yang umumnya merupakan bahasa modern yang kaya seperti bahasa Inggris atau Prancis. Mereka sekaligus bisa memasuki khazanah ilmu dan budaya, termasuk filsafat yang terdapat dalam bahasa tersebut. Banyak yang kemudian mempergunakan bahasa tersebut sebagai sarana pengucapan sastra atau ilmunya, sehingga pikiran dan karyanya secara langsung dapat diapresiasi oleh para pemakai bahasa tersebut.

sekaligus : 동시에

filsafat : 철학

diapresiasi : 향유되다

자신을 통치했던 나라의 언어를 국어로 채택한 나라들도 이점이 있기는 한데 그 언어들은 영어나 불어 등 현대적인 언어이다. 그들은 동시에 영어나 불어 등의 언어권 철학을 비롯한 학문과 문화유산을 접할 수도 있게 되었다. 후에 그 언어를 문학이나 학문의 장치로 사용하는 경우가 많았으며 그래서 그들 사상이나 작품을 그 언어 사용자들이 향유할 수 있게 되었다.

1.21

Namun, mereka terperangkap oleh keterbatasan bahasa yang mereka gunakan, yang niscaya tak dapat menyuarakan relung-relung perasaan dan budaya bangsanya yang asli. Setiap bahasa mempunyai hukum dan kosakata yang sebenarnya khas untuk melukiskan budaya bangsa yang mempunyai bahasa itu. Dan bahasa Indonesia terus berkembang. Pada masa pendudukan Jepang, kita pertama kali mempunyai *Kamus Istilah*.

terperangkap : 빠지다, 걸려들다

keterbatasan : 한계

relung-relung : lekuk, jeluk 깊은 곳, 심연

그러나 그들은 그들이 사용하는 언어의 한계성에 빠지고 말았는데 그것은 원어민족의 감정과 문화의 심연을 표할 수 없는 것이었다. 모든 언어는 그 언어를 사용하는 민족의 문화를 표현할 수 있는 독특한 법칙과 어휘를 가진다. 인도네시아어는 계속 발전하였다. 일본 식민통치 시대에 우리는 처음으로 용어사전을 편찬했다.

1.22

Pada masa setelah kemerdekaan, bahasa Indonesia membuktikan dirinya mampu dipergunakan sebagai bahasa pengantar di perguruan tinggi untuk ilmu apa pun dan dengan demikian menggantikan kedudukan bahasa Belanda pada masa sebelum perang. Dalam bidang kesusastraan, pada masa Jepang kita menyaksikan munculnya Chairil Anwar - pemuda kelahiran Medan yang tak diragukan penguasaannya terhadap bahasa Melayu, namun dengan leluasa memetik kata-kata dan ekspresi bahasa Melayu Pasar di dalam sajak-sajaknya.

perguruan tinggi : 대학

menyaksikan : 보다, 목도하다

penguasaan : 지배, 통치, 우위, 제어

dengan leluasa : 임의로, 자유롭게

독립 이후에 인도네시아어는 대학에서 제반 학문을 가르칠 수 있는 언어로 사용될 수 있다는 것을 증명하였으며 그로 인하여 일제시대 이전의 네덜란드어의 지위를 이어받았다. 문학 분야에서는 일제시대에 말레이어를 능수능란하게 구사했으며, 본인의 시작에 시장말레이어의 어휘와 표현을 자유롭게 사용했던 메단 출신의 젊은이 하이릴 안와르의 출현을 목도했다.

1.23

Sajak-sajaknya itu membukakan perspektif baru bagi pengucapan bahasa Indonesia sebagai bahasa sastra. Chairil membuktikan bahwa bahasa Indonesia dapat menjadi sarana pengucapan sastra yang melukiskan pengalaman dan perasaan manusia modern, yang tidak pernah sebelumnya dialami atau dilukiskan dalam sastra Melayu. Dengan demikian, bahasa Indonesia mencapai kedewasaannya sebagai bahasa modern, baik sebagai sarana pemaparan ilmu maupun sebagai sarana pengucapan sastra.

membuktikan : 증명하다, 증거하다

pengalaman : 경험

kedewasaan : 성숙, 원숙

그의 시는 인도네시아어가 문학어로서 사용될 수 있다는 새로운 시각을 제시했다. 하이릴은 인도네시아어가 현대적인 인간의 경험과 감정을 표현할 수 있는 문학의 매재어가 될 수 있다는 것을 증명하였는데, 이는 이전에 말레이 문학에서는 경험하거나 묘사되지 못한 것이었다. 이와 같이 인도네시아어는 학문이나 문학의 매재어로서 현대적인 언어로 성장하였다.

(Dikutip dari *1000 Tahun Nusantara*)

확인학습

I. 다음 단어를 골라서 문장을 완성하시오.

tentunya, kiranya, rupanya, pokoknya, sebelumnya,
sebaiknya, sebaliknya, sebenarnya, setidaknya, seharusnya

1. Mereka tinggal di rumah besar sekarang.
   ________ mereka tinggal di rumah kecil.

2. Kalau pekerjaan sudah selesai, Anda boleh pulang.
   ________ kalau belum selesai, Anda harus bekerja terus.

3. Hujan lebat turun sekarang, ________ kita membeli payung.

4. Teman saya nampaknya sehat, tetapi ________ dia sakit.

5. Pintu rumah Tengsoe tertutup, ________ dia belum pulang dari kantornya.

6. Semua karcis ________ sudah terjual, apa gunanya menunggu lebih lama di sini?

7. Kalau benar mencuri, sudah ________ dia dihukum.

8. Tidak usah khawatir, ________ aku sudah menyelesaikannya.

9. ________ Tuhan menyertai kita sekalian.

10. ________ saya masih mampu membeli mobil seperti itu.

Ⅱ

Sang Kuriang
상 꾸리앙

2.1

Raja Kerajaan Padjadjaran mempunyai seorang putra, Sungging Perbangkara namanya. Sebagai putra mahkota dan calon panglima, Sungging Perbangkara sangat kuat dan tangkas. Kepandaiannya mempergunakan kapak perang, tombak, pedang, dan panah sukar ditandingi oleh satria-satria lain. Kepandaiannya itu sangat terlatih pula karena Sungging Perbangkara sangat senang berburu. Kalau sudah berada di atas pelana kuda yang lari bagaikan terbang di padang-padang Padjadjaran, ia bagaikan malaikatulmaut bagi binatang-binatang rimba.

서부 자바의 빠자자란 왕국에 숭깅 뻐르방까라라는 왕자가 있었다. 숭깅 뻐르방까라 왕자는 왕위를 계승받게 될 황태자와 군대를 통솔하는 대장으로서 매우 강하고 민첩했다. 그는 창이나 검, 그리고 활과 같은 무기를 잘 다루었으며 이러한 그의 능력을 능가할 무사는 아무도 없었다. 숭깅 뻐르방까라 왕자는 사냥을 좋아했기 때문에 그러한 능력들이 매우 숙련되었다. 그가 빠자자란 들녘을 날아가듯이 달리는 말을 타고 있을 때 숲 속의 짐승들에게는 흡사 저승사자와 같았다.

kerajaan : 왕국

putra mahkota : 황태자

tangkas : sigap, gesit 민첩한, 숙련된

ditandingi : 겨루다

terlatih : 숙련된

pelana kuda : lapik kuda, sela 안장

bagaikan : seperti ~처럼

malaikatulmaut : Izrail 저승사자

2.2

Pada suatu hari yang cerah, dengan diiringi pembantu-pembantunya, Sungging Perbangkara berangkat berburu. Sepanjang pagi ia dengan kawan-kawannya meramaikan padang dan semak-semak dengan gonggongan anjing dan tiupan terompet tanduk. Kadang-kadang diseling ringkik kuda atau auman harimau yang terpojok. Ketika hari mulai panas, keramaian mereda.

어느 날 숭깅 뻐르방까라 왕자는 부하들과 함께 사냥을 나갔다. 그는 아침 내내 들판을 누비며 사냥을 하였고 사냥개 짓는 소리와 나팔 소리가 들판을 북적이게 만들었다. 궁지에 몰린 호랑이 소리가 들리기도 하였다. 날이 더워지면서 부산함은 끝이났다.

dengan diiringi : ~을 대동하고

sepanjang pagi : 아침 내내

diseling : 번갈아 나타나다

terpojok : berada dalam keadaan yang sulit 곤경에 빠진

mereda : 잠잠해지다, 줄어들다

2.3

Ketika menyadari bahwa kudanya sudah kelelahan, Sungging Perbangkara memerintahkan kawan-kawannya untuk beristirahat. Mereka berteduh di bawah sekelompok pohon kelapa. Mereka duduk-duduk di sana seraya menunggu para pembantu memetik kelapa muda. Setelah kelapa muda terkumpul, mereka pun melepas dahaga dengan airnya yang manis dan sejuk. Setelah itu mereka pun pulang ke kerajaan.

menyadari : 인식하다, 알다

kelelahan : 지친

berteduh : 피하다

duduk-duduk : (한가롭게) 앉아있다

dahaga : 갈증

말이 지쳤다는 것을 알았을 때 숭깅 빠르방까라는 동료들에게 휴식을 명했다. 그들은 야자수 밑에서 휴식을 취했다. 부하들이 야자수 열매를 따오기를 기다리면서 그들은 그곳에 한가롭게 앉아 있었다. 부하들이 야자수 열매를 가져오고 그들은 달콤하고 시원한 야자수 물로 갈증을 풀었다. 휴식을 마치고 왕자 일행은 대궐로 돌아갔다.

2.4

Kebetulan di daerah pohon-pohon kelapa itu terdapat semak tempat bersembunyi seekor babi hutan betina, Celeng Wayungyang namanya. Sudah lama babi hutan betina itu tinggal di sana dan bertapa ingin menjadi manusia. Ketika keadaan sudah sepi dan ia merasa aman, Celeng Wayungyang keluar dari tempat persembunyiannya dan berjalan ke arah tempat para satria beristirahat sebelumnya. Ia merasa lapar dan dahaga karena sepanjang pagi tidak dapat meninggalkan tempat persembunyiannya.

kebetulan : 우연히

bertapa : 수행하다, 고행하다

satria : 무사

meninggalkan : ~를 떠나다

숭깅 빠르방까라 왕자 일행이 휴식을 취하던 야자수 부근 덤불에 우연히 암 멧돼지 한 마리가 숨어 있었다. 그의 이름은 쩰렝 와융양이었다. 쩰렝 와융양은 사람으로 변하기 위하여 그곳에서 오랫동안 수도를 하는 중이었다. 상황이 잠잠해지고 안전하다고 느꼈을 때 쩰렝 와융양은 은신처에서 나와 좀 전에 무사들이 휴식을 취하던 곳으로 향했다. 그는 아침 내내 은신처에서 나올 수 없었기 때문에 배도 고프고 목도 말랐다.

2.5

Di bawah kelompok pohon kelapa itu ia menemukan tempurung kelapa muda yang berisi air. Karena dahaga ia segera meminum air itu. Ternyata air seni Sungging Perbangkara. Beberapa hari setelah itu Celeng Wayungyang bunting dan beberapa bulan kemudian beranak. Namun, anaknya bukan seekor babi hutan melainkan seorang bayi perempuan yang sangat cantik.

menemukan : 발견하다

tempurung : 야자껍질

dahaga : haus 갈증 나는, 목이 마르는

bunting : hamil 임심한, 아이를 가진

야자나무 밑에서 그는 물이 고여있는 야자껍질을 발견했다. 목이 말랐기 때문에 그는 즉시 그 물을 들이켰다. 알고 보니 그것은 숭깅 뻐르방까라의 오줌이었다. 며칠이 지난 후 쩰렝 와융양의 배가 불러오기 시작하였고 몇 달이 지나 그는 출산했다. 그러나 그것은 멧돼지 새끼가 아닌 어여쁜 여자 아기였다.

2.6

Pada musim berburu berikutnya, Sungging Perbangkara dengan kawan-kawannya para satria serta pembantu-pembantunya kembali berburu ke tempat yang sama. Tiba-tiba salah seorang pembantunya mendengar suara bayi menangis di dalam semak. Ketika ia memeriksanya, ternyata ada seorang bayi yang cantik. Ia segera memberitahukan hal itu kepada putra mahkota. Putra mahkota memeriksa semak dan menemukan bayi itu dan membawanya ke istana untuk dipelihara oleh Ibunda Suri.

musim berburu : 사냥철

semak : 덤불, 잔풀숲

tiba-tiba : 갑자기

ternyata : 사실, 알고 보니

그 다음 사냥철에 숭깅 뻐르방까라 왕자는 부하들을 대동하고 동료들과 같은 사냥터로 다시 사냥을 나갔다. 갑자기 부하 한 명이 덤불 속에서 들려오는 아기 울음소리를 들었다. 그가 살펴보니 그 곳에는 예쁜 아기가 있었다. 그 부하는 황태자에게 즉시 보고하였다. 황태자는 덤불을 살피고 그 아기를 발견하였으며, 그의 모친 수리 왕비가 보살필 수 있을 것으로 생각하여 그 아기를 대궐로 데리고 왔다.

2.7

Ibunda Suri sangat gembira menerima bayi cantik itu dan memberinya nama Dayang Sumbi. Dayang Sumbi semakin besar semakin cantik juga. Ia diajari berbagai ilmu kewanitaan, seperti masak-memasak, sulam-menyulam, dan tenun-menenun. Ketika berusia tujuh belas tahun ia sudah pandai sekali menenun. Sungging Perbangkara yang sudah menjadi raja memerintahkan kepada berberapa orang punggawanya untuk membuat panggung kecil tempat Dayang Sumbi menenun.

semakin~ semakin~ : ~하면 할수록 점점 더 ~하다

memerintahkan : 명하다, 지시하다

punggawa : 부하

수리 왕비는 아기를 보고 매우 기뻐하였으며 아기에게 다양 숨비라는 이름을 지어 주었다. 다양 숨비는 커가면서 점점 더 예뻐졌다. 그녀는 요리, 자수, 직조 등 여성이 배워야 될 여러 가지 덕목을 배웠다. 그녀의 나이가 열 일곱이 되었을 때 다양 숨비는 이미 직조에 능했다. 왕위를 이어받은 숭깅 뻐르방까라는 몇몇 부하들에게 다양 숨비가 베를 짤 수 있는 공간을 마련해 주도록 지시했다.

2.8

Bunyi alat tenunnya yang merdu bergema di seluruh pelosok ibu kota Kerajaan Padjadjaran. Orang-orang Padjadjaran sangat senang dan kagum mendengarkan bunyi alat tenun itu. Pada suatu hari yang sangat panas, Dayang Sumbi berada di atas panggung kecilnya dan menenun seperti biasa. Udara yang panas dan benang yang kusut mengesalkan hatinya. Kekesalan hatinya bertambah pula ketika salah satu alat tenun yang bernama taropong terjatuh ke bawah panggung yang tinggi itu.

merdu : 듣기 좋은, 낭랑한

bergema : 메아리치다

pelosok : 오지, 외딴 곳

kagum : 감탄하다, 탄복하다

panggung : 무대

kusut : 엉킨, 꼬인

mengesalkan hati : 짜증나게 하다

taropong : 북

다양 숨비의 베 짜는 소리는 빠자자란 왕국의 방방곡곡에 울려퍼졌다. 빠자자란 백성들은 다양 숨비가 베짜는 소리를 듣고 기뻤으며 그에 감탄했다. 몹시 더운 어느 날 다양 숨비는 여느 때처럼 베틀에 앉아 베를 짜고 있었다. 그날은 날씨가 후텁지근하고 실타래도 엉겨서 짜증이 났다. 다양 숨비가 실꾸리가 담긴 북을 놓쳐버렸을 때 그녀의 짜증은 더해갔다.

2.9

Dayang Sumbi pun mengeluh dan berkata, "Barang siapa mengambilkan taropongku, kalau perempuan akan kujadikan saudara kalau laki-laki akan kujadikan suami." Kebetulan di kolong panggung itu ada seekor anjing jantan sedang berteduh, si Tumang namanya. Si Tumang mendengar kata-kata Putri Dayang Sumbi, lalu menggigit taropong dan membawanya ke atas. Dayang Sumbi tidak curiga, ia melanjutkan pekerjaannya untuk beberapa lama. Pada suatu saat, karena lelah dan hari panas, ia tertidur.

barag siapa : siapa saja 누구든지

kebetulan : 우연히

kolong : (인도네시아 전통 가옥의) 하단부 공간

lelah : 지친, 피곤한

다양 숨비는 푸념하며 "누구든 저 북을 가져다준다면, 여자이면 나의 언니로 삼고, 남자이면 나의 남편으로 삼을 거야"라고 말했다. 그런데 우연히 마루 밑에서는 마침 뚜망이라는 이름을 가진 개가 쉬고 있었다. 뚜망은 다양 숨비 공주 말을 들은 후 북을 입에 물고 위로 올라왔다. 다양 숨비는 별 의심 없이 한동안 일을 계속 하였다. 어느 순간에 날이 덥고 지쳐서 다양 숨비는 잠이 들어버렸다.

2.10

Ketika itulah si Tumang melangkahi putri yang sedang tidur itu. Beberapa waktu kemudian Dayang Sumbi hamil. Karena tidak jelas siapa ayah anak yang ada dalam kandungan putri itu dan untuk melingdungi nama baik keluarga Raja, maka Putri Dayang Sumbi diungsikan ke dalam hutan. Ia dibuatkan sebuah gubuk tempat tinggal dan sebuah panggung tempat menenun.

melangkahi : bermukah, berzina 범하다

diungsikan : 피신시키다

gubuk : 오두막

그 때 뚜망이 잠자고 있던 그녀를 범하였다. 얼마 후 다양 숨비는 임신하였다. 공주의 뱃속에 있는 아이의 아버지가 불분명하고 왕가의 명예를 지키기 위하여 다양 숨비를 숲속으로 피신시켰다. 그리고 그녀에게 기거할 곳과 베를 짤 곳을 마련해주었다.

2.11

Pada saatnya lahirlah anak Dayang Sumbi, seorang bayi laki-laki yang tampan. Dayang Sumbi memberinya nama Sang Kuriang. Sang Kuriang tumbuh sangat cepat dan di samping sangat tampan, ia pun sangat tangkas. Ia sangat pandai berburu dan setiap hari ia mengembara di padang-padang dan semak-semak ditemani si Tumang. Setiap sore ia pulang dengan membawa daging untuk makan keluarga dan anjingnya itu.

시간이 흘러 다양 숨비는 사내아이를 출산하였다. 그녀는 아이의 이름을 상 꾸리앙이라고 지었다. 상 꾸리앙은 무럭무럭 자라서 아주 잘 생기고 건장한 소년이 되었다. 그는 사냥을 매우 잘 했으며 매일 뚜망과 함께 들녘을 돌아다니며 사냥을 했다.그는 매일 저녁 때 가족과 개가 먹을 고기를 들고 귀가했다.

tampan : ganteng
잘생긴

mengembara : 돌아다니다

ditemani : ~을 대동하고, ~와 함께

2.12

Pada suatu pagi, seperti biasa Sang Kuriang berangkat ke padang dan semak-semak untuk mencari binatang buruan. Saat itu ia bertemu dengan Celeng Wayungyang. Sang Kuriang menyuruh si Tumang mengejar Celeng Wayungyang seraya mempersiapkan panahnya. Si Tumang bukannya mengejar Celeng Wayungyang, tetapi malah berputar-putar di sekitar kaki Sang Kuriang hingga Sang Kuriang hampir terjatuh karena langkahnya terhalang tubuh si Tumang. Sang Kuriang marah dan memanah si Tumang sampai mati.

어느 날 아침, 상 꾸리앙은 여느 때처럼 뚜망을 데리고 사냥을 나갔다. 그 때 상 꾸리앙은 쩰렝 와융양을 만났다. 상 꾸리앙은 뚜망에게 쩰렝 와융양을 쫓아가라고 지시하고 활을 쏠 준비를 하였다. 하지만 뚜망은 쩰렝 와융양을 쫓아가지 않고 상 꾸리앙의 주위를 맴돌았다. 그래서 상 꾸리앙이 뚜망에 걸려 하마터면 넘어질뻔 했다. 화가 난 상 꾸리앙은 뚜망에게 활을 쏴 죽이고 말았다.

seraya : sambil ~하면서

mengejar : 추적하다, 뒤쫓다

malah : 오히려

berputar-putar : 맴돌다

terhalang : 방해를 받다, 가로막히다

2.13

Menyadari bahwa si Tumang telah mati, Sang Kuriang tertegun sejenak. Akan tetapi, kemudian dia mengambil belatinya, lalu mengambil hati si Tumang. Ia pun pulang dengan membwa hati binatang itu. Setiba di gubuknya ia mengatakan bahwa ia membawa hati rusa. Hati si Tumang dimasak ibunya, Dayang Sumbi, lalu mereka makan bersama.

"Enakkah hati itu, Bu?" tanya Sang Kuriang.

"Enak sekali, anakku," ujar Dayang Sumbi.

"Itu bukan hati rusa, tapi hati si Tumang," lanjut Sang Kuriang.

menyadari : 알다, 인식하다

tertegun : tiba-tiba berdiri tegak 멈추다, 멈칫하다

sejenak : sebentar 잠시

belati : 단도

뚜망이 죽은 것을 알고 상 꾸리앙은 잠시 멈칫했다. 그러나 그는 단도로 뚜망의 간을 꺼냈다. 그는 뚜망의 간을 들고 집에 돌아왔다. 집에 도착한 상 꾸리앙은 그 간이 사슴의 간이라고 어머니인 다양 숨비에게 말하였다. 다양 숨비가 그 간을 요리하였고 그 다음 함께 먹었다.

“어머니 이 간 맛있지요?” 상 꾸리앙이 물었다.

“상 꾸리앙, 이 간이 정말 맛있구나.” 다양 숨비가 말했다.

“그건 사슴 간이 아니고 뚜망의 강이어요.” 상 꾸리앙이 말을 이었다.

2.14

Dayang Sumbi terkejut dan sangat marah mendengar bertia itu. Ia memukul kepala Sang Kuriang dengan sendok hingga kepalanya luka. Sang Kuriang melarikan diri dan terus berlari ke arah timur. Ia terus berlari dan berlari dan ia tak ingat lagi siapa dirinya dan siapa namanya maka lenyaplah Sang Kuriang dari Kerajaan Padjadjaran.

terkejut : 놀라다

melarikan diri : 달아나다, 도망치다

lenyap : 사라지다

다양 숨비는 그 말을 듣고 몹시 놀라고 화가 났다. 다양 숨비는 주걱으로 상 꾸리앙을 마구 때렸고 그는 머리에 부상을 입었다. 상 꾸리앙은 집을 뛰쳐나와 동쪽으로 계속 달아났으며 결국 자신이 누구인지 자신의 이름이 무엇인지도 모르게 되었다. 그 후 십 수년 동안 빠자자란 왕국에서 상 꾸리앙이라는 이름은 사라졌다.

2.15

Belasan tahun tidak ada berita tentang Sang Kuriang. Belasan tahun pula Dayang Sumbi hidup seorang diri di hutan. Jarang sekali ia berhubungan dengan orang-orang kampung yang tinggal di tepi hutan. Keperluan-keperluannya yang sedikit ia dapatkan dari keraton. Walaupun begitu, ia tidak pernah berhenti menenun. Hasilnya ia kirimkan ke keraton atau ia sumbangkan untuk orang-orang kampung yang memerlukannya.

십 수 년 동안 상 꾸리앙에 대한 소식이 없었다. 역시 십 수 년 동안 다양 숨비는 숲 속에서 혼자 살았다. 숲 부근의 주민들과이 교류도 거의 없었다. 그녀는 궁궐에서 약간의 필요한 것을 가져왔다. 그렇지만 그녀는 베 짜는 것을 멈추지는 않았다. 다양 숨비는 자신이 짠 베를 궁궐로 보내거나 그것을 필요로 하는 인근 마을 사람들에게 나누어 주었다.

belasan tahun : 십 수 년

keraton : 왕궁, 대궐

menyumbangkan : 기부하다

2.16

Ia bekerja sambil bertapa sebagai permintaan ampun kepada para dewa atas dosa-dosa yang telah dilakukanya. Karena ketekunannya bertapa, ia pun menjadi wanita yang sakti dan pandai mengobati. Ia sangat dihormati dan disegani oleh orang-orang kampung yang tinggal dekat gubuknya di pinggir hutan. Karena kesaktian dan kepandaiannya dalam hal obat-obatan, ia tampak tetap muda dan cantik.

그녀는 자신이 행한 행위에 대한 죄에 대하여 신들에게 용서를 구하기 위하여 수행하면서 일했다. 열심히 수행한 덕분에 그녀는 초능력을 발휘하고 약을 잘 쓰는 여성이 되었다. 그녀는 숲 주변에 사는 주민들로부터 존경과 경외를 받았다. 그녀의 초능력과 약에 대한 능력으로 그녀는 여전히 젊고 아름다워 보였다.

ampun : 용서

ketekunan : 성실, 부지런함

mengobati : 치료하다, 처방하다, 약을 쓰다

disegani : 경외를 받다

2.17

Pada suatu hari datanglah seorang pemuda yang sangat gagah dan tampan ke hutan itu. Ia diiringi oleh sejumlah pengikutnya. Ketika datang ke gubuk Dayang Sumbi, ia mohon izin untuk beristirahat. Dayang Sumbi menyiapkan air dan pangan bagi mereka. Keesokan harinya, pemuda itu datang kembali. Demikian pula hari selanjutnya. Dayang Sumbi mulai was-was. Ia merasa bahwa ia kenal dengan pemuda itu. Akan tetapi, ia tidak tahu di mana dan kapan bertemu dengannya.

sejumlah : (어는 정도) 양의, 일련의

keesokan hari : 다음날

hari selanjutnya : 다음날

was-was : ragu-ragu, rasa curiga 의심하다, 의아하게 생각하다

어느 날 아주 잘 생기고 몸집이 건장한 청년이 다양 숨비가 살고 있는 숲의 인근 마을에 나타났다. 그는 자신의 추종자들과 함께 왔다. 다양 숨비의 오두막에 왔을 때 그는 쉬어가기를 요청했다. 다양 숨비는 그들에게 물과 음식물을 제공했다. 그 다음날 그 청년이 또 왔다. 그 다음날도 그랬다. 다양 숨비는 의구심이 들었다. 그녀는 자신이 그 청년을 알고 있다는 느낌이 들었다. 그러나 그녀는 언제 어디에서 그를 만났는지 알 수 없었다.

2.18

Pada suatu ketika pemuda itu berkata,

"Dayang Sumbi, maukah Anda kawin dengan saya?"

"Saya tidak dapat menjawab ya atau tidak karena saya tidak tahu siapa sebenarnya Anda," jawab Dayang Sumbi. Pemuda itu berkata,

"Baiklah, saya sendiri tidak tahu siapa saya sebenarnya. Saya hanya ingat dulu saya berlari seorang diri masuk hutan keluar hutan, mendaki gunung dan menuruni lembah.

pada suatu ketika : 어느 날

seorang diri : 홀로, 혼자

어느 날 젊은이가 그녀에게 말했다.

"다양 숨비, 나와 결혼해 주겠소?"

"나는 지금 결정할 수가 없어요. 그것은 당신이 누구인지 모르기 때문입니다." 다양 숨비가 답했다. 청년이 다시 말했다.

"좋아요. 사실은 나도 내가 누구인지 모릅니다. 다만 어릴 때 혼자 숲을 뛰어다니고 산과 계곡을 오르내린 것은 어렴풋이 생각납니다.

2.19

Saya ingat kepala saya luka ketika itu dan sambil berlari saya memegangnya. Kemudian saya bertemu dengan rombongan perampok. Kepala perampok itu memungut saya jadi anaknya. Saya menggantikannya jadi kepala perampok setelah ayah pungut saya meninggal. Sebagai kepala perampok saya harus sakti maka saya banyak bertapa."

"Sebentar," sela Dayang Sumbi, "tadi Anda mengatakan kepala Anda luka. Dapatkah saya melihat bekas luka itu?"

그리고 나는 머리를 다쳤으며 상처 부위를 붙잡고 뛰어간 것도 생각납니다. 그 다음에 나는 산적 떼를 만났어요. 산적 두목이 나를 양자로 삼았고, 그 양아버지가 죽자마자 내가 그의 자리를 이어받아 두목이 되었지요. 나는 산적 두목으로서 초능력이 있어야 했고 많은 수련을 했습니다."

"잠깐만요, 방금 전에 머리를 다쳤다고 했지요? 그 상처를 좀 볼 수 있나요?" 다양 숨비가 끼어들었다.

rombongan perampok : 도적떼, 산적떼

memungut : 양자를 삼다, 거두어들이다

menggantikan : 이어받다, 계승하다

bekas luka : 상처 자국

2.20

"Tentu saja," kata Sang Kuriang sambil menyibakkan rambut dekat dahinya. Dayang Sumbi segera mengambil sendoknya, lalu mendekatkannya ke bekas luka di atas dahi pemuda itu. Tiba-tiba ia berseru kegirangan,

"Anakku! Kau adalah anakku, Sang Kuriang! Dulu kau melarikan diri karena kupukul dengan sendok ini setelah kau membunuh anjing kita, si Tumang!"

"물론입니다." 상 꾸리앙은 이마 근처의 머리를 가르며 말했다. 그러자 다양 숨비는 주걱을 가지고 와서 젊은이 이마에 난 상처에 대 보았다. 그리고 기뻐서 소리쳤다.

"내 아들! 너는 내 아들이다, 상 꾸리앙! 전에 네가 우리의 개 뚜망을 죽여서 내가 화가 난 나머지 너를 이 주걱으로 때리고 그래서 네가 도망친거야."

menyibakkan : 양쪽으로 가르다, 가르마를 타다

mendekatkan : 대다

tiba-tiba : 갑자기

berseru kegirangan : 기뻐서 소리치다

2.21

"Saya tidak percaya Anda ibu saya." Kata Sang Kuriang.

"Kau adalah anakku! Semenjak saya melihatmu, saya sudah merasa saya mengenalmu. Dan bekas luka itu menunjukkan kesesuaian dengan sendokku!"

"Anda terlalu muda sebagai ibu saya." kata Sang Kuriang.

"Saya tetap muda karena ahli obat-obatan dan suka bertapa." ujar Dayang Sumbi.

semenjak : ~이래

menunjukkan : 보여주다

kesesuaian : 일치

"나는 당신이 내 어머니라는 사실을 믿을 수 없어요." 상 꾸리앙이 말했다.

"너는 내 아들이야! 처음 너를 보았을 때 어딘가 모르게 낯설지 않았어. 그리고 이 상처 자국이 나의 주걱과 일치해!"

"당신처럼 젊은 여자가 어떻게 내 어머니가 될 수 있어요?" 상 꾸리앙이 말했다.

"나는 수련을 많이 하고 약을 쓸 수 있는 능력이 있기 때문에 젊음을 유지할 수 있단다." 다양 숨비가 설명하였다.

2.22

"Anda tidak bisa menolak lamaran saya dengan cara berdusta," kata Sang Kuriang pula. Dayang Sumbi terus meyakinkan Sang Kuriang, sedangkan Sang Kuriang tetap tidak percaya. Ia memaksa meminta agar Dayang Sumbi menikah dengannya. Dayang Sumbi merasa terpojok. Ia seorang wanita yang hidup sendiri di tengah-tengah hutan, tak mungkin ada orang yang menolong dari kesulitannya. Sebaliknya, Sang Kuriang adalah pemuda yang kuat dan banyak anak buahnya.

lamaran : 청혼

meyakinkan : 확신시키다

sebaliknya : 반면에

"그런 거짓말로 나의 청혼을 거절할 수 없어요." 상 꾸리앙이 말했다. 다양 숨비는 계속 상 꾸리앙을 확신시키려했지만 그는 여전히 믿지 않았다. 그는 다양 숨비에게 결혼을 강요했다. 다양 숨비는 자신이 위험한 상황에 처했다고 느꼈다. 그녀는 숲속에 홀로 사는 여성이었으므로 그녀가 처한 어려움을 도와줄 사람이 있을 리 없었다. 반면에 상 꾸리앙은 혈기왕성하고 부하가 많은 젊은이였다.

2.23

Dayang Sumbi pun berdoa dalam hatinya, mohon petunjuk para dewa. Akhirnya berkatalah dia,

"Baiklah, Sang Kuriang. Kalau Anda tidak percaya dan memaksa ingin mengawini saya, saya bersedia dengan syarat. Pertama, Anda harus membendung Sungai Citarum agar terjadi sebuah danau. Kedua, Anda harus membuat perahu untuk berlayar bagi kita berdua di danau itu. Keduanya harus selesai sebelum fajar, sebelum ayam berkokok."

그래서 다양 숨비는 신에게 지혜를 구했다. 다양 숨비가 입을 열었다.

"좋다, 상 꾸리앙. 네가 나를 믿지 않고 이런 식으로 결혼을 강요한다면 나는 조건부로 결혼할 준비가 돼있다. 우선 저 앞의 찌따룸 강을 막아 호수를 만들고, 그 다음 우리가 타고 갈 배를 한 척 만들어라. 이 두 가지의 조건을 내일 새벽 닭이 울기 전에 해내야 한다."

petunjuk : 지침, 계시

dengan syarat : 조건부로

membendung : 막다, 제방을 만들다

2.24

Sang Kuriang menyanggupi untuk memenuhi kedua syarat itu. Ia pergi dengan pengiring-pengiringnya dan mulai bekerja. Sepanjang malam ia bekerja dengan mengerahkan para siluman yang dipanggil melalui kesaktiannya. Mendekati subuh, danau dan perahu sudah hampir diselesaikannya.

Melihat hasil kerja Sang Kuriang yang dibantu kawan-kawannya dan para siluman, cemaslah Dayang Sumbi.

상 꾸리앙은 그 두 조건을 기꺼이 받아들였다. 상 꾸리앙은 부하들과 함께 가서 일을 하기 시작했다. 상 꾸리앙은 저녁 내내 초능력을 발휘하여 부른 유령들의 도움으로 작업했다. 새벽이 다가오자 호수와 배가 거의 완성돼가고 있었다. 동료들과 유령의 도움을 받은 상 꾸리앙의 작업 결과를 본 다양 숨비는 다급해졌다.

menyanggupi : 기꺼이~하다

memenuhi : 충족시키다

mengerahkan : 동원하다

siluman : makhluk halus 유령

cemas : tidak tenteram hati(karena khawatir), gelisah, risau (놀라서)불안한, 염려되는

2.25

Ia memohon kepada para dewa agar niat Sang Kuriang dicegah. Dewa-dewa kasihan kepada Dayang Sumbi dan memberinya ilham. Dayang Sumbi segera pergi ke kampung di pinggir hutan. Ia membangunkan wanita-wanita kampung dan minta agar wanita-wanita itu mulai menumbuk padi kalau mendengar kokok ayam. Kemudian ia kembali ke panggung tempatnya menenun. Ia mengambil kain tenunnya yang putih dan lebar, lalu mengibar-ibarkannya. Ayam-ayam jantan menyangka warna putih itu cahaya fajar.

kasihan : mengasihani 불쌍히 여기다

membangunkan : 깨우다

menumbuk : 찧다, 빻다

mengibar-ibarkan : 흔들다

menyangka : ~로 여기다

다양 숨비는 다시 신들에게 상 꾸리앙의 계획을 막아달라고 기도하였다. 다양 숨비를 측은하게 여긴 신들은 그녀에게 계시를 내렸다. 다양 숨비는 즉시 숲 근처 마을로 갔다. 그녀는 마을의 아낙네들을 깨운 후 닭이 울면 벼를 찧도록 부탁하였다. 그녀는 자신이 항상 베를 짜는 곳으로 돌아갔다. 그리고 그녀는 자신이 짠 희고 넓은 천을 가지고 와서 흔들기 시작하였다. 장닭들은 그 흰 천을 여명으로 생각했다.

2.26

Mereka mulai berkokok. Begitu ayam-ayam itu berkokok, wanita-wanita di kampung mulai menumbuk padi beramai-ramai. Dayang Sumbi menemui Sang Kuriang yang mulai gugup menghadapi peristiwa aneh itu. Dayang Sumbi berkata,

"Sang Kuriang, Anda gagal. Jangan jadi suamiku, jadilah anak Ibu karena kau adalah anakku."

menemui : 만나다

gugup : 겁먹다, 당황하다, 겁에 질리다

menghadapi : 직면하다

닭들이 울기 시작하였다. 그리고 닭이 울기시작하자 마을 아낙네들은 벼를 찧기 시작하였다. 다양 숨비는 이러한 기이한 상황을 보고 겁을 먹기 시작하는 상 꾸리앙에게 다가가서 말했다..

"상 꾸리앙, 네가 졌다. 내 남편이 되는 것을 포기하고 내 아들로 돌아와라. 너는 내 아들이기 때문이다."

2.27

Sang Kuriang berkata,

"Tidak, kamu perempuan licik, tetapi kamu tidak akan bisa lolos. Kamu akan tetap jadi istriku!" Ia mulai hendak menangkap Dayang Sumbi. Dayang Sumbi melarikan diri, tetapi karena Sang Kuriang tangkas, akhirnya ia hampir tertangkap. Akan tetapi, para dewa yang kasihan kepada Dayang Sumbi menolongnya. Dayang Sumbi menghilang dan menjadi bunga yang sangat harum baunya.

licik : pandai menipu, culas, curang 간계한

lolos : 빠져나가다

menghilang : 사라지다

harum : 향기로운

상 꾸리앙이 말했다.

"아니야! 당신은 교활한 여자야. 하지만 내 손아귀에서 벗어날 수는 없어. 당신은 내 아내가 돼야만 해!" 상 꾸리앙은 다양 숨비를 붙잡으려고 하였다. 다양 숨비는 도망치기 시작하였다. 그러나 상 꾸리앙이 민첩했기 때문에 거의 붙잡히게 되었다. 그러나 다양 숨비를 측은하게 여긴 신들이 그녀를 도와주었다. 다양 숨비는 사라져 한 송이 향기로운 꽃으로 변했다.

2.28

Sang Kuriang sangat marah karena Dayang Sumbi yang hampir tertangkap menghilang. Ia menendang perahu yang hampir selesai. Perahu itu terlempar dan terbalik. Itulah yang menjadi gunung Tangkubanparahu, yang berbentuk seperti perahu terbalik. Sekarang kalau dari kota Bandung Anda melihat ke sebelah utara, akan terlihat Gunung Tangkubanparahu ini.

terlempar : 던져진

terbalik : 뒤집어진, 뒤집힌

다 잡은 다양 숨비를 놓친 상 꾸리앙은 몹시 화가 났다. 상 꾸리앙은 거의 다 완성된 배를 발로 힘껏 찼다. 그러자 거의 다 만들어진 배는 하늘로 날아가다가 뒤집어졌다. 그것이 바로 뒤집힌 배 모양의 땅꾸반빠라후 산이다. 지금 당신이 반둥에서 북쪽을 바라보면 이 땅꾸반빠라후 산을 볼 수 있다.

확인학습

I. 다음 질문에 인도네시아어로 답하시오.

1. Celeng Wayungyang meminum air seni Sungging Perbangkara. Apakah akibatnya?

2. Dalam hal apa Dayang Sumbi menonjol kepandaiannya?

3. Apa yang dikatakan Dayang Sumbi ketika taropongnya terjatuh?

4. Mengapa Dayang Sumbi diungsikan ke hutan?

5. Mengapa Sang Kuriang membunuh si Tumang?

6. Bagaimana cara Dayang Sumbi meyakinkan dirinya bahwa pemuda itu adalah Sang Kuriang?

7. Siapakah yang memungut Sang Kuriang sebagai anak?

8. Syarat apakah yang diajukan Dayang Sumbi untuk menghindarkan perkawinan dengan anaknya sendiri?

9. Mengapa Sang Kuriang hampir berhasil memenuhi syarat-syarat itu?

10. Bagaimana cara Sang Kuriang melampiaskan kemarahannya?

III

Bengkel Pesawat Terbersih Sedunia
세계에서 가장 청결한 항공기 수리소

3.1

Selasa adalah hari terakhir rombongan wartawan mengunjungi fasilitas *Singapore Airlines* di Singapura. Kami sudah mengepak barang sejak malam sebelumnya karena kami harus *check-out* pagi itu. Berhubung tempat yang akan kami kunjungi berada di dekat Bandara Changi, maka seusai kunjungan kami akan langsung terbang ke Jakarta dan tidak kembali lagi ke hotel.

화요일은 기자단이 싱가포르의 싱가포르항공사 시설을 방문하는 마지막 날이었다. 우리는 그날 아침에 체크아웃을 해야 했기 때문에 전날 밤부터 짐을 쌌다. 우리가 방문할 곳이 창이공항 근처였기 때문에 방문이 끝난 후 우리는 곧장 자카르타로 향했고 호텔로 돌아오지는 않았다.

rombongan wartawan : 기자단

memngepak : 포장하다, 짐을 꾸리다

berhubung : ~ 관련하여, ~ 때문에

seusai : sehabis, setelah ~한 연후에

3.2

Hari itu, seperti sebelumnya, acara dimulai pagi hari di kelas, lalu dilanjutkan kunjungan ke fasilitas *Singapore Airlines Engineering Company* (SIAEC), dan ke fasilitas milik *Singapore Airport Terminal Services* (SATS). Bagian yang kami kunjungi di SIAEC adalah pusat pelatihan teknisi dan hanggar-hanggar raksasa yang berfungsi sebagai bengkel pesawat. Sedangkan di SATS kami berkesempatan mengunjungi dapur raksasa, tempat di mana ribuan paket makanan dimasak setiap harinya.

전날과 같이 그 날도 우리의 일정은 교실에서 시작되었으며, 그 다음에 싱가포르항공기술회사(SIAEC)를 거쳐 싱가포르공항서비스(SATS) 소유의 시설로 이어졌다. SIAEC에서 우리가 방문한 부서는 기술훈련센터 및 항공기 수리소의 기능을 하는 거대한 격납고였다. SATS에서 우리는 매일 수 천 개의 기내식이 조리되는 아주 큰 주방을 방문할 기회도 있었다.

hanggar : 격납고

bengkel : 수리소, 워크숍

3.3

Di komplek SIAEC tidak sembarangan orang bisa masuk. Penjagaan sangat ketat meskipun petugas pengamanannya tidak segarang petugas di Indonesia.

Di pintu depan, di mana kami harus mengenakan tanda pengenal untuk memasuki kawasan tersebut, terlihat beberapa anggota militer berseragam loreng yang gemuk-gemuk dan beberapa di antaranya berkacamata minus. Sementara satpam yang berseragam biru justru terlihat kurus-kurus.

SIAEC는 아무나 들어갈 수 없는 곳이다. 경비원이 인도네시아처럼 무섭지는 않았지만 경비는 매우 삼엄했다. 우리가 이곳에 들어가기 위하여 인식표를 패용해야 했던 정문에는 줄무늬 단복을 착용한 몇몇 뚱뚱한 군인들이 보였으며 그들 중에는 돗수가 있는 안경을 끼고 있었다. 한편 청색 단복을 입고 있는 경비원들은 말라보였다.

sembarangan orang : 아무나

segarang : ~처럼 사나운

mengenakan : 입다, 착용하다

tanda pengenal : 인식표

berseragam loreng : 줄무늬 제복을 입은

berkacamata minus : 돗수 높은 안경을 낀

satpam : satuan pengamanan 경비원, 수위

3.4

Sesampai di pos pemeriksaan kedua, kami harus menukar kartu pengenal dengan kartu izin memasuki gedung. Berhubung tidak semua wartawan mendapat kartu izin mengambil gambar, maka pemandu kami berpesan agar kami saling bergantian mengenakan izin tersebut bila akan memotret.

"Nanti kalian saling tukar ID cardlah, kalau ada masalah saya akan urus," ujarnya. Dalam gedung, kami disambut oleh Mr. George Goh Eng Geok.

둘째 검문소에 도착한 후 우리는 인식표와 건물출입증을 교환해야 했다. 모든 기자들이 촬영허가증을 받지 못하였기 때문에 우리 안내자는 우리에게 사진을 찍을 때에는 촬영허가증을 서로 교환할 것을 주문했다.

"이따가 여러분들은 서로 인식표를 교환하기 바랍니다. 만약 문제가 생기면 제가 해결할게요,"라고 그가 말했다. 건물 안에서 우리는 조지 씨의 환영을 받았다.

pemandu : 안내자

disambut : 환영받다

3.5

Laki-laki gemuk yang sangat ramah ini menjabat sebagai instruktur teknik senior di SIAEC. Kami diantarkan melihat ruang pelatihan teknisi yang berisi komponen-komponen pesawat dalam ukuran dan ketinggian sebenarnya. Di situ terdapat pula tiruan berbagai mesin pesawat sehingga memudahkan siswa untuk memperbaiki mesin sebenarnya nanti. Mr. George, yang tidak pernah melepas senyum dari wajahnya, menceritakan ada lima orang Indonesia yang baru saja lulus dari pusat pelatihan ini, dan mereka kini ditempatkan di Indonesia.

ramah : 친절한

menjabat : ~직책을 맡다

ukuran : 규격

tiruan : 모형

memudahkan : 용이하게 만들다

memperbaiki : 수리하다, 수선하다

ditempatkan : 배치되다

아주 친절한 이 뚱뚱한 남자는 SIAEC의 선임 기술교관 직을 맡고 있었다. 우리는 실제 규격과 크기의 항공기 부품으로 가득 찬 기술훈련센터로 안내되었다. 그 곳에는 다양한 항공기 엔진의 모조품이 있었는데 이것이 후에 훈련생들로 하여금 실제 엔진 수리를 용이하게 했다. 얼굴에서 웃음기를 떨치지 않은 조지 씨는 이 훈련센터를 막 졸업한 인도네시아 사람이 다섯 명이며 현재 인도네시아에 배치되어 일하고 있다고 이야기했다.

3.6

Dari apa yang disampaikan Mr. George kami mengetahui bahwa SIAEC dibentuk 1 April 1992. Perusahaan ini semula merupakan Divisi Engineering dari SIA. Dengan tenaga berjumlah lebih dari 4.000 orang, SIAEC mampu memberikan layanan pemeliharaan dan perbaikan kepada lebih dari 60 *airlines* dan 30 perusahaan penerbangan lain dari seluruh dunia. Dalam menjalankan usahanya, perusahaan ini dilengkapi dengan berbagai sertifikat seperti ISO 9000 dan ISO 14000.

disampaikan : 전해지다, 전달되다

semula : 처음에

layanan pemeliharaan dan perbaikan : 유지 및 보수 서비스

menjalankan : 행하다

dilengkapi dengan : ~이 갖추어진

조지 씨의 언급으로부터 우리는 SIAEC가 1992년 4월 1일 설립되었다는 것을 알았다. 이 회사는 처음에 싱가포르항공사의 기술부문이었다. 4,000 명이 넘는 인력으로 SIAEC는 전 세계 60개 항공사와 30개가 넘는 항공 관련 회사에게 유지 및 보수 서비스를 제공하고 있다. 그들 사업을 수행하면서 이 회사는 ISO9000 및 ISO 14000 등과 같은 다양한 인증서를 보유하고 있다.

3.7

Dari ruang pelatihan, Mr. George mengajak kami melihat hanggar-hanggar yang berfungsi sebagai bengkel pesawat. Sekali lagi kami harus melalui pos pemeriksaan yang ketat. Tidak seperti bayangan kami tentang bengkel yang kusam dan penuh tumpahan oli, hanggar-hanggar SIAEC benar-benar bersih. Deretan burung-burung besi raksasa yang berkilap-kilap berjajar di hanggar utama seluas 20.000 m^2.

pos pemeriksaan : 검문소, 감시초소

bayangan : 생각, 상상

kusam : 어두침침한

berkilap-kilap : 번쩍거리는

훈련센터에서 조지 씨는 우리를 항공기 수리소의 기능을 하는 격납고로 안내했다. 우리는 한 번 더 삼엄한 검문소를 통과해야 했다. 어두침침하고 윤활유 범벅일 것이라는 수리소에 대한 우리의 생각과는 달리 SIAEC의 격납고는 매우 청결했다. 번쩍이는 항공기들이 2만 제곱미터에 달하는 주 격납고에 도열해 있었다.

3.8

Sementara di sebelahnya, dalam naungan hanggar ke III yang luasnya 13.700 m^2, "bertengger" beberapa buah pesawat Boeing 777 yang masih sangat baru.

Di bawah hanggar baja tanpa tiang penyangga yang atapnya menjulang itu para teknisi dan petugas terlihat bengong saat ada sekelompok wartawan memotret dan mengamati pekerjaan mereka. Sama seperti para wartawan yang takjub melihat burung-burung besi, para teknisi yang berseragam biru heran karena ada orang asing yang mengamati kerja mereka. Perhatian yang semula terpusat pada mesin-mesin pesawat seolah buyar.

sementara : 한편

bertengger : (새가 나뭇가지에) 앉다

tiang penyangga : 받침대, 지지대

menjulang : 높이 솟은

mengamati : 관찰하다

takjub : 놀라다

한편, 그 옆 13,700 제곱미터의 제3격납고 그늘에는 아직 새로운 보잉 777기 몇몇 대가 도열해 있었다. 지붕이 솟아있고 지지대가 없는 철재 격납고 아래에서 우리 기자 일행이 사진을 찍고 그들의 작업을 살펴볼 때 그 곳의 기술자들과 근무자들이 어리둥절했다. 항공기를 보고 감탄했던 기자들과 마찬가지로 청색 단복을 입은 기술자들도 외국인들이 그들의 작업을 보고 있었기 때문에 잠시 놀랐다. 처음에 항공기에 몰렸던 관심이 흩어지는 듯했다.

3.9

Seorang petugas keamanan dari ujung hanggar bahkan menghampiri kami dan sekali lagi menanyakan izin mengambil gambar. Untung semua dapat diatasi karena Mr. George mendampingi kami. Selain mengurusi masalah mesin, SIAEC juga mengerjakan interior pesawat dan melakukan pengecatan pesawat. Karena kegiatan itulah kami masih mencium bau cat dari pesawat yang "terkurung" di antara besi-besi penyangga, meski hanggar terbuka lebar dan angin berhembus kencang.

bahkan : 게다가

diatasi : 극복되다

mendampingi : 배석하다, 동행하다, 따라가다

selain : ~이외에도

besi penyangga : 지지대

게다가 격납고 끝에 있던 한 경비 근무자가 우리에게 다가와서 한 번 더 촬영허가가 있는지 물었다. 다행히 조지 씨가 우리를 동행했기 때문에 모든 문제를 해결할 수 있었다. 기계의 문제를 처리하는 것 이외에도 SIAEC는 항공기의 인테리어 및 도장 작업도 한다. 그러한 작업 때문에 격납고가 활짝 개방되어 있고 바람이 강하게 불어도 우리는 지지대 사이에 놓여있는 항공기의 냄새를 맡을 수 있었다.

3.10

Di sisi lain sekelompok teknisi tengah membedah mesin pesawat merek Rolls Royce Trent 800, sementara di pesawat lain mereka mengutak-atik mesin Pratt & Whitney. Pendek kata pemandangan di hanggar II itu sungguh menakjubkan. Dan para wartawan pun tidak menyia-nyiakan kesempatan berfoto dengan latar belakang burung-burung besi yang dikerumuni teknisi-teknisi berseragam. Akhirnya waktu kunjungan ke SIAEC habis.

membedah : 해체하다, 수술하다

mengutak-atik : memperbaiki 수리하다

pendek kata : 단적으로 말하여

menakjubkan : 경이롭게 하다, 탄복하게 만들다

menyia-nyiakan : 헛되게 하다, 놓치다

다른 쪽에서는 한 무리의 기술자들이 롤스 로이스 크랜트 800 브랜드의 항공기를 해체하고 있었으며 또 다른 항공기에서는 그들이 프랫 앤 휘트니 엔진을 수리하고 있었다. 단적으로 말하여 제2격납고의 광경은 실로 경이로웠다. 그리고 기자들은 단복을 입은 기술자들에 싸여있는 항공기를 배경으로 사진을 찍는 기회를 놓치지 않았다. 마침내 SIAEC 방문 시간이 끝났다.

3.11

Kami harus berpamitan dengan Mr. George dan menukar tanda pengenal kami dengan paspor yang ditinggalkan di pos penjagaan. Bila tanda pengenal itu hilang, maka sulitlah bagi kami meninggalkan Singapura. Pak Maniam bahkan berujar sambil berkelakar, "Mereka akan memenjarakan saya kalau ID card ini tidak kembali." Walau sudah makan siang, namun tetap saja aroma masakan yang meruap dari dapur *Singapore Airlines* membuat perut kami berkeroncongan setelah kami sampai di dapur masakan milik maskapai penerbangan tersebut untuk sebuah kunjungan.

우리는 조지 씨와 헤어져야 했고 우리의 인식표를 경비초소에 맡겨두었던 여권과 교환했다. 이 인식표를 분실하면 우리가 싱가포르를 떠나기 어려워진다. 마니암 씨는 "이 인식표를 반납하지 않으면 나를 투옥시킬 거야."라고 농담했다. 이미 점심식사를 했지만 우리가 싱가포르항공사 주방에 도착했을 때 그 곳에서 나오는 음식 냄새가 우리 뱃속에서 꼬르륵 소리가 나게 했다.

berkelakar : 농담하다

meruap : 퍼져나오다, 피어오르다

berkeroncongan : 꼬르륵 소리가 나다

maskapai : 회사, 기업

3.12

Sambil berjalan memasuki ruang demi ruang di lantai IV Gedung *SATS Inflight Catering Centres* (SICC), kami berharap ada makanan yang bisa dicicipi. Rasa lapar dan bayangan akan makanan itu pulalah yang membuat rombongan wartawan begitu tertib dan sigap menuruti petunjuk dari pemandu. Dapur *Singapore Airlines* atau disebut *SATS Inflight Catering Centres* (SICC) masih berlokasi di sekitar Changi. SICC merupakan bagian dari *Singapore Airport Terminal Services* (SATS) yang khusus mengurusi makanan dan segala sesuatu yang berhubungan dengan *catering*.

SATS 기내식센터 건물 4층의 각 공간을 돌아다니면서 우리는 우리가 맛볼 수 있는 음식이 있기를 기대했다. 배고픔과 그 음식에 대한 생각이 기자단으로 하여금 질서정연하게 안내자의 지시를 따르게 만들었다. 싱가포르항공 주방 혹은 SICC는 창이 부근에 위치해 있다. SICC는 기내식과 케이터링에 관련된 모든 일을 수행하는 SATS의 한 부서이다.

membuat : (사역동사) ~를 ~하게 만들다

tertib : 질서정연한

sigap : cepat dan kuat 민첩한, 능숙한

mengurusi : 처리하다

3.13

Departemen ini menyediakan menu bagi penerbangan-penerbangan yang melewati Bandara Changi. Setidaknya ada 42 penerbangan yang memesan menu penerbangannya dari SICC. SICC memiliki dua gedung, yakni SICC 1 yang menempati areal seluas 46.000 meter persegi, dan SICC 2 seluas 40.000 meter persegi. Fasilitas yang dioperasikan 1.108 pekerja tersebut dilengkapi gudang penyimpanan bahan makanan canggih. Bahan makanan yang dibutuhkan diambil dari gudang dengan menggunakan derek yang dikendalikan melalui komputer.

setidaknya : 적어도

menempati : ~를 차지하다

canggih : modern 첨단의, 현대적인

dikendalikan : 제어되다

이 부서는 창이공항을 통과하는 항공사들에게 음식물을 제공한다. SICC에 음식을 주문하는 항공사가 최소 42 개이다. SICC는 두 개의 건물이 있는데 제1의 SICC는 46,000제곱미터 제2의 SICC는 40,000 제곱미터이다. 1,108 명의 직원이 일하는 위의 시설은 첨단의 식자재를 보관할 수 있는 창고가 있다. 필요한 식자재는 컴퓨터로 제어되는 기중기를 이용하여 창고에서 가져온다.

3.14

Dalam gudang yang serupa kontainer raksasa itu disimpan berton-ton bahan makanan dari berbagai negara. Saat kami sampai di SICC, Pak Fazil, lelaki paruh baya yang bertindak sebagai administrator *catering service* menyambut kami. Senyum mengembang dari wajahnya yang dihiasi jenggot tipis dan kaca mata tebal. Pak Fazil, yang mengenakan jas putih panjang layaknya seorang dokter, segera mempersilakan kami naik ke lantai 4 dan mencicipi makanan yang telah dihidangkan.

paruh baya : setengah baya 중년의

mengembang : 피어오르다

layaknya : rupanya ~처럼 보이다

거대한 컨테이너 형태의 창고 안에는 여러 나라에서 온 수 톤의 식자재가 보관되어 있다. 우리가 SICC에 도착했을 때 케이터링 서비스의 행정관으로 일하는 중년의 파질 씨가 우리를 맞이했다. 엷은 턱수염과 두꺼운 안경을 쓴 그의 얼굴에 미소가 피어올랐다. 의사처럼 흰 가운을 착용한 파질 씨는 즉시 우리를 4층으로 안내하고 준비된 음식을 맛보게 했다.

3.15

Tanpa dikomando, para wartawan segera menyerbu meja tempat makanan hingga ludes.

"Yang tadi itu *Vietnamese Sugarcane Prawn*," ujar Pak Fazil sambil menunjuk ke piring kosong yang tadinya berisi udang goreng dibalut tebu ala Vietnam. Menurutnya, agar diperoleh rasa dan penampilan seperti aslinya, bahan-bahan makanan tertentu harus didatangkan dari negara asal makanan tersebut. Dalam sehari SICC rata-rata memasak 60.000 paket makanan yang terdiri dari berbagai jenis menu.

tanpa dikomando : 지시 없이도

ludes : habis sama sekali 모두 소비한, 다 없어진

dibalut tebu : 사탕수수로 드레싱한

penampilan : 외양, 모양

rata-rata : 평균

지시가 없는데도 기자들은 곧바로 식탁에 달려들어 음식물을 먹어치웠다.

"좀 전에 베트남 식의 사탕수수 소스로 드레싱한 새우튀김으로 가득했던 빈 접시를 가리키며 "아까 그 음식은 베트남식 사탕수수 새우입니다," 라고 파질 씨가 말했다. 그에 따르면 원래의 맛과 맵시를 얻기 위하여 특정한 식자재는 해당 음식물의 원래 나라에서 가져온다고 한다. SICC에서는 하루에 다양한 메뉴를 평균 60,000 개 조리한다.

3.16

Kapasitas SICC sendiri (SICC 1 dan SICC 2) sebenarnya lebih besar yakni 150.000 paket makanan. Menu makanan yang dimasak berasal dari berbagai negara seperti Cina, India, Italia, Jepang, Thailand, Arab dan makanan halal. Dapur untuk memasaknya pun terpisah dan masing-masing jenis masakan berada di bawah tanggung jawab seorang chef. Saat ini ada 12 chef, dan chef untuk makanan halal adalah orang Indonesia yang bernama Bambang Sutikno. Bambang Sutikno sudah bekerja untuk SIA sejak 6 tahun lalu.

makanan halal : (무슬림들이 먹어도 되는) 허용음식, 할랄음식

terpisah : 분리된

SICC의 조리능력은 (SICC 1 및 SICC 2) 사실 그 이상, 즉 15만 개다. 조리되는 음식은 중국, 인도, 이탈리아, 일본, 태국, 아랍의 음식이며, 그리고 할랄 음식도 있다. 그러한 음식을 조리하는 주방은 각각 분리되어 있으며 각 음식은 한 명의 셰프의 책임하에 있다. 현재 12 명의 셰프가 있고 할랄 음식 셰프는 밤방 수띡노라는 인도네시아인이다. 밤방 수띡노는 6년 전부터 싱가포르항공에서 일했다.

3.17

Seperti layaknya juru masak, Bambang mengenakan pakaian koki lengkap dengan topi tinggi yang menjulang dan menggembung di atasnya. Rambutnya ditutup dengan *hairnet* agar bila rontok tidak jatuh dalam makanan. Meski bahasa Indonesianya sempurna, logat Melayu sering terdengar dari mulutnya yang dihiasi kumis tipis.

menggembung : 부풀어오르다

rontok : jatuh 떨어지다

logat Melayu : 말레이어 말투

요리사로서 마땅히 밤방은 끝이 부풀어 오르고 키가 큰 모자와 함께 요리사 복장을 하고 있다. 머리칼은 떨어질 때 음식물에 들어가지 않도록 헤어네트를 착용했다. 그의 인도네시아어는 완벽했지만 엷은 콧수염이 있는 그의 입에서는 말레이어 말투가 자주 새어나왔다.

3.18

"Untuk memasak bagi 60.000 penumpang kami rata-rata menggunakan sekitar 4 ton daging per hari, ayam sekitar 4 ton, ikan kurang lebih 4 ton, serta sekitar 80.000 butir telur," jelas Bambang saat ditanya jumlah bahan yang dibutuhkan SICC per harinya.

"Itu belum termasuk buah-buahan, beras, gandum dan lainnya," tambahnya. Dipaparkan Bambang, selain memasak sesuai menu yang terdaftar, SICC juga menyediakan menu-menu unik untuk perseorangan.

dipaparkan : 설명되다

perseorangan : 개인

하루에 SICC에서 필요로하는 식자재에 대한 질문을 받고 밤방은 "6만 명에 달하는 승객들을 위한 식사를 준비하기 위하여 우리는 하루 평균 4톤의 소고기, 4톤의 닭고기, 4톤의 생선, 그리고 8만 개의 계란을 사용합니다."라고 말했다. 그는 또 "여기에다가 과일, 쌀, 밀가루 등등이 더 사용됩니다."라고 덧붙였다. 밤방은 등록된 메뉴를 조리하는 것 이외에도 SICC는 개인을 위한 특별한 음식도 조리한다고 설명했다.

3.19

Seperti diketahui, penumpang *First Class* di *Singapore Airlines* bisa memilih makanan yang ingin disantapnya dalam penerbangan. Bila makanan yang diinginkan penumpang tersebut adalah makanan yang istimewa, maka SICC harus memasakkannya meskipun hanya satu porsi. "Misalnya penumpang ingin gudeg, ya kami harus mencarinya ke Jawa," tandas Bambang. Begitu besarnya perhatian SIA akan kepuasan penumpang, maka setiap komplain dari penumpang akan ditanggapi dengan sangat serius.

seperti diketahui : 아는 바와 같이

tandas : 단호한

ditanggapi : 반응을 받다, 주목을 받다

주지하는 바와 같이 싱가포르항공의 일등석 승객은 기내에서 먹고싶은 음식을 선택할 수 있다. 위의 승객이 먹고 싶은 음식이 특별할 경우 SICC는 그것이 비록 일 인분이라 할지라도 그 음식을 조리해야 한다. "예를 들어 승객이 구덕을 원할 때 우리는 그것을 구하러 자바까지도 가야합니다."라고 밤방이 단호하게 언급했다. 승객의 만족도에 대한 싱가포르항공의 관심이 지대하기 때문에 승객의 불만은 매우 진중하게 반응된다.

3.20

"Sedangkan penumpang kan berasal dari bermacam-macam negara, dan jumlahnya 60.000 orang per hari, bisa dibayangkan," ujar Bambang, mengenai suka duka yang dialaminya selama bekerja di SICC. Selanjutnya, agar kami mengerti lebih jelas mengenai layanan SICC, maka Pak Fazil dan Bambang mengajak kami berkeliling melihat kegiatan mereka. Terlebih dahulu kami harus mengenakan "jubah dokter" dan penutup kepala berwarna putih. Mula-mula kami diantar melihat gudang persediaan makanan.

dibayangkan : 생각되다, 상상되다

suka duka : 애환

selanjutnya : 이어서

mula-mula : 처음에, 애초에

diantar : 안내되다

그가 SICC에 근무하면서 겪은 애환에 대한 질문을 받고 "승객들은 다양한 나라 출신이잖아요. 그리고 하루에 6 만 명이 넘습니다. 한 번 생각해 보세요."라고 밤방이 말했다. 이어서 SICC 서비스에 대하여 더욱 자세히 알 수 있도록 파질 씨와 밤방 씨는 우리를 그들의 활동을 둘러보기를 권했다. 우리는 우선 "의사 가운"과 흰 색의 두건을 착용해야 했다. 처음에 우리는 음식물을 비축하고 있는 창고로 안내되었다.

3.21

Dalam ruangan luas yang bersuhu rendah itu terdapat sayur-sayuran dan buah-buahan dalam jumlah besar. Ada pula bahan-bahan makanan lain seperti daging dan lainnya. Hanya saja kami tidak ingin berlama-lama di tempat itu karena tubuh sudah mulai menggigil disengat udara dingin. Kami juga diajak melihat mesin pencuci alat-alat makan yang serba otomatis. Pencucian otomatis ini sangat efisien mengingat peralatan makan yang dicuci mencapai 400.000 buah tiap harinya.

menggigil : 몸을 떨다

disengat : ditusuk
찔리다, (바람을)쏘이다

serba otomatis : 전자동

낮은 온도의 넓은 공간에는 많은 양의 다양한 채소와 과일이 있었다. 그리고 고기와 다른 식자재도 있었다. 냉기에 쏘여 우리 몸이 떨렸기 때문에 우리는 그 곳에 오래 동안 머무는 것을 원치 않았다. 우리는 역시 전자동 식기세척기도 둘러보았다. 이 자동 세척기는 매일 세척해야 할 식기가 40만 개에 달한다는 것을 생각할 때 매우 효율적이다.

3.22

Piring, gelas, sendok, garpu, nampan dan peralatan lain yang akan dicuci dimasukkan dalam kontainer kecil. Bersama kontainer-kontainer setinggi kurang lebih 1 meter itu, barang-barang pecah belah itu dibawa ke tempat pencucian. Keluar dari "mesin cuci" alat-alat itu dipisah-pisahkan sesuai jenis dan pemiliknya. Karena dicuci menggunakan air bersuhu tinggi, maka alat-alat itu terasa hangat ketika disentuh. Hal yang paling menarik adalah dapur.

pecah-belah : barang-barang tembikar
오지그릇, 자기, 도기

세척할 접시, 유리잔, 숟가락, 포크, 쟁반, 그리고 다른 용기들을 작은 컨테이너 안에 집어넣는다. 그 후 1미터 정도의 다른 컨테이너들과 함께 이 도기들을 세척기로 이동시킨다. 세척기에서 그릇들을 꺼낸 후에는 종류 및 소유주 별로 분리작업을 하게 된다. 높은 온도의 물을 이용하여 세척하기 때문에 이 용기들에 손을 대면 온기를 느낄 수 있다. 가장 흥미로운 곳은 주방이다.

3.23

Rombongan wartawan diperbolehkan melihat dapur meski tidak diizinkan memotret. Sebelum memasuki dapur kami harus melewati pintu anti hama. Dalam pintu kaca panjang itu kami berbaris sepuluh orang, dan disemprot dengan angin agar segala kotoran hilang. Bau harum masakan segera tercium, begitu kami keluar dari "pintu suci hama". Yang disebut dapur di sini adalah ruangan-ruangan berdinding kaca tempat orang mengerjakan segala proses memasak.

diperbolehkan : 허용되다

pintu anti hama : pintu suci hama 살균장치문

begitu : ~하자마자

비록 촬영이 허용되지는 않았지만 기자단에게 주방을 들러볼 수 있는 기회가 주어졌다. 주방에 들어가기 전에 우리는 살균장치문을 통과해야 했다. 긴 유리문 안에서 우리는 열 명 씩 줄을 서서 모든 오물을 없애기 위하여 바람을 쏘였다. 살균장치문을 나오자마자 맛있는 음식 냄새를 맡을 수 있었다. 여기서 주방이라고 하는 것은 사람들이 조리의 전 과정을 수행하는 유리벽으로 된 공간을 말한다.

3.24

Ada bagian yang khusus mengiris daging. Ada yang khusus memanggang roti. Ada pula yang menata makanan. Semua petugas mengenakan seragam yang umumnya dilengkapi penutup kepala. Sepanjang dapur yang bersih kami mendapati beberapa roti yang tidak layak saji karena bentuknya tidak sesuai standar, meski rasanya pasti tetap lezat. Semua masakan yang tidak disajikan itu akan dibuang agar mutu tetap terjaga.

menata : 배열하다

mendapati : 발견하다, 찾아내다

고기를 써는 특별한 부서도 있고, 빵를 굽는 곳도 있으며, 음식물을 배열하는 곳도 있다. 모든 작업자들은 머리 두건을 겸비한 단복을 입고 있었다. 이 청결한 주방에서 우리는 분명히 맛은 있으나 모양이 규격에 맞지 않아 제공되지 못할 몇몇 개의 빵을 보았다. 이렇게 제공되지 못하는 음식물은 품질을 유지하기 위하여 모두 버려진다.

3.25

Pada bagian ujung dapur, kami sempat menyaksikan bagaimana para pekerja menata makanan dalam wadah-wadah kecil dan membungkusnya dengan kertas aluminium. Karena telah terbiasa, barangkali, porsi makanan yang ditata bisa seragam. Bentuk dan warnanya pun menarik, membuat air liur serasa mau menetes. Di tengah keasyikan itu, tiba-tiba semua orang sadar bahwa waktu kunjungan sudah melewati jadwal dan kami harus segera ke Bandara Changi untuk *check-in*.

wadah : 용기

air liur : 군침

부엌의 한 쪽 끝에서 우리는 작업자들이 작은 용기에 음식물을 배열하고 알루미늄 종이로 포장하는 것을 보았다. 아마도 이미 숙련이 되었기 때문에 그들이 배열하는 음식물의 양은 일정했다. 모양과 색상도 훌륭해서 우리는 군친을 흘릴 지경이었다. 그렇게 열중해 있는 사이에 우리는 불현듯 방문 시간이 지났고 체크인을 위하여 서둘러 창이 공항으로 가야한다는 사실을 알았다.

3.26

Dengan berlari-lari kecil kami segera kembali ke ruang semula dan melepas seragam putih-putih yang kami kenakan. Setengah berlari pula kami mengucapkan terima kasih pada Pak Fazil dan Bambang, dan segera memasuki bus yang membawa kami ke Changi. Masih dengan nafas tersengal-sengal setelah berlari menuju pesawat, akhirnya kami sampai dan duduk di kabin Boeing 777. Senyum para pramugari kali ini kami tanggapi dengan hangat seolah kami telah mengenal mereka sejak lama.

melepas : 벗다

tersengal-sengal : 숨을 헐떡이다

seolah : 흡사~처럼

tanpa basa-basi : 진지하게, 진솔하게

종종걸음으로 우리는 원래의 방으로 돌아와서 우리가 착용했던 흰 가운을 벗었다. 거의 뛰다시피 하면서 우리는 파질과 밤방 씨에게 감사 인사를 전하고 우리를 창이 공항으로 데리고 갈 버스에 올랐다. 항공기로 달려가느라 숨을 헐떡이면서 마침내 우리는 보잉 777기 기내에 도착하여 앉았다. 이번에 우리는 여승무원들의 미소에 대하여 흡사 우리가 오래 전부터 알았던 것처럼 따스하게 응대했다.

3.27

Ucapan terima kasih atas pelayanan mereka pun kami ungkapkan tanpa basa-basi. Makanan yang disajikan kami santap dengan lahap. Dan... ingin rasanya kami menyampaikan kepada para bidadari itu, bahwa kami tahu persis bagaimana hidangan ini disiapkan, sebelum akhirnya masuk ke mulut kami.

그들의 서비스에 대한 감사 표시도 의례적이 아닌 진솔한 마음으로 표했다. 제공되는 기내식을 우리는 맛있게 먹었다. 그리고... 우리는 그 승무원들에게 이 음식물이 우리의 입으로 들어가기 전에 어떠한 과정을 거쳐 준비되었는지를 정확히 알고 있다고 말해주고 싶었다.

dengan lahap : 게걸스럽게, 맛있게

bidadari : 선녀

확인학습

I. 지금까지 읽은 지문과 관련된 5개의 질문을 인도네시아어로 만드시오.

II. 다음 문장을 인도네시아어로 옮기시오.

1. 아무나 그 방에 들어갈 수 없다.

2. 단적으로 말하여 잘못한 것은 바로 그 사람이다.

3. 적어도 1억 5천만 명이 총선에 참여하였다.

4. 아까 중년의 남자가 너를 찾아왔었다.

5. 그는 회사에 도착하자마자 이사회의를 소집하였다.

IV

Warung Bu Sally

살리 아줌마네 가게

4.1

Ketika Bu Bidan datang dan masuk ke ruang pemeriksaan, perawat pembantu sedang berhadapan dengan seorang pasien.

"Betul Anda sudah pernah kemari?" tanya perawat itu sambil mencari kartu di kotak yang padat berisi deretan kertas tebal.

"Betul, Bu"

"Yang terakhir kapan?"

Perempuan di bangku tampak berpikir.

ruang pemeriksaan : 진료실

perawat pembantu : 간호보조원

deretan : 줄, 열

산파가 진료실로 들어섰을 때 간호보조원이 한 환자와 말을 하고 있었다.

"정말 우리 조산원에 온 적 있어요?" 간호보조원은 두꺼운 진료카드로 가득 찬 상자를 뒤적이며 물었다.

"맞아요, 간호사님."

"마지막으로 온 것이 언제이지요?"

의자에 앉아 있는 여자는 무엇인가 생각하는 듯했다.

4.2

"Sejak anak saya yang paling kecil itu" berhenti sebentar, lalu menambahkan, "Sekarang sudah lima tahun umurnya."

"Anak lahir, sesudah itu masih periksa lagi apa tidak?"

"Masih, lalu kami pulang ke desa. Dua tahun atau kurang sedikit." Bu Bidan berpaling dari sudut ruangan, selesai memeriksa persediaan obat sesuai daftar catatan. Katanya mencampuri percakapan :

lalu : 그 후에

berpaling : 돌아서다

sudut ruangan : 방 끝, 구석

mencampuri : turut mengurus 참견하다, 개입하다, 끼어들다

"우리 막내 아이 날 때 왔었어요." 라고 말하고 잠시 뜸을 들이다가 다시 말을 이었다.

"지금 그 아이가 다섯 살이에요."

"그 아이를 난 후에도 계속 진료를 받았나요?"

"받았지요. 그 이후에 우리는 시골로 내려갔어요. 두어 해 됐어요."

진료실 한쪽에서 약이 처방전에 맞게 준비되었는지를 검토하던 산파가 두 사람의 대화에 끼어들었다.

4.3

"Tidak ketemu kartunya?"

"Ya, Bu"

"Dibuatkan yang baru saja, daripada mencari, terlalu lama. Itu di luar masih ada orang yang menunggu. Kartu yang baru disisikan, setelah praktik nanti dicari lagi yang lama. Kalau ketemu, diklip jadi satu."

Pembantu perawat menyiapkan lembaran kertas tebal, siap mencatat.

"Mudah-mudahan sebelum jam satu kita sudah selesai. Saya masih ada dinas lain di Karangayu."

praktik : 진료

mudah-mudahan : ~하기 바라다

dinas : 업무

"진료카드를 아직 못 찾았나요?"

"예, 선생님."

"계속해서 그렇게 찾는 것보다 우선 새 진료카드를 만드는 게 좋겠어요. 너무 시간이 걸려요. 저기 봐요, 아직도 환자들이 많이 기다리잖아요. 새 진료카드는 한 쪽에 두었다가 진료시간이 끝난 후 옛날 진료카드를 다시 찾으면 하나로 묶어두세요."

간호보조원은 두꺼운 진료카드를 들고 기록할 준비를 했다.

"한 시 이전에 이곳 일이 끝나면 좋겠어요. 까랑아유에 또 다른 업무가 있어요."

4.4

"Oya, ya, Bu. Pembukaan Pusat Kesehatan di sana!" Suara Perawat itu menunjukkan baru ingat peristiwa tersebut.

"Peresmiannya, kan pagi ini jam sepuluh, Bu! Tidak menghadirinya?"

"Ya, Tidak bisa! Meskipun badan gemuk seperti ini, tetap tidak bisa dibagi, setengah di sana setengah di sini. Padahal yang benar-benar penting, kan pemeriksaan di sini."

"Tapi di sana ada pesta, Bu."

peresmian : 준공식, 개소식

tetap : 여전히~하다

"아, 맞아요, 선생님. 그곳에 보건소 개소식이 있지요?" 간호보조원은 이제 막 생각났다는 듯한 어조로 말했다.

"개소식은 오늘 아침 열 시 잖아요, 선생님. 개소식에는 참석 안 하세요?"

"개소식 참석은 못해요. 내 몸이 이렇게 뚱뚱해도 둘로 나눌 수는 없잖아요. 하나는 그곳에, 그리고 하나는 이곳에. 사실 더 중요한 것은 이곳의 진료이지요."

"하지만 개소식 후에 잔치가 있잖아요, 선생님."

4.5

"Itu yang memalukan! Pusat Kesehatan bukan untuk pesta! Saya datang nanti saja, kalau sudah selesai rame-ramenya. Saya ingin melihat perlengkapannya.

Percakapan itu lancar, mengiringi gerak dan sentuhan Bidan yang pasti dan ahli memeriksa payudara pasien, pernafasan, mata, tenggorokan. Kemudian mencuci tangan, mengenakan pelindung dari karet.

memalukan : 창피한

perlengkapan : 장비

pasti dan ahli : 확실하고 능숙한

pelindung dari karet : 고무장갑

"그것 참 부끄러운 일이예요. 보건소 개소식은 밥을 먹는 자리가 아닙니다. 나는 좀 이따가 번잡함이 끝나면 갈까 해요. 나는 보건소 설비를 보고 싶을 뿐이에요."

그녀의 말은 거침없었고, 확실하고 능숙한 손놀림으로 환자의 가슴과 호흡, 눈, 그리고 목을 진단하였다. 이어 손을 씻고 고무장갑을 끼었다.

4.6

"Anaknya berapa, Bu?"

"Lima"

"Wa, sudah banyak! Mengikuti Ka-Be atau tidak?"

Pasien itu tidak segara menyahut. Lalu berkata sambil membuang pandang.

"Suami saya tidak mau."

"Euh!" Bidan mengeluarkan bunyi sesalan, "Ya, dia sih enak saja! Ibu yang cape!"

Ka-Be : Keluarga Berencana 가족계획

membuang pandang : 시선을 떨구다

"아이가 몇입니까, 부인?"

"다섯입니다."

"와, 많기도 하네요! 가족계획은 했나요 안 했나요?"

환자는 대답을 바로 못했다. 잠시 후 시선을 떨구며 입을 열었다.

"제 남편이 원치 않았아요."

"아이고!" 산파가 아쉬운 듯 말했다. "그렇지, 그야 좋겠지만 힘든 것은 부인이지요!"

4.7

Ditanya umur, rumah, nama anak-anaknya. Tiba-tiba Bidan itu memandangi wajah pasiennya lagi, seakan-akan mencari satu pengenalan. Ya, benar! Pasien ini sudah pernah diperiksanya. Entah berapa kali. Barangkali setiap kali beranak!

"Nama Anda siapa tadi?" tanya Bidan.

"Bu Sally."

"Nama kepanjangannya!" ulang Bidan.

seakan-akan : 흡사 ~처럼

beranak : melahirkan anak 아이를 낳다, 출산하다

환자에게 나이, 주소, 그리고 아이들의 이름을 물었다. 갑자기 산파가 환자의 얼굴을 뚫어지게 쳐다보았다. 산파는 무엇인가 알았던 기억을 찾아보려는 듯했다. 아, 맞아! 이 환자를 언젠가 내가 진료한 적이 있어. 몇 번인지는 모르지만. 아마 아이를 낳을 때마다 그랬을 거야.

"부인 이름이 무엇이지요?" 산파가 물었다.

"살리 부인입니다."

"통상 불리는 이름 말고요!" 산파가 재차 물었다.

4.8

Perempuan itu sekali lagi menghindari pandang Bu Bidan, menjawab lirih "Saliyem."

"Oooo Allaah!" hanya itu yang diucapkan Bu Bidan. Dicarinya lagi kartunya! "Namanya Saliyem! Siapa nama suaminya?"

Dan sebelum pasien itu memberi jawaban, pembantu perawat menambahkan.

menghindari pandang : 시선을 피하다

lirih : pelan-pelan 천천히

그 여성은 다시 한 번 산파의 시선을 피하더니 천천히 대답했다.

"살리염이에요."

"아아, 하느님!" 산파가 답답하다는 듯이 말했다. 진료카드를 다시 찾았다.

"이름은 살리염이고! 남편의 이름은 뭐예요?"

환자가 대답을 하기 전에 간호보조원이 덧붙였다.

4.9

"Nama lengkap! Nama aslinya.!"

Bu Bidan merasa perlu menjelaskan lebih terang.

"Nama desa, nama yang diberi dari desa!"

"Samijo." Suara pasien itu tetap perlahan.

"Sekarang siapa namanya? Nama kota?" Bu Bidan bertanya.

Tanpa mengenali nada ejekan atau sindiran dari Bu Bidan, perempuan yang terbaring di tempat pemeriksaan menyahut "Pak Sammi."

mengenali : (특징을) 인지하다, 알다

nada ejekan : 조롱하는 투

sindiran : 조소, 풍자

"완전한 성명 말입니다! 원래의 이름!"

산파는 무엇인가 좀 더 소상한 설명이 필요하다고 느꼈다.

"그러니까 시골 이름, 시골에서 불리던 이름을 이야기하는 것이에요!"

"사미조입니다." 환자의 목소리는 여전히 느렸다.

"그럼 지금 이름은 무엇이지요? 도시에서 불리는 이름?"

산파의 말투가 자신을 다소 조롱하고 있는지 아니면 무엇인가를 빗대어 말하는지 관계치 않고 진료대에 누워있는 여성은 "삼미 씨예요."라고 대답하였다.

4.10

"Mengapa mulutnya begitu rapat? Apa Ibu tahu caranya menulis? Dengan huruf em dua atau bagaimana?" Bidan itu mendesak lagi.

"Saya tidak bisa menulis, Bu. Tapi katanya memang pakai huruf em dua."

Bidan dan pembantu perawat saling memandang, masing-masing mengulum senyum.

"Kalau begitu, Salli itu el-nya juga dua?" tanya perawat.

rapat : 둔탁한

mengulum : 흡수하다, 얼버무리다

"왜 그렇게 발음이 둔탁하지요? 부인은 그것을 어떻게 쓰는지 아나요? 엠(m)이 두 개인가요 아니면 어떤가요?" 산파가 다시 재촉하듯 물었다.

"저는 쓸 줄은 몰라요, 선생님. 하지만 사람들 말이 엠(m)을 두 개 쓴다고들 합니다."

산파와 간호보조원은 서로 쳐다보며 각자 웃음을 참느라 애썼다.

"그렇다면 살리의 엘(l) 역시 두 개인가요?" 간호보조원이 물었다.

4.11

"Ya, Bu, katanya begitu."

"Katanya, katanya, siapa to itu yang mengatakan begitu?"

"Ya, anak-anak sekalah, orang-orang pandai yang datang ke warung saya, Bu."

Perawat mendekatkan kartu kunjungan, memperlihatkan kepada pasien.

"Apa betul begini? Nyonya Salli Sammi?"

Perempuan itu memandangi sejenak tulisan di kertas. Lalu berkata:

mendekatkan : 가까이 놓다, 다가놓다, 갖다 대다

memperlihatkan : 보여주다

sejenak : 잠시

"그렇습니다, 사람들 말이 그래요."

"아까부터 사람들 말이, 사람들 말이, 그러는데 도대체 누가 그랬다는 말입니까?"

"예, 학교 학생들과 제 식당에 오는 유식한 사람들이 그랬어요."

간호보조원은 진료카드를 환자에게 보여주며 말했다.

"이렇게 쓰는 게 맞나요? 살리(Salli) 삼미(Sammi) 부인?"

그 여성은 잠시 종이 위의 글씨를 보더니 말을 이었다.

4.12

"Huruf yang paling belakang ada kakinya, Bu. Panjang sampai ke bawah."

Bidan mendekat, turut melihat ke kartu.

"Ooooh, maksudnya itu I diganti dengan i-grek jadi ye ejaan bahasa Inggris! Waaah!"

Sambil melepaskan sarung tangan karet dan membenahinya, meneruskan katanya:

melepaskan : 벗다

membenahi : mengemasi, membereskan 정리하다, 정돈하다

"맨 뒤에 있는 글자에 다리가 있어요, 선생님. 밑으로 길게 뻗어있어요."

산파가 다가와서 진료카드를 함께 살폈다.

"아, 그러니까 아이(i)가 와이(y)로 바뀌어 영어식으로 쓴다는 말이군요! 와 대단하네!"

고무장갑을 벗어 가지런히 놓으며 그녀가 말을 이었다.

4.13

"Di samping, harus ditulis nama aslinya, Jeng! Kelak sukar lagi menemukannya!" "Ya, Bu!" Bu Sally keluar dari halaman Pusat Kesehatan dengan perasaan lega. Dua sebabnya. Yang pertama-tama ialah karena dia diberitahu bahwa tidak mengandung. Mulai dari waktu itu dia harus minum pil pencegah kehamilan. Yang tidak menyetujui Ka-Be sesudah mempunyai anak lima adalah penentang pembangunan.

menemukan : 발견하다

Pusat Kesehatan : 보건소

mengandung : hamil, 임심한, 아이를 가진

pil pencegah kehamilan : 피임약

“그 옆에 원래의 이름을 기록해 두어야 해요, 간호사! 그렇지 않으면 다음에 찾기가 또 힘들어져요!” “알겠습니다, 선생님.” 살리 부인은 안도의 한숨을 내쉬며 보건소 문을 나섰다. 두 가지 이유에서 였다. 우선은 그녀가 임신을 하지 않았다고 들었기 때문이다. 그 때부터 그녀는 피임약을 복용해야 했다. 아이를 다섯이나 두고도 가족계획 정책을 따르지 않는다면 국가 정책에 반기를 드는 것이다.

4.14

Karena politik negera menggalakkan kelahiran sesedikit mengkin. Kalau tidak menyetujui Ka-Be berarti memberontak terhadap pemerintah. Begitu kata Bu Bidan tadi. Kelegaan kedua ialah dia terlepas dari keterangan-keterangan yang harus diberikan mengapa dia berganti nama. Samijo mengambilnya kembali dari desa karena sudah mempunyai tempat tinggal. Selama setahun suami itu bekerja sebagai buruh harian, mengangkut pasir, mengaduk semen dan kerikil.

menggalakkan : 장려하다

memberontak : 저항하다, 반역하다

mengaduk :뒤섞다, 휘젓다

왜냐하면 정부에서는 가능하면 아이를 적게 가질 것을 장려하기 때문이다. 어찌 보면 가족계획을 하지 않는 것은 반역자일 수 있다. 아까 진료실에서 산파가 그렇게 말했다. 두 번째 이유는 그녀가 왜 이름을 갈았는지 설명할 필요가 없어진 것이다. 사미조는 도회지에 거처를 얻은 후에 그녀를 시골에서 다시 데리고 왔다. 그녀의 남편은 일 년 동안 공사판에서 모래를 나르고 시멘트와 자갈을 섞기도 하는 등의 일을 하는 일용직 잡부로 일했다.

4.15

Lalu berubah menjadi tukang batu, turut mendirikan dinding, menaikkan genting. Akhirnya bangunan sekolah jadi, gubuk sementara yang melindungi para pekerja terlalu sayang untuk dibongkar. Atapnya dari seng. Meskipun panas, tetapi rapat dan tahan tertimpa hujan. Dindingnya dari papan-papan bekas. Tempatnya jauh dari pinggir jalan, sekaligus tidak masuk ke dalam karas sekolah. Betul-betul mendapat luasan yang lumayan.

sayang : terasa rugi 아까운

rapat : tertutup benar-benar 촘촘한

tahan tertimpa hujan : 비를 막아주다

karas : pekarangan, halaman 마당, 운동장

얼마 후에는 벽돌공이 되었고, 벽을 쌓는 일도 하고 기와를 올리기도 했다. 드디어 학교 건물이 완성되었고, 일꾼들이 사용하던 임시 막사를 허물어버리는 것은 너무 아까운 일이었다. 지붕은 양철지붕이었다. 비록 덥기는 했지만 촘촘해서 비를 피하는 데에는 아무 문제가 없었다. 벽은 쓰다 만 판자로 만들었다. 임시 막사는 대로에서도 얼마간 떨어져 있었는데 그렇다고 학교 울타리 안에 포함된 것도 아니었다. 그렇기 때문에 그 임시 막사에 거주하기에 그야말로 안성맞춤이었다.

4.16

Samijo berkata kepada kepala regu kerjanya apakah boleh tinggal di barak itu. Mandornya mengatakan sesuka hati Samijo. Katanya lagi sebagai tambahan, bahwa jalan di sana sudah cukup lebar. Perbaikan-perbaikan tidak akan menyentuh pondok tersebut. Sewaktu pembangunan berlangsung, mereka bisa bersepuluh tidur di dalamnya. Dibagi menjadi dua ruang, karena yang di belakang dipakai sebagai dapur. Ada gentong dan kompor kepunyaan mandor. Itu bisa dibeli Samijo dengan harga murah.

mandor : 작업반장

sesuka hati : sekehandak hati, semau-maunya 마음대로, 마음 내키는 대로

사미조는 작업반장에게 그 막사에 살아도 되느냐고 먼저 물었다. 작업반장은 사미조가 알아서 하라고 했다, 작업반장은 학교 앞 도로가 충분히 넓다고 덧붙였다. 그것은 도로 확장 공사가 이 임시 막사를 건들지 않을 것이라는 말이다. 공사가 진행될 때 인부 열 명이 그 안에서 함께 살았다. 막사의 공간을 둘로 나누어 뒷켠은 부엌으로 쓰도록 했다. 작업반장 소유의 항아리와 가스렌지도 있었는데 사미조가 헐값에 샀다.

4.17

Ketika mereka pindah, Samijo hanya mengganti pintu. Gemboknya juga baru. Kemudian, sedikit-sedikit, bagian samping berubah menjadi beranda, karena papan dindingnya dipotong setengah badan. Akhirnya Saliyem membuka warung pecel, kolak dan bubur. Ternyata laris, meladeni anak-anak sekolah di belakang pondok mereka. Dengan alasan karena Samijo turut menggali sumur sekolah, keperluan air bagi rumah tangga diteruskan mengambil dari sana.

pecel : 뻐쩔 (야체 샐러드)

laris : (장사가) 잘 되는, 잘 나가는

meladeni :시중들다, 돌보다, 대우하다

그들 가족이 이사할 때 사미조는 문짝만 새로 바꾸었다. 자물통도 새것이었다. 그 다음에 벽면의 판자를 둘로 나누어 막사 옆쪽으로 베란다를 만들었다. 마침내 살리염은 샐러드나 꼴락, 그리고 죽 등 간단한 음식을 파는 가게를 열 수 있었다. 간이식당을 열고 보니 그들 집 뒤에 있는 학교 학생들이 몰려들어 의외로 장사가 잘 됐다. 사미조가 학교 우물을 파는데 일조했다는 이유로 그들이 필요한 물도 학교에서 펴왔다.

4.18

Penjaga tidak bisa berbuat lain daripada membiarkannya. Dan mapanlah keluarga itu dengan syarat-syarat kehidupan rakyat yang cukup sandang dan pangan asal tidak telanjang. Lima anak kelihatan sehat meskipun yang kecil-kecil tampak ingusan. Tetapi mereka selalu demikian. Selesma dianggap bukan penyakit lagi. Dia datang dan pergi bagaikan kenalan lama yang berhak mengetuk pintu sewaktu-waktu. Dengan adanya jajaan makanan, upah harian Samijo lebih bisa disisihkan.

membiarkan : 허가하다, 허락하다, 묵인하다

mapan : mantap, stabil 안정된

jajaan : 행상

학교 경비원도 그것을 막을 이유가 없었다. 사미조 가족은 굶주리거나 헐벗지 않고 그럭저럭 살아갔다. 다섯 아이 중 작은 것들이 콧물을 달고 다녔지만 그런대로 모두 건장하게 자랐다. 그들은 항상 그대로였다. 감기는 그들에게 더 이상 질병이 아니었다. 그것은 흡사 오래된 친지가 아무 때고 문을 두드릴 수 있는 권한이 있는 것처럼 슬며시 왔다가 갔다. 살리염이 음식 장사를 하기 때문에 사미조가 버는 일당은 그래도 모을 수 있었다.

4.19

Bersama kakaknya dia mengharap akan bisa mengurus surat-surat tanah yang baru milik keluarga mereka. Seperti petani-petani lain di Sukorejo, orang tua Samijo mendapat bagian tanah bekas perkebunan kina untuk digarap. Masa kontraknya habis, pemiliknya berkebangsaan Belanda mengembalikan kepada pemerintah. Tanah basah dan kering itu berpuluh hektar luasnya. Orang tua Samijo semula mendapat setengah hektar.

perkebunan : 농장

kina : 키니네

사미조는 형과 함께 얼마 전 그들 가족의 소유가 된 땅의 등기를 마치기를 바랐다. 수꼬레조의 다른 농부들과 마찬가지로 전에 키니네 농장이었던 땅의 일부를 받았다. 계약 기간이 끝나자 네덜란드 국적의 지주는 땅을 정부에 돌려주었다. 그 전답은 수십 헥타르가 되었다. 사미조의 부모는 처음에 0.5 헥타르의 땅을 가지고 있었다.

4.20

Karena kehematan bapaknya, sedikit demi sedikit dapat membeli bagian-bagian petani yang lain karena pergantian zaman lebih suka hidup di pinggiran kota daripada di desa. Purwosari, Bringinsari, Ngadiwarno adalah desa penghasil daun tembakau. Tanaman yang oleh alam dijadikan alat pembakar rongga dada manusia ini gampang-gampang sukar pemeliharaannya.

kehematan : 절약

pergantian zaman : 시대 변화

사미조 아버지가 알뜰한 덕분에 시대의 변화에 따라 시골보다는 도회지 변두리에 살기를 원하여 마을을 떠나면서 팔아넘기는 다른 농부의 땅을 조금씩 사들일 수 있었다. 뿌르워사리, 브링인사리, 아디와르노는 담배 농사를 하는 지역이다. 자연적으로 사람의 흉부를 태우는 기구가 돼 비린 이 작물 농사는 보기에는 쉬웠지만 만만치 않았다.

4.21

Tanah keluarga biarlah kakaknya yang mengerjakan dibantu oleh adik-adik yang berjumlah tujuh orang. Namun, kesabaran yang bersemayam di hati kakak itupun terukur dengan keterbatasan. Panggilan hidup ingin menyamai sekeliling tak dapat dihindarkan. Listrik masuk desa disertai segala macam alat penggunaannya. Dimulai dari datangnya kotak televisi, sampai kali terakhir Samijo pulang mendengar orang rumah mengeluh masih menimba dengan tenaga.

kesabaran : 인내심

bersemayam : tersimpan, terpateri (마음에)간직된

keterbatasan : 한계

menimba : (물을) 긷다, 퍼내다, 푸다

가족의 전답은 일곱이나 되는 동생들과 함께 사미조의 형이 일구어나갔다. 하지만 사미조 형의 가슴이 품은 인내심에도 한계는 있었다. 주위 사람들처럼 도회지로 나가려는 소망을 더 이상 피하기 힘들었다. 마을에 전기가 들어오고 그에 맞는 전기제품이 함께 등장했다. 텔레비전 수상기도 들어오고, 마지막 순간에 사미조는 아내가 아직도 양동이로 물을 퍼들이고 있다는 불평을 들어야 했다.

4.22

Tidakkah di rumah Wakijo sumurnya sudah diperlengkapi dengan pompa listrik? Semua mengarah ke kebutuhan uang. Tanah warisan sudah diiris berapa kali agar sebagian dijual. Sebagian lagi disewakan. Mau tidak mau mereka terbujuk dan terpikat akan janji sewa dengan harga lebih tinggi dari harga sewa umum. Kakaknya malahan berhasil mendapatkan bayaran tiga kali lipat, yang berarti seratus lima puluh ribu satu hektar selama satu musim, yaitu enam bulan kira-kira.

diperlengkapi : 설치된, 구비된

warisan : 상속재산, 유산

terpikat : 현혹된

malahan : 심지어, 게다가

와끼조네 집에는 이미 전동 펌프를 설치하지 않았는가? 모든 것이 돈을 필요로 했다. 유산으로 남겨진 땅은 그 일부를 팔기 위하여 여러 차례 분할을 해야 했다. 나머지 일부는 세를 주었다. 그들은 어찌됐건 시중의 가격보다 조금이라도 높게 쳐준다는 말에 현혹되지 않을 수 없었다. 사미조 형은 시중의 가격보다 세 배를 더 받은 적이 있다. 이는 한 농사철, 그러니까 대략 6개월 동안에 헥타르 당 십오만 루피아를 받은 것이다.

4.23

Tidak perlu dipertanyakan siapa gerangan yang berani mengeluarkan jumlah sebesar itu! Semua orang mengetahui bahwa ekonomi kuat, kata bahasa kota, dipegang oleh golongan yang bukan pribumi. Samijo setuju-setuju saja, asal sebagian tanah tetap dipertahankan buat hari tua. Karena Samijo yang menghendaki hidup di kota masih mempunyai rasa-rasa nostalgia kedesaan. Dia juga dibayangi oleh keinginan menghabiskan umur yang tersisa untuk bertenang-tenang di tanah peninggalan orang tua.

gerangan : agaknya, kiranya, konon 도대체

dibayangi oleh keinginan : 소망하다

도대체 누가 그렇게 많은 액수를 감당할 수 있느냐에 대하여는 물을 필요도 없지 않은가! 많은 사람들은 도회지 사람들의 언어인 '강한 경제력'이라는 것은 토착인이 아닌 계층들의 전유물이라는 것을 알고 있다. 사미조는 자신의 노후를 위해 일부의 땅이 남아 있기만 한다면 다른 것은 상관없었다. 사미조는 지금 비록 도회지의 변두리에 살기를 원하지만 시골에 대한 향수를 항상 간직하고 있었다. 그는 부모님이 남겨주신 땅에서 편안한 노후를 보내고 싶어 했다.

4.24

Saliyem membuntuti semua kemauan suami. Dia merasa beruntung sekali dipersunting Samijo. Bapaknya sendiri tidak kuasa menahan tanah yang menjadi bagiannya. Air dari langit yang membusukkan tanaman tembakau membikin laki-laki itu dibebani hutang yang sampai sekarang masih belum terlunaskan. Kini dia menjadi kuli di tanah yang telah dijualnya.

membuntuti : 따르다

dipersuntung : ~의 아내가 되다

terlunaskan : 변제되다

살리염은 남편이 하자는대로 했다. 그녀는 사미조의 아내가 된 것이 큰 행운이라고 여겼다. 그녀의 아버지 역시 자신의 땅을 잘 지켜내지 못했다. 하늘에서 내리는 너무 많은 비는 담배 농사를 망쳤고, 이로 인해 아직도 갚지 못한 빚이 남아 있다. 지금 그는 자신이 팔아넘긴 땅에서 품을 팔고 있다.

4.25

Desa Peron merupakan contoh malapetaka yang tidak akan berhenti mengganas menelan jenis manusia yang dinamakan petani. Tanah garapan yang dibagikan dahulu sudah banyak yang diperjualbelikan kepada pengusaha bersama surat-suratnya. Saliyem mendengar suaminya menyebut kata Sertifikat. Dia teringat akan kebodohannya, karena ladang dan tegalan tempat bermainnya dulu sekarang sudah dibatasi dengan pagar-pagar.

페론 마을의 농부들에게는 끊임없이 재난이 닥쳐왔다. 농부들 소유의 경작지는 땅 문서와 함께 사업하는 사람들에게 팔려 나갔다. 살리염은 남편이 '증서'라고 하는 말을 들었다. 그녀는 우매함을 떠올렸다. 자신이 놀던 밭과 천수답은 이제는 울타리가 쳐졌다.

malapetaka : 재난, 재앙

mengganas : 날뛰다, 창궐하다

diperjualbelikan : 사고팔리다

4.26

Salah satu, kata Samijo tanah yang luasnya lebih dari dua puluh hektar, yang dibeli sedikit demi sedikit oleh orang bermata sipit Gunawan. Orang yang tinggal di kota. Tanahnya menjadi perkebunan dan dikerjakan oleh bekas petani pemilik atau penggarap. Di Ngargosari sama halnya. Bedanya terletak pada warna kulit si empunya perkebunan yang nyata senada dengan buruh-buruh di sana. Keturunan asing atau pribumi, orang kota selalu lebih kaya dan lebih pandai. Inilah kesimpulan Saliyem.

남편은 20 헥타르가 넘는 땅을 구나완이라는 도회지에 사는 화교가 야금야금 사갔다고 했다. 그들 땅은 농장이 되었고 그 땅을 소유했거나 소작인이었던 사람들이 그 농장에서 일했다. 아르고사리에서도 상황은 같았다. 다른 점이 있다면 땅 주인들이 그곳에서 일하는 일꾼들과 같은 피부를 지녔다는 점이다. 화교이건 토착인이건 간에 도회지 사람들은 시골 사람들보다는 더 부자이고 더 똑똑했다. 그것이 살리염의 결론이다.

sedikit demi sedikit : 조금씩, 야금야금

bermata sipit : tidak lebar atau bulat (mata) (대개 쌍꺼풀이 없는)크지 않은 눈

penggarap : 소작인

kesimpulan : 결론

4.27

Dan ini diperkuat pengalaman dari hari ke hari selama dia menjadi bagian dari warganya. Dia merasa, bahwa kepalanya yang sempit pun berubah. Seakan-akan ada ruangan tambahan yang mampu meneguk pengetahuan-pengetahuan yang dahulu sama sekali tidak terjangkau oleh pikirannya. Apalagi waktu-waktu terakhir, dimulai ketika dia membuka warung. Suatu siang seorang pembeli duduk di bangku, di arah paling dekat dengan Saliyem.

그리고 이 사실은 그녀가 도회지인으로 살면서 얻은 경험에서 더욱 더 확신이 갔다. 그녀는 자신처럼 소견이 좁은 사람도 변할 수 있다고 느꼈다. 그녀는 흡사 전에는 전혀 상상조차 못했던 지식들을 담을 여지가 자신에게도 있다고 생각했다. 더욱이 최근에 조그만 가게를 열고부터는 더 그러했다. 어느 날 손님 한 명이 가게에 들어와 살리염 쪽으로 자리를 잡았다.

seakan-akan : 흡사~처럼

meneguk : 마시다, 삼키다

terjangkau : 손이 닿는, 미치는

4.28

Yang menarik baginya, orang itu berkacamata hitam mengilat. Ketika melayaninya, Saliyem terkejut melihat bayangan --- bergerak dan --- menuruti --- gerak ulah sendiri. Setelah memberanikan menatap berkali-kali kedua jendela penghias muka itu, barulah dia menyadari bahwa benda itu bisa buat berkaca. Sambil makan nasi pecel, orang itu membaca atau melihat buku besar yang diambilnya dari tas besi yang bagus.

손님은 빛이 번쩍이는 선글라스를 착용했고 그것이 그녀의 관심을 끌었다. 그녀가 음식을 준비할 때 자신의 움직일 때마다 검은 유리 안에서 똑 같은 물체가 움직이는 것을 보고 움찔했다. 살리염이 용기를 내 얼굴을 장식하는 두 개의 검은 유리를 여러 차례 보고나서야 그녀는 그 물건이 거울 역할도 한다는 사실을 알았다. 샐러드를 시켜 밥을 먹으면서 손님은 멋진 철재 가방에서 꺼낸 책을 들여다보았다.

mengilat : 번쩍이는

manatap : 바라보다, 응시하다

4.29

Tas ini tetap berada di pangkuan. Padahal waktu itu sepi. Anak-anak sekolah belum keluar. Pembeli lain tidak ada. Saliyem memanfaatkan kelengangan tersebut untuk menyiapkan piring dan sendoknya, membersihkan lembaran-lembaran daun dengan kain lap. Dalam kesibukan itu dia tidak melepaskan tamunya dari lirikannya. Seperti orang-orang kota lain, lelaki itu berpakaian rapi. Bekas lipatan menandakan bahwa dia tidak naik kendaraan umum.

pangkuan : 품

kelengangan : kesepian 여가, 한가한 시간

그는 그 가방을 품안에서 떼지 않았다. 이 즈음에는 가게가 한산했다. 학교가 아직 파하지 않아 학생들이 없었다. 다른 손님들도 보이지 않았다. 살리염은 이런 시간에 접시와 숟가락을 씻고 정리하며, 바나나 잎을 행주로 닦는다. 그녀는 바쁘게 움직이면서도 손님으로부터 시선을 놓지 않았다. 다른 도회지 사람들과 마찬가지로 이 손님도 옷을 단정하게 입었다. 주름이 구겨지지 않은 것으로 보아 이 손님은 대중교통을 이용하지 않는다는 것을 알 수 있었다.

4.30

Saliyem mengetahui hal itu dari guru sekolah di belakang warung. Katanya pengajar itu lebih suka jalan kaki di waktu pagi. Selain udara belum panas sekali, menghemat, juga disebabkan karena pakaian tidak lusuh berdesakan dangan orang banyak di dalam bus. Memalukan kalau berhadapan dengan murid-murid menjelang dewasa dalam pakaian yang kurang rapi. Itu juga mengurangi wibawa, kata guru itu.

lusuh : kumal, berkerut-kerut 구겨진

menjelang : ~때에, ~즈음에

wibawa : 권위

lusuh : kumal, berkerut-kerut 구겨진

살리염은 그러한 사실을 가게 뒷쪽의 학교 선생님을 통하여 알았다. 그 선생님은 아침에 걸어서 출근하는 것이 좋다고 했다. 아침이라 시원하기도 하고, 교통비를 절약할 수 있는 것 이외에도 복잡한 출근 시간의 버스 안에서 사람들과 부대껴 옷이 구겨지지도 않기 때문이라고 했다. 선생님은 단정치 못한 복장으로 다 큰 학생들 앞에 서는 것은 부끄러운 일이며 선생님의 권위를 손상시키는 일이라고 덧붙였다.

4.31

"Warung ini belum punya nama, Yu," tiba-tiba pembeli makanan di depan Saliyem bersuara.

"Belum," biasa saja Saliyem menjawab. "Harus diberi nama! Sayang kalau tidak, karena pecelnya enak." Pujian itu bukan yang pertama kalinya bagi Saliyem. Dia memutuskan menjual makanan itu karena suaminya mengatakan bahwa dia pandai membikin sambal pecel. Mertua di desa selalu menyerahkan kepadanya pula jika acara makan mereka memerlukan ramuan sambal kacang.

sayang : 아까운

pujian : 칭찬

ramuan : bumbu (조리)성분, 조미료

"이 가게는 이름이 없군요, 아주머니." 불현듯 앞의 손님이 살리염에게 말했다.

"아직 없어요." 살리염은 별 생각 없이 답했다.

"가게 이름이 있는 게 좋아요! 샐러드가 참 맛있는데 가게 이름이 없으면 안돼요."

살리염이 그런 찬사를 처음 듣는 것은 아니었다. 그녀가 가게를 연 것도 사실은 남편이 샐러드 소스를 잘 만든다고 칭찬해주었기 때문이다. 시골의 시어머니도 가족이 모여 식사할 때 콩으로 만든 소스가 필요할 때면 항상 살리염에게 시켰다.

4.32

"Mahal pasang nama," kata Saliyem, "dan lagi apa to namanya! Kalau orang tahu makannya enak, itu sudah cukup."

"Lho, penting punya nama! Kalau saya cerita nanti pada kawan saya bahwa saya makan pecel enak lalu dia bertanya, makannya di mana, kan saya tidak bisa memberi keterangan jelas. Sedangkan kalau warung Anda punya nama, kawan saya pasti mudah menemukannya. Berarti, karena tidak ada nama, Yu kehilangan pembeli satu akhirnya."

keterangan : 설명

kehilangan : 잃다

"간판을 거는 데 돈이 많이 들어요. 그리고 가게 이름도 그렇고! 사람들이 우리 집 음식이 맛있다는 것을 알면 그만이지요." 살리염이 말했다.

"이름을 갖는다는 것은 중요합니다! 만약 내가 친구에게 맛있는 샐러드를 먹었다고 이야기 했더니 그 친구가 어디에서 먹었느냐고 물어왔을 때 내가 어떻게 설명할 방법이 없잖아요. 하지만 아주머니 가게가 이름이 있다면 내 친구가 이곳을 쉽게 찾아올 수 있을 거예요. 그러니까 간판이 없기 때문에 아주머니는 결국 손님 한 명을 잃게 되는 거지요."

4.33

Saliyem memandangi tamunya sambil mengusap daun pisang lembar demi lembar. Alangkah pintar orang ini, pikirnya.

"Memesan tulisan di papan itu mahal!" Akhirnya Saliyem teringat lagi kepraktisannya dalam keuangan. Harga papan, ongkos pengecatan, tulisan. Ah, sepuluh ribu sendiri habis ke situ! Tentulah suaminya tidak akan setuju. Jumlah itu besar, lebih baik ditambahkan ke tabungan guna mengurus sertifikat baru tanah yang masih mereka miliki.

mengusap : 닦다

kepraktisan : 실질적인 측면

guna : ~을 위하여

살리염은 바나나 잎을 하나씩 닦으며 손님을 쳐다보았다. 그녀는 그 손님이 참 똑똑하다는 생각이 들었다.

"간판을 주문하는데 돈이 많이 들잖아요!" 살리염은 돈과 관련된 문제를 생각했다. 간판으로 쓸 판자를 구입하고, 칠을 하며 글씨 쓰는 비용. 아, 만 루피아도 모자랄 것 같네! 그리고 남편이 동의할 리도 없었다. 그렇게 큰 돈이면 그들이 소유하고 있는 땅의 등기를 내는데 쓸 요량으로 저축을 더 하는 게 나았다.

4.34

Demikian sukar, berbelit dan mahal untuk mendapatkan surat-surat tersebut, kata Samijo. Dan katanya lagi semakin lama akan menjadi semakin mahal. Pegawai di kantor-kantor pemerintah akan minta uang jasa lebih besar lagi. Jadi, pengeluaran yang bukan untuk makan, pakaian lebaran dan kesehatan, harus dihindari.

"Bisa diatur, itu bisa diatur," kata lelaki itu.

Apanya yang bisa diatur?

berbelit : 복잡한

남편은 땅문서를 제대로 만드는 것은 복잡하고 비용이 많이 든다고 한 적이 있다. 그리고 시간이 갈수록 비용이 더 든다고 했다. 관공서의 공무원들이 더 큰 돈을 요구한다는 것이다. 그렇기 때문에 식비, 르바란때 입을 옷 구입비, 그리고 건강을 위한 비용이이 아니면 지출을 줄여야 했다.

"비용 문제는 해결할 수 있어요." 손님이 말했다.

어떻게 해결한다는 것인가?

4.35

Saliyem tidak mengerti, diam saja. Memang macam-macam bahasa orang kota. Tidak hentinya dia belajar setiap hari!

"Saya bikinkan nanti!"

Saliyem menengok ke arah tamunya. Apa dia tidak salah dengar? Orang itu sudah selesai makan mulutnya bergerak-gerak. Tonjolan lidah kelihatan ke kiri, ke kanan. Sebentar bibir menggelembung, meruncing seperti pantat ayam. Dia sibuk mencari sisa-sisa yang terselempit di segala penjuru.

menggelembung : 부풀어 오르다

살리염의 머리로는 이해할 수 없어서 잠자코 있었다. 도회지 사람들의 말은 각양각색이야. 그녀는 매일 이런 식으로 무엇인가를 터득했다.

"내가 다음에 만들어 드릴게요!"

살리염은 손님 쪽으로 시선을 돌렸다. 그녀가 잘못 들은 것은 아닌가? 식사를 마친 손님은 입을 우물거렸다. 손님이 혀를 좌우로 움직이는지 볼이 좌우로 불거지곤 했다. 잠시 후 흡사 닭의 엉덩이처럼 뺨이 부풀어 올랐다. 그는 입 안의 여기저기에 남아있는 음식물 잔재를 찾기 바빴다.

4.36

Suara desis tidak ketinggalan untuk mengeluarkan butiran kacang yang ditumbuk sebagai sambal dari sela-sela gigi di sana sini.

Tiba-tiba orang itu berdiri. Tasnya ditinggal. Dia berjalan mundur, menjauh ke depan pondok. Kembali ke samping di mana orang bisa melihat bahwa di sana ada sesuatu yang dijual.

"Betul seperti yang saya kira. Tempat ini bagus untuk papan reklame."

"Apa itu?" tak tertahankan Saliyem bertanya.

ketinggalan : 뒤진

mundur : 물러나다, 물러서다

reklame : iklan 광고

치아의 여기저기에 낀 양념으로 사용된 콩 조각을 빼내기 위하여 훅훅하며 연신 바람을 내뿜었다.

갑자기 그 손님이 가방은 그대로 두고 자리에서 일어났다. 그는 가게 앞을 바라보며 잠시 뒷걸음질 했다. 그리고는 다시 간판이 걸릴 자리를 물색하며 가게 옆쪽으로 움직였다.

"내 생각이 맞아요. 이 자리에 간판을 달면 되겠어요."

"그게 뭔데요?" 살리염은 궁금해서 물었다.

4.37

"Itu Iho, gambar-gambar dengan tulisan supaya orang membeli barang yang ditawarkan!"

Saliyem belum mengerti maksud tamunya. Orang ini mengeluarkan sesuatu dari tas.

"Ini! Gambar odol, namanya Pepsoden. Nanti saya bikinkan papan nama warung. Di sampingnya dipasang gambar seperti ini."

"Saya bayar berapa?" Tanya Saliyem khawatir.

"Tidak bayar apa-apa"

odol : tapal gigi 치약

"그러니까 사람들이 가게에서 파는 물건을 살 수 있도록 그림과 글자를 새겨넣는 것이지요."

살리염은 손님이 무엇을 말하는지 아직 이해하지 못했다. 그 사람은 가방에서 무엇인가를 꺼냈다.

"여기 봐요! 펩소던이라는 치약이 있잖아요. 내가 다음에 가게 이름을 적은 판자를 만들어 줄게요. 간판 옆에 그림을 이렇게 붙일 거고요."

"내가 얼마를 내야 되나요?" 살리염이 조심스럽게 물었다.

"돈은 한 푼도 안 냅니다."

4.38

Agak curiga Saliyem semakin menatap laki-laki itu. "Mengapa saya tidak bayar apa-apa?"

"Karena pabrik Pepsoden yang membayar! Kalau orang melihat nama warung Anda, mau tidak mau harus pula melihat gambar odol Pepsoden. Lha itu sudah merupakan pengaruh. Atau kalau dia sudah memakai odol itu, dia tiba-tiba ingat bahwa yang ada di rumahnya sudah habis, harus beli lagi!"

curiga : 의심스러운

살리염은 다소 의심스런 눈빛으로 손님을 쳐다보았다.

"왜 돈을 안 내지요?"

"왜냐하면 펩소던 회사에서 돈을 내기 때문이지요! 사람들이 아주머니 가게 간판을 보면 어찌됐건 펩소던이라는 치약을 보게 됩니다. 그것으로 이미 광고를 하게 된 것입니다. 만약 집에서 그 치약을 쓰는 사람이라면 집에 그 치약이 다 떨어진 것이 생각나서 다시 그 치약을 살 수도 있지요!"

4.39

Saliyem tetap belum mengerti. Apa boleh buat! Asal dia tidak bayar saja! Nanti suaminya tentu akan bisa menjelaskan lebih terang.

Lalu mereka membicarakan kemungkinan nama-nama yang pantas. Warung Enak? Gayeng? Miroso? Ah, tidak! Harus cari yang lain, yang tidak lumrah. "Nama Anda siapa?" tiba-tiba langganan itu bertanya, meneruskan. "Pakai nama yang punya malah lebih menarik."

"Itu juga sudah lumrah!" sahut Saliyem.

langganan : 고객, 손님

lumrah : 평범한

살리염은 여전히 손님이 무슨 말을 하는지 잘 몰랐다. 그러나 상관 없었다! 그녀가 돈만 내지 않는다면 된 것이다! 그녀의 남편이 이따가 집에 오면 더욱 쉽게 설명해줄 수 있을 것이다. 그들은 이어 가게 이름을 무엇으로 할 것인지에 대하여 이야기했다. 맛있는 집으로 할까? 아니면 즐거운 식당으로 할까? 아, 아니야 다른 이름을 찾아야 해, 평범하지 않은 이름으로. "아주머니 이름이 무엇이지요?" 손님이 갑자기 묻더니 다시 말을 이었다.

"주인의 이름을 붙이는 것이 오히려 더 좋아요."

"그 역시 평범해요!" 살리염이 대답했다.

4.40

"Memang! Tapi dibikin yang lain."

"Jangan terlalu biasa!"

"Siapa nama Anda, Yu? Coba katakan!"

"Saliyem."

Langganan yang sudah duduk kembali itu memiringkan kepala. Kemudian memandang ke luar. Beberapa meter dari pinggiran warung adalah pintu masuk sekolah. Jauh ke depan, lebih dari sepuluh meter, selokan, trotoar tetapi sudah hilang kehalusannya, barulah jalan raya.

memiringkan kepala : 고개를 기울이다

trotoar : kaki lima 인도, 보도

"그렇긴 하지요! 하지만 좀 다르게 만듭니다."

"너무 흔하게 하지는 마세요!"

"아주머니 이름이 무엇입니까? 말씀해 보세요!"

"살리염이예요."

다시 자리에 앉은 손님은 무엇인가를 생각하는지 고개를 갸우뚱했다. 그리고 밖을 쳐다보았다. 가게에서 몇 발자국만 가면 바로 거기가 학교 정문이다. 그 앞쪽으로 십여 미터에 하수구가 있고, 퇴색한 인도가 있으며, 이어 대로가 있다.

4.41

Kilauan-Kilauan warna hitam seperti gerakan air, menggelombang dan menyakitkan pandang. Sebentar lagi anak-anak remaja akan memenuhi keseluruhan tempat itu.

kilauan : 빛, 광채, 불빛

"Sa-li-yem," lelaki pembeli makanan itu mengulang menyebut nama perlahan-lahan.

"Nama suaminya?"

"Samijo."

"Sa-li-yem dan Sa-mi-jo," sekali lagi orang itu mengulangi, seperti buat nama sendiri.

검게 피어오르는 태양의 반사광은 파도처럼 밀려와 그곳으로 행하는 시선을 아프게 할 정도였다. 잠시 후에 아이들이 그곳을 꽉 메울 것이다.

"살-리-염." 손님이 이름을 천천히 불러보았다.

"남편 이름은요?"

"사미조입니다."

"살-리-염 그리고 사-미-조." 그는 마치 자신의 이름인 것처럼 다시 반복해 불렀다.

4.42

"Anak-anak?" dia meneruskan penyelidikannya.

penyelidikan : 연구, 탐구, 조사

mengusulkan : 제안하다

"Margono, Sri Warsiah, Siti Hartati, Bambang Warjito, yang terakhir Bambang Listriono."

"Wah, wah, wah! Bagus-bagus namanya!"

Saliyem bangga mendengar pujian itu. Berkat suminya dan guru desa maka anak-anak mendapat nama demikian. Yang terkecil memakai perkataan listrik, karena Saliyem yang mengusulkan.

"아이들은요?" 그는 조사를 계속했다.

"마르고노, 스리 와르시아, 시띠 하르따띠, 밤방 와르지또, 그리고 막내는 밤방 리스뜨리오노입니다."

"와, 이름들이 다 멋지네요."

살리염은 그 소리를 듣고 자랑스러웠다. 자신의 남편과 시골 학교 선생님 덕으로 아이들이 그러한 이름을 가질 수 있었다. 막내가 전기와 연관된 이름을 갖게 된 것은 바로 살리염이 제안했기 때문이다.

4.43

Waktu itu rumah di desa mulai mempergunakan lampu Pe-el-en.

Dan mereka meneruskan pencarian nama buat warung. Saliyem menjawab, mengatakan isi pikiran yang wajar namun seringkali kurang menjangkau maksud langganannya. Tiba-tiba orang itu berkata:

"Aaah, ini dia, Yu! Baik ini! Nama-nama Anda saja yang dipergunakan, tetapi dipotong!"

막내가 태어날 당시 시골에 전기불이 들어왔다.

그들은 계속해서 가게에 적당한 이름을 찾았다. 살리염이 여러 차례 간판이 붙일 적당한 이름을 말했지만 여간해서 손님의 맘에 들지 않았다. 그 때 불현듯 손님이 말했다.

"아, 바로 이겁니다. 이게 좋겠어요. 아주머니 이름을 씁시다. 하지만 좀 줄여야 해요!"

menjangkau : 미치다, 닿다

maksud : 의도, 의향

4.44

Saliyem gembira melihat semangat pembelinya. Tetapi dia tetap kurang mengertinya.

"Dipotong bagaimana?"

"Pak Sami dan Bu Sali!"

Kedengarannya memang lumayan.

"Warung Pak Sami dan Bu Sali! Atau salah satu saja!"

Saliyem semakin mengerti jelas.

살리염은 손님의 의욕을 보고 즐거웠다. 하지만 그녀는 여전히 무슨 말인지 정확히 알지 못했다.

"어떻게 줄인단 말이에요?"

"사미 아저씨 그리고 살리 아줌마!"

손님의 말이 그럴 듯했다.

"사미 아저씨와 살리 아줌마 가게! 아니면 둘 중의 하나!"

살리염은 차츰 무엇인가 이해할 수 있을 것 같았다.

semakin : 점점

4.45

"Warung Pak Sami! Warung pecel Bu Sali."

Saliyem tersenyum. Hatinya senang sekali.

"Lebih tepat kalau Warung Bu Sali, Karena saya yang memasak, yang membikin bumbu pecelnya, bubur dan gorengan-gorengan macam-macam ini: Tamu itu pun tampak puas. Dia mengeluarkan dompet, membayar. Ketika akan pergi, berkata:

gorengan : 튀김류

"사미 아저씨 가게! 살리 아줌마 샐러드 가게!"

살리염은 미소를 지었다. 그녀는 기분이 좋았다.

"살리 아줌마 가게라고 하는 것이 더 정확하지요. 왜냐하면 내가 음식을 만드니까요. 샐러드 양념, 죽, 그리고 여러 가지 튀김도 내가 만들어요."

손님도 만족해하는 듯했다. 그는 지갑을 꺼내고 음식값을 지불했다. 그리고 가게를 나서며 한 마디 했다.

4.46

"Ya, baik nama Bu Sali saja. Sa-li. Ditulis secara modern ya, Yu! Biar lebih hebat. Ini kan di samping sekolah menengah prakteknya IKIP. Harus megah!" Untuk ke sekian kalinya Saliyem kehilangan pengertian.

"Cara modern bagaimana?"

"El-nya dua, di belakang seperti bahasa Inggris. Sally!"

"Itu menjadi nama Belanda Inggris?"

"Inggris, Yu! Bukan Belanda Inggris. Kalau Belanda ya Belanda saja!"

sekian kali : 수 차례

IKIP : Institut Keguruan dan Ilmu Pendidikan 사범대학

megah : 고상한

"그래요, 살리 아줌마로 해요, 살-리. 현대식으로 표기합시다! 더욱 근사하게요. 이곳은 사범대학 학생들이 실습하는 중학교잖아요. 그래서 고상해야 해요!"

살리염은 벌써 수차례 이해할 수 없는 말을 들었다.

"현대식이라는 게 무엇을 말하는 것입니까?"

"엘(L)을 두 개 쓰고 뒷 부분도 영어처럼 합시다. 샐리(Sally)로!"

"그러면 영어-네덜란드어가 되는 것인가요?"

"영어이지요, 아주머니! 영어-네덜란드라는 말은 없어요. 네덜란드어이면 그냥 네덜란드어이지요."

4.47

Tamu itu akan melanjutkan pergi, tetapi berhenti. Barangkali tiba-tiba dia menyadari ada di tingkatan mana lawan bicaranya itu berasal. Mungkin dia juga baru ingat, bahwa banyak orang desa dan kampung yang tidak bisa membaca maupun mencoretkan huruf.

"Sudahlah! Pokoknya tahu beres! Besok siang saya mampir makan lagi. Tanyakan pada suami apakah dia setuju kalau dipasang papan Pepsoden, sekalian di samping nama warung Bu Sally!"

손님은 가게를 나서다 말고 잠시 멈춰 섰다. 아마도 그는 불현듯 지금까지 자신의 대화 상대자가 어느 수준의 사람인지 인식한 것 같았다. 그리고 많은 시골 사람들이 아직도 쓰고 읽을 줄 모른다는 사실을 떠올린 듯했다.

"됐습니다! 중요한 것은 일이 잘 됐다는 것만 알면 됩니다! 내일 점심 식사하러 다시 들리겠습니다. 남편에게 살리 아줌마라는 간판 만드는데 펩소던 그림을 옆에 붙여도 되는지만 물어보세요!"

lawan bicara : 상대방

mencoretkan : 줄을 긋다, 끄적이다

4.48

Dia berdiri. Sebelum keluar, meletakkan sehelai kertas halus, di atasnya tergambar odol Pepsoden dengan tulisan macam-macam.

Bu sally menyeberang.

Sambil berjalan dia melihat ke arah pondok. Suaminya tidak mendapat pekerjaan sejak kemarin. Tampaknya sudah membuka jendela besar di samping. Meja rendah sudah diatur. Mudah-mudahan sudah menanak nasi dan merebus sayuran.

그는 일어섰다. 그는 의미를 알 수 없는 글씨와 함께 펩소던 치약 그림이 그려진 종이 한 장을 남겨두고 밖으로 나갔다.

살리 부인은 길을 건넜다.

길을 건너면서 그녀는 자신의 가게를 바라보았다. 남편은 어제부터 일거리가 없다. 가게의 옆 쪽 창문을 열어둔 것이 보였다. 나지막한 식탁들도 이미 정리가 되어 있었다. 밥도 다 지어놓고 야채도 데쳐놓았기를 바랐다.

menyeberang : 건너다, 건너가다

mudah-mudahan : ~하기를 바라다

menanak nasi : memasak nasi 밥을 짓다

4.49

Sewaktu di bus, Bu Sally bertanya pada penumpang lain jam berapa. Katannya jam sepuluh kurang, dia masih akan sempat merendam pakaian kotor. Kelupaan tadi sebelum berangkat ke Pusat Kesehatan. Sampai di seberang, dia melihat ke atas tempat tinggalnya. Warung Bu Sally. Memang pantas. Papan itu sudah terkena hujan satu musim. Tetapi catnya tahan. Dari jauh masih jelas nama dan gambarnya. Masuk dari samping, dia langsung menggeret meja rendah tempat makanan dijajakan.

merendam : 담그다

pantas : 합당한, 적당한

menggeret : menggarit, menggores 문지르다, 닦다

버스 안에서 그녀는 옆 사람에게 몇 시냐고 물었었다. 그는 열시가 좀 못됐다고 했으므로 그녀는 빨래를 할 시간이 조금 있는 셈이다. 보건소에 가기 전에 깜빡 잊은 일이다. 길을 다 건너와서 그녀는 자신이 살고 있는 거처를 바라보았다. 살리 아줌마 식당. 정말 맞는 말이다. 가게의 간판은 벌써 반년을 비를 맞았다. 하지만 페인트 칠은 아직 괜찮았다. 멀리서 보아도 이름과 그림이 선명했다. 옆으로 들어가자마자 그녀는 음식물을 진열해 둔 나지막한 식탁을 훔쳤다.

4.50

Suaminya meletakkannya kurang dekat ke dinding. Anak-anak sekolah kalau datang berbondong dan tidak sabar. Harus diberi ruang selebar-lebarnya.

Ditemuinya Samijo di dapur, sedang mengaduk kangkung dalam air yang mendidih.

"Tinggal taogenya yang belum, katanya, Ini tinggal kau teruskan! Aku harus pergi."

"Nanti dulu masih ada cucian segala! Kamu mau ke mana?"

berbondong : 무리를 지어

mengaduk : 뒤섞다, 휘젓다

남편은 식탁을 벽에서 조금 띄어 놓았다. 학교 아이들은 한꺼번에 우르르 몰려오고 인내심도 없었다. 그래서 될 수 있으면 널찍한 공간을 마련해야 했다. 부엌에서는 사미조가 끓는 물에 깡꿍을 데치고 있었다.

"숙주나물만 아직 덜 됐어. 나머지는 당신이 해요. 난 나가봐야 하니까." 남편이 말했다.

"잠깐만 있어요. 나는 빨래도 해야 해요. 어디가려고요?"

4.51

"Ke Bubakan! Mandor menyuruh orang memanggilku tadi. Ada buruhan di sana, dekat-dekat gereja Blenduk."

Bu Sally tidak berani berkata apa-apa lagi. Dia membuka tutup dandang. Nasi sudah berkepul. Butir-butir kelihatan lembut.

"Kalau begitu, makan dulu!"

Suaminya menurut, mengambil piring, mengeduk nasi. Bu Sally meletakkan panci di amben.

buruhan : kerjaan
일거리

amben : balai-balai
긴 의자

"부바깐에 가야해. 반장이 아까 사람을 시켜서 나를 불렀어요. 일거리가 있나 봐. 블렌둑근처에."

살리 부인은 더 이상 말을 할 수가 없었다. 그녀는 솥뚜껑을 열었다. 밥에서 김이 모락모락 피어올랐다. 밥알이 윤기가 있어 보였다.

"그럼 식사부터 해요."

남편은 그녀의 말을 듣고 접시에 밥을 펐다. 살리 부인은 기다란 의자 위에 냄비를 내려놓았다.

4.52

Di dalamnya ada gudeg daun singkong bersama ikan asin lauk kemarin. Tambah tempe bacem dan tahu. Dia sendiri juga lapar. Biasanya sebelum mengatur dagangan, mengisi perut dulu. "Tadi Mimun cerita. Katanya tahun ini panennya baik di desa. Tembakau dari Purwosari, selembar sampai lima ratus harganya."

Samimun juga berasal dari Sukorejo, menjadi kuli bangunan seperti Samijo. Seringkali bekerja bersamanya. Dia yang datang disuruh mandor.

mengisi perut :
식사하다

panen : 수확

그 안에는 어제 먹다 남은 카사바 잎으로 만든 구덕과 절인 생선 등의 반찬이 들어 있었다. 거기에다가 두부 요리도 있었다. 그녀 역시 시장했다. 대개는 장사를 시작하기 전에 먼저 배를 채운다.

"아까 미문이 그러는데 올해 시골 작황이 좋았대요. 뿌르워사리에서는 담뱃잎 한 장에 오백 루피아까지 한대요."

사미문 역시 수꼬레조 출신인데 사미조처럼 건설 현장에서 막일을 한다. 종종 사미조와 같은 현장에서 일한다. 반장의 심부름을 온 사람이 바로 그다.

4.53

"Dia merasa rugi besar. Kalau tahu dulu-dulu, dia tidak jadi ke kota. Padahal dia memang sudah ragu-ragu. Ke kota atau tidak. Sudah kehabisan modal, tidak berani pinjam uang ke bank. Seandainya mau nekat waktu itu, sekarang tentu sudah panen...."

Nada kalimat terakhir mengambang, seolah-olah belum selesai. Saliyem makan, memandangi suaminya. Dia kurang yakin, apakah suaminya menceritakan penyesalan Mimun ataukah penyesalannya sendiri.

padahal : (하지만) 실은

kehabisan : 다 떨어진

nekat : tekad 확고한, 단호한

mengambang : 뜨다, 부동하다, 올라가다

"그 사람 역시 큰 손해라고 생각해요. 이렇게 될 줄 미리 알았다면 미문은 도시로 안 나왔을 거예요. 하긴 그가 처음에 좀 주저하기는 했지. 도시로 나갈 것이냐 아니냐. 영농자금이 다 떨어지고 감히 은행에서 대출받을 생각을 못했지. 만약 그 때 더 버텼더라면 지금 수확을 - - -"

사미조는 무엇인가 말을 더 하고 싶은 사람처럼 말끝을 흐렸다. 살리염은 식사를 하면서 남편을 바라보았다. 그녀는 남편이 미문의 후회스러움을 말하는 것인지 아니면 남편 자신이 후회된다는 것인지 분간할 수 없었다.

4.54

"Keberuntungan orang sendiri-sendiri, Pak!"

Akhirnya itulah yang dikatakannya. Tidak panjang, tetapi lengkap dan asli. Orang desa seperti Saliyem, sedungu yang paling dungu pun namun pernah dibesarkan oleh nenek atau kakeknya. Mereka mengerti dan menjalani hidup karena percaya, bahwa memang begitulah yang seharusnya terjadi.

lengkap dan asli : tidak ada campuran 군더더기 없는

"사람에게는 자신의 운이라는 것이 있는 법이예요, 여보!"

살리 부인은 그렇게 말해버리고 말았다. 길지 않고 군더더기 없는 말이었다. 살리염과 같은 우매한 시골 출신도 어릴 때는 할아버지, 할머니의 가르침을 받고 자랐다. 그들은 삶이란 원래 그런 것이라는 믿음이 있기 때문에 삶을 이해하고 영위하는 것이다.

(*Diambil dari kumpulan cerpen *Liar* oleh Nh. Dini)

확인학습

I. Simaklah wacana berikut dan berilah jawaban yang tepat.

Sambil berjalan dia melihat ke arah pondok. Suaminya tidak mendapat pekerjaan sejak kemarin. Tampaknya sudah membuka jendela besar di samping. Meja rendah sudah diatur. *Mudah-mudahan* sudah menanak nasi dan merebus sayuran. Sewaktu di bus, Bu Sally bertanya pada penumpang lain jam berapa. Katanya jam sepuluh kurang, dia masih akan sempat merendam pakaian kotor. Kelupaan tadi sebelum berangkat ke Pusat Kesehatan. Sampai di seberang, dia **melihat ke atas** tempat tinggalnya. Warung Bu Sally. Memang ______. Papan itu sudah terkena hujan satu musim. Tetapi catnya tahan. Dari jauh masih jelas nama dan gambarnya.

1. Terjemahkanlah kalimat yang diberi garis bawah ke dalam bahasa Korea.

2. Apakah sinonim dengan kata *mudah-mudahan*?

3. Isilah tempat kosong dengan kata-kata yang sesuai.

4. Ungkapan **melihat ke atas** dapat dikatakan dalam satu perkataan.

5. Bagaimana keadaan papan iklan Warung Bu Sally sekarang? Jelaskan dalam bahasa Korea.

II. Pilihlah jawaban yang paling tepat.

1. (a) Padahal dia memang sudah ragu-ragu.
   (b) Kalau tahu dulu-dulu, dia tidak jadi ke kota.
   (c) Dia merasa rugi besar.
   (d) Ke kota atau tidak.

   Keempat kalimat di atas akan menjadi paragraf yang baik bila disusun dengan urutan :

   _____ - _____ - _____ - _____

2. Itu - bergerak-gerak - sudah - makan - orang - selesai - mulutnya

   Bila kata-kata di atas dirangkaikan akan terdapat kalimat yang baik dan benar dalam kalimat :

   ____

3. (a) Yang benar-benar penting.
   (b) Pemeriksaan di sini.
   Kedua kalimat di atas dapat digabung menjadi....

   ① Untuk yang benar-benar penting, pemeriksaan pun di sini.
   ② Karen yang benar-benar penting, asal pemeriksaan di sini.
   ③ Padahal yang benar-benar penting, kan pemeriksaan di sini.
   ④ Sementara yang benar-benar penting, begitu pemariksaan di sini.

V

Tulisan dari Media Massa

신문기사

Ingin Nama Anda Terukir di Jalanan Korea Selatan?

한국의 도로에 당신의 이름을 새기고 싶으십니까?

5.1

Ingin nama Anda tertulis di salah satu jalan di Korea Selatan? Baru-baru ini Korea Tourism Organization (KTO) mengadakan acara "Cobalah Tulis Nama Anda di Korea". Acara ini menawarkan kesempatan bagi semua orang di dunia untuk mengukir namanya di Jalan Sang Sang, jalan baru yang sedang dibangun di Korea Selatan. Hal ini terbuka untuk 23.000 orang pendaftar pertama, yang nantinya nama dan asal negaranya akan diukir di sepanjang Jalan Sang Sang.

baru-baru ini : 최근

menawarkan : 제시하다, 제안하다

mengukir : 새기다

한국의 도로에 당신의 이름을 새기고 싶습니까? 최근 한국관광공사(KTO)에서는 "한국에서 당신의 이름을 새겨보세요"라는 행사를 개최하였다. 본 행사는 전 세계 사람들에게 본인의 이름을 현재 건설 중인 "상상길"에 새길 수 있는 기회를 제공한다. 선착순으로 신청한 23,000명의 이름과 그들의 국가가 상상길을 따라 새겨지게 될 것이다.

5.2

Berdasarkan situs web resmi "Cobalah Tulis Nama Anda di Korea", program ini hanya boleh diikuti oleh warga selain Korea Selatan. Calon peserta perlu membuka situs web resmi, mengisi data diri yang diminta, dan mengikuti persyaratan yang ada. Jika peserta masuk dalam 23.000 pendaftar pertama, namanya akan langsung terukir di Jalan Sang Sang saat proses pembangunan jalan. Sementara, peserta di luar itu namanya akan ditulis di sekitar Jalan Sang Sang.

berdasarkan : ~에 기초하여

resmi : 정식의, 공식의

persyaratan : 조건

"한국에서 당신의 이름을 새겨보세요"의 공식 사이트에 따르면, 이 프로그램에는 외국인들만이 참여할 수 있다. 참여를 원하는 지원자는 사이트에 접속하여 본인의 데이터를 기입하고 지시한대로 따르면 된다. 선착순 23,000여명 안에 든다면 건설 중에 있는 상상길에 본인들의 이름이 새겨질 것이다. 한편, 그 이외의 이름은 상상길 주변에 씌여질 것이다.

5.3

Pendaftaran berlangsung dari 20 Agustus hingga 30 September 20**. Pembangunan Jalan Sang Sang sendiri dilakukan dari tanggal 20 Agustus hingga 31 Oktober 20**. Setiap peserta terdaftar akan mendapat kupon digital yang dapat ditukar dengan bingkisan dari KTO saat berkunjung ke Korea Selatan. Bingkisan berupa tas ramah lingkungan, kartu transportasi, kaos, sepatu karet tradisional Korea, dan tiket tur bus ke Changwon. Masa berlaku kupon sampai 31 Desember 20**.

pendaftaran : 등록

bingkisan : 선물, 선물꾸러미

ramah lingkungan : 친환경

지원은 20**년 8월20일부터 시작하여 20**년 9월 30일까지 지속되며, 상상길 공사는 8월 20일에 시작하여 10월 31일에 완공될 예정이다. 각각의 등록된 참여자들은 디지털 쿠폰을 지급받게 되는데, 이는 한국에 방문할 시 한국관광공사에서 제공하는 선물들과 교환 가능하다. 선물들은 친환경 가방, 교통카드, 티셔츠, 한국 전통 고무신, 그리고 창원 행 관광버스 티켓이다. 해당 쿠폰의 유효기간은 20**년 12월 31일 까지이다.

5.4

Selain itu KTO juga akan mengirim enam peserta yang terpilih ke Korea Selatan. Setiap minggu satu dari enam nama yang diundi secara acak akan diumumkan. Pemenang akan mendapat tiket penerbangan pulang pergi kelas ekonomi ke Korea Selatan, akomodasi untuk 3 malam (2 malam di Seoul, 1 malam di Changwon), satu hari tur di Jalan Sang Sang, tiket kereta ekonomi dari Stasiun Seoul ke Stasiun Masan di Changwon, dan biaya masuk ke lokasi-lokasi wisata di Changwon.

secara acak : 무작위로

pulang pergi : 왕복

lokasi wisata : tempat wisata, objek wisata 관광지

그 외에도 한국관광공사는 선발된 여섯 명을 한국으로 초청할 것이다. 매주 그 여섯 명 중 한 명을 무직위로 추첨하여 공지할 것이다. 당첨된 사람은 이코노믹 클래스의 한국행 비행기 왕복티켓을 받게 되고, 3박 4일간의 숙박(2박은 서울, 1박은 창원), 상상길에서의 하루 관광, 서울역에서 창원의 마선역까지 가는 기차 티켓, 창원의 관광지 입장료를 받게 된다.

5.5

Jalan Sang Sang adalah jalan baru yang sedang dibangun di Desa Seni Chandong, kota Changwon, Korea Selatan. Memiliki arti "Jalan Imajinasi", Jalan Sang Sang akan menjadi zona turis di Changdong. Sepanjang zona ini ada banyak tempat wisata yang dapat dikunjungi, seperti Buljonggeori-ro, pintu masuk zona Jalan Sang Sang. Buljong adalah lonceng yang dulu digunakan untuk memperingatkan penduduk Korea Selatan jika ada kebakaran. Lonceng ini sekarang hanya menjadi simbol yang digantung di Buljonggeori-ro.

lonceng : 종

memperingatkan : 경고하다

상상길은 창원 창동 예술촌에 새로 건설하고 있는 길이다. "상상의 길"이라는 의미를 담고 있는 이 길은 창동의 관광구역으로 지정될 것이다. 이 지역에는 상상길의 출입문 격인 불종거리 등 많은 유원지가 있다. 불종은 옛날 남한 사람들이 화재 발생 시 경고로 사용하였던 종이다. 지금은 단순히 불종거리의 매달려 있는 하나의 상징물이다.

5.6

Di wilayah ini terdapat tiga tema seni dalam konsep jalanan, yakni Moonshin Art Street, Ecole De Changdong Street, dan Masan Art Street. Nama-nama yang diukir di Jalan Sang Sang tidak permanen, hanya sebagai sarana promosi wisata Korea Selatan. Pihak KTO dari situs resminya menyatakan setelah 1 Januari 20**, nama-nama yang terukir tersebut bisa dilepas tanpa sepengetahuan peserta.

sarana : 장치

이 지역에는 3개의 예술 테마 골목이 존재한다. 그건 바로 '문신예술길' '에꼴드창동길', 그리고 '마산예술길'이다. 상상길에 새겨진 이름들은 영구적으로 있는 것이 아니고, 한국의 관광 프로모션용일 뿐이다. 관광공사 측은 공식 사이트를 통해 20**년 1월 1일 이후로는 참여자에게 어떠한 공지도 없이 지울 수 있다고 언급하였다.

(*Dikutip dari *Kompas*)

Dalam 10 Tahun, J.Co Jual 805 Juta Donat dan 52 Juta Cangkir Kopi

제이코 10년 동안 8억 오백만 개의 도넛과 5천 2백만 잔의 커피를 팔아

5.7

Kedai kopi dan donat asal Indonesia, J.Co pertama kali dibuka di Supermal Karawaci pada 2005. Banyak masyarakat yang tidak menyangka bahwa J.Co buatan anak Indonesia. Publik juga sempat kaget, bahwa ide ini dicetuskan dari seorang penata rambut tersohor, Johny Andrean. Johny sendiri juga awalnya tidak berharap banyak, walaupun dia kemudian bersyukur kedainya bisa diterima dan disambut antusias masyarakat.

kaget : 놀라다

penata rambut : 헤어 디자이너

tersohor : 유명한, 저명한

인도네시아 국내 브랜드인 도넛 및 커피 숍, 제이코는 2005년 까라와찌 수퍼몰에 처음으로 문을 열었다. 많은 국민들은 제이코가 인도네시아에서 브랜드라는 것을 모르고 있다. 대중들은 이것이 유명한 조니 안드레인이라는 저명한 헤어디자이너가 낸 반짝이는 아이디어에 의한 것이란 것에 한 번 더 놀랬다. 조니는 커피숍이 국민들에게 열광적인 호응을 얻고 받아들여질 수 있었음에 감사하면서도 그 자신은 애초에는 많은 것을 바라지 않았다.

5.8

Meski gagasannya adalah memadukan antara kopi dan donat, respon masyarakat justru cenderung pada donat itu sendiri. Setelah ia membuka gerai kedua, ketiga dan seterusnya, ternyata penjualan donat yang paling mendominasi. "Saya sempat ingin tahu ada berapa donat yang sudah terjual, ternyata ada 805 juta. Itu dari pertama kali buka," ujar Johny di Mall Alam Sutera, Tangerang, kemarin. Tentu saja, 805 juta donat merupakan angka yang fantastis sejak kedai ini berdiri.

gagasan : 아이디어

memadukan : 결합하다

gerai : 가게

mendominasi : 우위를 점하다, 우월하다

그의 아이디어는 도넛과 커피를 결합시키는 것에 불과했어도, 국민들의 반응은 도넛 그 자체에 바로 호감을 보였다. 그가 두 번째, 세 번째, 그리고 계속해서 가게를 연 후에도 알고 보니 도넛 판매가 우위를 점했다. "저는 판매된 도넛이 몇 개인지 궁금해진 적이 있는데, 파악해 보니 팔억 오백만 개였어요. 이것은 개업했을 때부터죠."라고 어제 땅어랑 알람 수트라 몰에서 조니가 전했다. 당연히 이 가게가 오픈 한 후 팔린 8억 5백만 개의 도넛은 환상적인 숫자다.

5.9

Namun, kembali Johny menekankan bahwa konsep J.Co tidak hanya donat, tetapi juga kopi. Untuk itu, Johny memperdalam pengetahuan soal kopi. Pada tahun-tahun pertama, Johny mengimpor biji kopi dari Italia. Ia mempercayai sebuah perusahaan kecil di sana untuk mengirim sejumlah biji kopi ke Indonesia. Karena lokasinya yang cukup jauh, pendistribusian memakan waktu 2 bulan. Bahkan tidak jarang biji kopi baru sampai di tangan bartender J.Co pada bulan ketiga.

menekankan : 강조하다

memperdalam : 심화하다

하지만 조니는 제이코의 컨셉은 도넛뿐 아니라 커피이기도 하다고 다시 강조했다. 이를 위해 조니는 커피에 대한 지식을 심화했다. 조니는 처음 몇 년은 이탈리아에서 원두를 수입했다. 그는 인도네시아로 원두를 보내주는 이탈리아의 작은 회사를 신뢰했다. 이탈리아는 꽤 먼 거리였기 때문에, 배급과정이 2달이나 소요 되었다. 심지어 세 달 째가 되어서 바텐더 손에 들어오는 경우도 가끔 있었다.

5.10

Untuk sampai ke pelanggan, kopi yang sudah jadi ini paling tidak sudah berumur 4 bulan. Johny pun ingin mempersingkat umur biji kopi ini dengan mempelajari teknik sendiri, mulai 3 tahun yang lalu. Setelah bisa melakukan *roasting* biji kopi sendiri, Johny pun sadar kualitas kopi J.Co yang sekarang sangat jauh dibandingkan dengan yang dulu. Saat impor dari Italia, kualitas biji kopi tersebut ternyata tidak selalu bagus. Menurut Johny, biji kopi yang ia terima bahkan dicampur dengan biji kopi yang sudah sedikit hangus.

mempersingkat : 단축하다

dibandingkan dengan : ~과 비교하여

bahkan : 심지어

원두가 고객에게 커피로 판매되기까지는 최소 네 달이 걸렸다. 3년전부터 조니는 독자적인 기술 개발로 원두의 연령을 줄이고자 했다. 스스로 원두 로스팅이 가능해진 뒤로는 조니 역시 과거와 비교했을 때 현재의 제이코의 커피 품질이 상당히 차이 난다는 것을 알았다. 이탈리아에서 수입 할 때에는 원두의 질이 항상 좋은 것이 아니었다. 조니에 의하면 그가 수입했던 원두에는 심지어 이미 타버린 원두와 석인 것도 있었다고 했다.

5.11

Sementara saat ini, Johny mengklaim telah memiliki sistem terbaik. Biji kopinya pun dipilih yang terbaik dari Sumatera, Sulawesi dan Jawa. "Setelah itu baru tahu ternyata kopi harus segar dan waktu penyajiannya cuma 2 minggu. Kualitas kita jadi naik tinggi sekali, saya jadi merasa bersalah dulu pernah menyajikan kopi sampai berbulan-bulan," sebut dia. Tidak hanya sistem *roasting* dan biji kopi, Johny juga meningkatkan cara seduh kopi.

meningkatkan : 향상시키다

한편 현재 조니는 이미 최상의 시스템을 보유하고 있다고 했다. 원두 역시 자바의 수마트라, 술라웨시, 그리고 자바에서 최상급을 선정한다. "그 후 원두는 신선해야 하며 단 2주 정도의 공급기간을 가져야 한다는 것을 알았어요. 우리의 커피 질은 매우 향상됐고, 저는 공급기간이 몇 달 동안이었던 것이 실수였음을 알았어요." 라고 말했다. 로스팅 시스템과 원두 뿐 아니라, 조니는 커피를 우려내는 방법도 향상시켰다.

5.12

Bartender-bartender pun mulai dilatih untuk menyeduh kopi terbaik di setiap cangkirnya. Kini, kopi J.Co menjadi sesuatu yang penting dan tidak kalah dibandingkan donatnya. "Mereka hitung berapa yang sudah terjual selama 10 tahun, hasilnya ada 52 juta cangkir," ungkap Johny. Meski demikian, potensi untuk pengembangan J.Co baik dari donat maupun kopi, masih sangat besar. Johny bertekad untuk mengembangkan donat dan kopi yang didukung dengan suasana santai tetapi tetap menyenangkan.

bertekad : 의지를 갖다, 의지가 확고하다

바텐더들 역시 각각의 커피잔에서 커피를 최상으로 우려낼 수 있도록 훈련 받고 있다. 현재 제이코의 커피는 그들의 도넛과 비교했을 때 지지 않는 중요한 것이 되었다. "그들은 10년 동안 몇 잔이 판매되었는지 수치를 확인했고, 결과는 5천 2백만 잔이었어요."라고 조니가 전했다. 그럼에도 불구하고 도넛 뿐 아니라 커피에 있어서 제이코의 발전 가능성은 매우 크다. 조니는 여유로운 분위기로 즐거움을 제공하는 커피와 도넛의 발전을 위한 강한 의지를 밝혔다. (*Dikutip dari *Kompas*)

Infrastruktur, Kunci Utama Presiden Kembangkan Pariwisata Indonesia

인프라, 인도네시아 관광 발전을 대통령의 중심 과제

5.13

Infrastruktur ibarat jargon yang tak ingin dilepaskan oleh Presiden ketika mengendalikan pemerintahannya. Infrastruktur adalah kunci untuk mendongkrak daya saing Indonesia sekaligus menekan biaya ekonomi tinggi di Tanah Air. Namun, hanya sedikit yang menyadari betapa seriusnya Presiden dalam menangani sektor pariwisata Indonesia. Keseriusan Presiden telah diwujudkan dalam berbagai cara, satu di antaranya yakni mengembangkan 10 Bali Baru atau 10 destinasi unggulan di luar Bali.

jargon : 특수용어, 은어

인프라는 현 정권을 이끄는데 있어 대통령과 떼어놓을 수 없는 상징적 용어이다. 인프라는 인도네시아의 경쟁력을 끌어올리는 열쇠이자 우리나라의 높은 경제 비용을 압박하기도 한다. 그러나 대통령이 인도네시아 관광 분야를 얼마나 진중하게 다루고 있는지를 아는 이는 얼마 되지 않는다. 대통령의 관심은 다양한 방식으로 나타났는데 그 중 하나가 바로 새로운 발리 10개의 발리 개발 혹은 발리 이외 지역에 10개의 뛰어난 관광지를 개발하는 것이다

5.14

Dalam hal kebijakan, Presiden juga banyak melakukan gebrakan di antaranya dengan memberlakukan bebas visa kunjungan singkat (BVKS) bagi 169 negara dalam waktu kurang dari dua tahun pemerintahannya. Menurut Presiden, pariwisata Indonesia memiliki potensi besar untuk menarik perhatian wisatawan dari luar negeri. Dirinya meyakini, potensi pariwisata Indonesia itu dapat digenjot dengan memperbanyak menggelar *event-event* pariwisata tingkat nasional.

kebijakan : 정책

gebrakan : 과감한 조치

bebas visa kunjungan singkat : 단기방문비자면제

digenjot : 강화되다

정책적인 측면에서 대통령은 집권 2년이 되기 전에 169개 나라에 대해 단기방문비자면제제도를 실행 하는 등의 과감한 조치를 취했다. 대통령에 의하면, 인도네시아 관광은 외국 관광객의 관심을 끌어들이기 위한 높은 잠재력을 가지고 있다고 했다. 그 스스로 확신하기를, 인도네시아의 관광 경쟁력은 국가 차원의 관광 이벤트를 점차적으로 늘림으로 강화될 수 있다고 했다.

5.15

"Dengan demikian, wisatawan berdatangan dan dapat mendongkrak roda perekonomian di lokasi wisata tersebut," kata Presiden. Presiden menjelaskan, wisata Indonesia sangat beragam dan kultur beragam jadi potensi. Lokasi wisata yang juga jadi sebuah potensi, meskipun potensi itu belum tergali secara maksimal. "Ini yang harus menjadi perhatian kita. Kalau dibandingkan dengan negara tetangga, kita harusnya lebih," kata Presiden.

wisatawan : 관광객

mendongkrak : 끌어올리다

secara maksimal : 최대한

"이렇게 함으로써 여행객이 방문하고 해당 관광지역의 경제를 끌어올릴 수 있습니다."라고 대통령이 말했다. 대통령은 인도네시아 관광자원은 매우 다양하고 문화적 다양성이 잠재력이라고 했다. 비록 최대한으로 개발되지는 못했지만 관광지가 바로 잠재력이라고 덧붙였다. "이것이 바로 우리의 관심이 되어야 합니다. 이웃 나라와 비교해 보면 우리가 당연히 더 나아야 해요"라고 대통령이 말했다.

5.16

Untuk kepentingan itu, Presiden telah meminta Menteri Pariwisata (Menpar) untuk mempercepat pertumbuhan sektor wisata dengan melakukan percepatan di 10 destinasi wisata prioritas, yaitu: di Borobudur, di Mandalika, di Labuhan Bajo, di Bromo-Tengger-Semeru, di Kepulauan Seribu, di Toba, di Wakatobi, di Tanjung Lesung, di Morotai, dan di Tanjung Kelayang.

kepentingan : 이해관계

mempercepat : 가속화하다

본 필요성에 대해 대통령은 관광부 장관에게 보로부두르, 만달리까, 라부한 바조, 브로모-뗑게르-스메루, 스리부 군도, 와까또비, 또바, 딴중 르숭, 모로따이, 딴중 끌라양 등 주요 관광지 10곳의 관광 분야 성장을 가속화하도록 요청하였다.

5.17

Terkait permintaan itu, Menteri Pariwisata (Menpar) menganalogikan pembangunan 10 destinasi baru pariwisata itu sama dengan menciptakan 10 Bali baru. Istilah "10 Bali Baru", kata Menpar, bukan makna yang sesungguhnya, atau orang biasa menyebut makna kiasan. Tetapi lebih ke performansi kunjungan wisman dan wisnus.

본 요청과 관련하여, 관광부장관은 새로운 10곳의 관광지 개발은 열 개의 새로운 발리를 창조하는 것과 같다고 했다. 관광부장은 새로운 발리 10선은 직설적이거나 사람들이 보통 말하는 상징이 아니고, 국내외 관광객 유치 실적이라고 강조했다.

terkait : 관련된

menganalogikan : 비유하다, 새롭게 만들다

wisman : wisatawan mancanegara 외국인관광객

wisnus : wisatawan Nusantara 누산따라관광객

5.18

"Bahasa jelasnya, kami ingin target kunjungan besar, seperti Bali itu, pulau yang angka *inbound*-nya paling besar di Indonesia. Saya ingin 10 destinasi itu besar-besar semua seperti Bali! Coba bayangkan kalau semua itu 4 juta semua, apa tidak makmur negeri kita ini," kata Menpar itu. Terkait atraksi, dia menegaskan, harus mengikuti akar budaya masyarakatnya. "Dan itu tidak mungkin disamakan dengan Bali, masing-masing punya keistimewaan," katanya.

"정확한 의미로, 인도네시아에서 가장 큰 인바운드 수를 가진 발리와 같이 많은 여행객 유치가 목표입니다. 저는 이 10개의 관광지가 발리와 같이 모두 성장하기를 바래요! 생각해 보세요, 만약 이 모든 곳이 사백만이라면, 우리나라가 어떻게 번창하지 않겠어요?"라고 장관이 말했다. 이러한 흥미 유발에 관련하여, 그는 사회 문화의 뿌리를 따라야 한다고 강조했다. "또한 이것들은 발리와 같을 수 없어서 각각 특성을 지녔죠." 라고 말했다.

menegaskan : 강조하다

확인학습

I. Di antara empat kalimat berikut kalimat yang bertafsir ganda adalah ...

(a) Rumah-rumah yang baru dipasarkan itu tampaknya belum layak huni.
(b) Rumah orang kaya yang terbakar itu sedang diperbaiki.
(c) Di gudang itu terdapat semen ratusan karung.
(d) Dia menyerahkan uang kepada saya sebanyak lima puluh ribuan.

II. Pasangan kata umum dan kata khusus di bawah ini benar kecuali ......

(a) melihat : memandang, melirik, menatap, mengintip
(b) memotong : menebang, memangkas, memenggal, menyayat
(c) membawa : memikul, menggendong, menjinjing, mengempit
(d) berjalan : berlari, merangkak, melempar, melompat

VI

Budaya Hongdae

홍대 문화

6.1

Hongdae adalah *hot spot* di Seoul di mana orang-orang muda berkumpul untuk menikmati seni dan budaya. Di sini, orang dapat mmenyaksikan dan mengalami vitalitas budaya kawula muda Korea dari dekat. Sama seperti *Khaosan Road* di Bangkok, *Sudder Street* di Kalkuta atau Akihabara di Tokyo, Hongdae telah menjadi ekosistem budaya yang besar.

menikmati : 즐기다, 만끽하다

ekosistem : 생태계

홍대 앞은 서울에서 문화와 예술을 즐기고자 하는 젊은이들이 모여드는 핫 스팟이다. 여기에서는 근거리에서 한국의 청년문화를 생동감 있게 목격하고 체험할 수 있다. 이제 홍대 앞은 방콕의 카오산 로드나 캘커타의 서더 스트리트, 도쿄의 아키하바라처럼 이미 거대한 복합 문화 생태계가 되었다.

6.2

Pada "Bulgeum" (dalam arti "Jumat Membara"), Hongdae 'diserang' oleh orang-orang yang mabuk oleh alkohol dan kegembiraan. Banyak orang asing juga datang ke sini untuk menikmati minuman, tarian, dan semangat menggelora pada Jumat malam. Di depan beberapa klub populer dengan musik baru yang menarik, antrean panjang orang-orang sudah berjejer sejak sore. Di sini, menunggu dalam antrean selama berjam-jam untuk masuk ke klub bukanlah pengalaman yang mengherankan.

menggelora : 고취하다

berjejer : 줄을 선

'불금'에 홍대는 술과 홍에 취한 사람들로 점령된다. 수많은 외국인들도 금요일 밤의 술과 춤과 그리고 열정을 즐기러 이곳을 찾아온다. 매력 있는 새로운 음악으로 인기 높은 몇몇 클럽 앞은 초저녁부터 넘치는 손님으로 행렬이 길게 이어진다. 클럽에 입장하기 위해 몇 시간씩 줄을 서 있는 풍경 또한 매우 익숙한 곳이 홍대 앞이다.

6.3

Jika Anda sedang bertanya-tanya apa yang harus Anda lakukan untuk mengalami 'budaya Hongdae', saya ingin menyarankan rute yang dimulai di Exit 9 dari stasiun *subway* Universitas Hongik di sepanjang jalur kereta bawah tanah line 2, dan melewati daerah dijuluki "Jalan yang ingin ditapaki", dan kemudian bermain di depan universitas, dan kemudian berjalan di Jalan Klub, mengakhiri perjalanan di daerah café di Sangsu-dong. Ini adalah rute terbaik bagi siapa saja yang ingin menikmati kehidupan malam di Hongdae, mulai dari pinggiran sampai ke daerah pusatnya.

menyarankan : 제안하다, 추천하다

dijuluki : ~라는 별명을 가진

당신이 홍대 앞 문화를 어떻게 체험할지 고민 중이라면, 지하철 2호선 홍대입구역 9번 출구에서 출발해 '걷고 싶은 거리', 홍대 정문 앞 놀이터, 클럽거리, 상수동 카페촌으로 이어지는 코스를 추천하고 싶다. 이 길은 홍대 앞 밤 문화를 바깥 트랙부터 가장 깊숙한 곳까지 즐기기를 원하는 모든 사람들에게 최고의 코스이다.

6.4

Terutama jika hari tersebut adalah "Bulgeum", Anda akan menemukan daerah ini terang benderang dengan cahaya dari lampu-lampu neon dari berbagai klub dan toko-toko, ditambah dengan cahaya dari *smartphone* milik orang-orang yang berseliweran. Bahkan di musim dingin, bila berada di tempat yang penuh dengan tarian, minuman, dan musik ini, Anda akan segera melupakan dinginnya cuaca yang membeku.

terang benderang : terang sekali 밝은, 환한

berseliweran : 돌아다니다, 어슬렁거리다

membeku : 언, 동결된

특히 그날이 이른바 '불금'이라면 당신은 수많은 클럽과 가게의 불빛은 물론이고 지나가는 인파의 스마트폰 불빛까지 더해서 휘황찬란해진 이 곳의 불빛을 마주치게 될 것이다. 한 겨울에도 이곳의 춤과 음악과 술이 넘치는 장소에 있으면 당신은 순식간에 매서운 추위를 잊게 될 것이다.

6.5

Begitu keluar lewat exit 9, Anda akan merasakan vitalitas orang-orang muda berkumpul di plaza kecil dekat stasiun. Sebagian besar dari mereka, dengan *smartphone* di tangan mereka, sedang menunggu teman-teman mereka tiba. Di lantai plaza tersebar 'sampah' selebaran iklan berbagai bar atau klub malam serta pemberitahuan pameran atau pertunjukan oleh seniman-seniman miskin. Pemandangan di mana komersial dan seni bercampur aduk di satu lantai, menunjukkan dengan jelas dua wajah kontras yang hanya dimiliki oleh Hongdae.

selebaran iklan : 광고 전단지

bercampur aduk : 뒤섞이다

9번 출구에서 나오자마자 당신은 역 주변 작은 광장에 모여 있는 수많은 젊은이들의 생기를 느낄 수 있다. 그들 대부분은 스마트폰을 꺼내 들고 약속한 사람을 기다리고 있다. 길바닥에는 나이트클럽과 술집을 홍보하는 수많은 광고전단지들과 가난한 예술가들의 전시나 공연 안내물들이 흩뿌려져 있다. 상업과 예술이 한 바닥에서 나뒹구는 풍경, 그것은 홍대만이 가지고 있는 극명히 대립되는 두 얼굴이다.

6.6

Setelah melewati lampu-lampu terang di sekitar exit 9, Anda akan berjumpa dengan 'Jalan yang ingin ditapaki' yang memiliki pemandangan yang hanya bisa ditemukan di Hongdae. 'Jalan yang ingin ditapaki' ini mengarah ke taman bermain di seberang Universitas Hongik yang dapat dinikmati dengan berjalan santai dan memakan waktu paling lama 30 menit. Di sepanjang jalan banyak tempat perbelanjaan dan warung makan.

santai : 한가로이

9번 출구의 휘황한 불빛을 지나면 당신은 홍대 앞에서만 볼 수 있는 '걷고 싶은 거리'에 닿을 수 있다. 이 '걷고 싶은 거리'는 홍대 건너편 놀이터까지 연결되는데 느리게 주변을 감상하며 걸어도 30여 분이면 충분하다. 도로 양 옆에는 가게와 식당도 많다.

6.7

Anda dapat mengisi perut dengan berbagai jajanan kaki lima yang mengundang selera yang bertebaran di sana sini atau menyaksikan lokakarya seniman atau toko-toko kecil dengan *display* unik. Satu hal yang tidak boleh Anda lewatkan sewaktu berjalan di 'Jalan yang ingin ditapaki' adalah pertunjukan seni yang berlangsung di sana sini di sepanjang jalan ke taman bermain di seberang universitas.

여기 저기 늘어서 있는 포장마차에 주저앉아 식탐이 돋는 주전부리로 배를 채울 수도 있고, 예술가들의 작업실이나 독특한 디스플레이가 눈길을 끄는 상점들을 볼 수 있다. 걷고 싶은 거리에서 무엇보다 놓치지 말아야 할 것이 있다면 홍대 건너편의 놀이터까지 거리 곳곳에서 벌어지는 예술가들의 공연이다.

mengisi perut : 배를 채우다, 식사하다

jajanan kaki lima : 길거리 음식

bertebaran : 흐트러지다

lokakarya : 작업실, 연구강습회

6.8

Bisa jadi Anda akan menyesal jika Anda hanya berlalu sementara orang-orang bersorak dan bertepuk tangan menyaksikan suatu atraksi yang sedang berlangsung. Di jalan dan taman bermain, Anda dapat melihat musisi *underground* menyanyikan lagu-lagu dari album terbaru mereka, atau sekelompok gadis mementaskan kostum, atau kadang-kadang penyair, rapper, atau seniman jalanan membacakan Deklarasi Kebebasan Seni.

여기저기 인파가 모여 박수를 치고 호응을 하고 있는 광경을 무심코 지나쳐버린다면 당신은 크게 후회를 하게 될지도 모른다. 거리와 놀이터에는 언더그라운드 뮤지션의 새 앨범 발표가 있기도 하고, 코스프레 집단의 퍼포먼스가 펼쳐지기도 하며, 시인과 래퍼, 거리 예술가들이 모여 예술의 독립 선언문을 낭독하기도 한다.

mementaskan : 무대에 올리다, 공연하다

6.9

Jumat malam, tempat bermain berfungsi sebagai tempat yang sempurna untuk mengamen yang dilakukan oleh musisi indie serta segala jenis pertunjukan gerilya. Pada sore hari di akhir pekan, pasar loak terbuka di sini dengan seniman menjual karya-karya mereka. Ini adalah tempat yang tidak boleh dilewatkan. Setelah Anda telah melakukan 'pemanasan' dengan pertunjukan di jalan, saatnya bagi Anda untuk melangkah ke jantung "budaya Hongdae", yaitu menikmati klub.

mengamen : 버스킹하다, 돌아다니며 노래하다

pasar loak : 벼룩시장

karya : 작품

금요일 밤 홍대 정문 앞 놀이터는 인디 뮤지션들의 버스킹뿐 아니라 다양한 종류의 게릴라식 퍼포먼스를 하는 장소가 된다. 주말 낮에는 예술가들의 벼룩시장이 열려 그들의 작품을 판다. 외곽에서 홍대 앞 퍼포먼스 문화에 충분히 적응이 되었다면, 이젠 본격적인 "홍대 문화" 궤도로 진입해야 한다. 바로 클럽 체험이다.

6.10

Jika Anda seorang pencinta tari dan musik, Anda harus membenamkan diri dalam energi vital yang dihasilkan oleh klub-klub ini. Dengan demikian barulah Anda dapat mengatakan bahwa Anda sudah pernah ke Hongdae. Jika Anda ingin menikmati suasana yang sedikit berbeda dengan suasana klub di Hongdae pada Jumat malam, ada cara lain yakni dengan berjalan-jalan keluar dari jalan klub ke Sangsu-dong. Ini adalah sebuah lingkungan trendi, salah satu tempat baru yang terbentuk oleh perluasan daerah Hongdae asli.

membenamkan : 빠뜨리다

춤과 음악을 사랑하는 당신이라면 이 클럽에서 뿜어져 나오는 생체 활성 에너지를 반드시 경험해 보아야 한다. 그래야 홍대 앞에 다녀왔다고 말할 수 있다. 금요일 밤 홍대 앞 클럽문화와는 조금 다른 분위기를 느끼고자 한다면, 클럽거리를 빠져 나와 상수동 방향으로 산책을 하는 방법도 있다. 이곳은 최근 홍대 앞의 중심이 확장되면서 형성된 트렌디한 곳이다.

6.11

Ada sekelompok café mungil nyaman yang dikonversi dari pabrik-pabrik kecil, serta lokakarya berbagai seniman. Jika Anda memasuki salah satu café dan menikmati secangkir teh, Anda dapat mengalami budaya salon yang berkembang di lingkungan ini. Pada kenyataannya banyak seniman tinggal di tempat ini, sehingga akan menarik untuk menyaksikan kehidupan komunitas seniman dari dekat. Di daerah ini, seniman berkumpul di sana sini berbicara tentang berbagai hal.

소규모 공장들을 개조한 작고 아기자기한 카페들의 군락이 있고, 예술가들의 다양한 작업실이 모여 있다. 이 거리의 카페로 들어와 차를 마시고 있다 보면 자연스럽게 살롱문화를 경험할 수 있다. 실제 이곳은 많은 예술가들이 모여 사는 곳이기도 해서 그들의 생활 리듬을 함께 느껴보는 것도 흥미 있는 일이다. 이 곳에서는 예술가들이 삼삼오오 모여 여러 가지 사안에 대한 토론을 한다.

6.12

Dengan café sebagai tempat untuk pameran kecil, tempat penayangan film-film independen, tempat pembacaan hasil karya oleh sastrawan, atau konser dari beberapa band indie, daerah Sangsu-dong diisi dengan suasana istimewa yang tidak bisa ditemukan di jalan-jalan klub. Jika Anda menunjukkan rasa ingin tahu Anda tentang pekerjaan dan semangat mereka, Anda mungkin dapat berteman dengan mereka bahkan dalam satu malam.

penayangan : 상영

소규모 전시, 독립영화 상영, 문인들이 만들어가는 낭독회, 인디밴드의 공연 장소로써 상수 지역은 클럽거리에서는 볼 수 없었던 특별한 분위기가 가득하다. 당신이 그들의 작업과 열정에 호기심을 가져주기만 한다면 하룻밤에도 그들과 금방 친구가 될 수 있다.

6.13

Mereka mungkin menawarkan buatan *vinchaud* dan *cracker* mereka, dan Anda bisa langsung diterima dalam komunitas mereka dan menghabiskan malam yang indah dengan mereka berbicara tentang berbagai cerita menarik. Meskipun alkohol, musik, dan tarian dapat menjadi sarana untuk melepaskan gairah sembrono untuk sebagian orang, itu adalah cara mereka berwujud, yang menikmati malam di Hongdae. Sekarang Hongdae bukan hanya habitat bagi seniman tetapi telah menjadi sebuah arena di mana para seniman dan publik berbaur bersama.

sembrono : 경솔한, 분별없는

berbaur : 교제하다, 교류하다

그들은 직접 만든 뱅쇼와 크래커를 나누어 권할 것이고, 당신은 금세 이곳 동네주민이 되어 밤새도록 기발한 이야기로 즐거운 시간을 보낼 수도 있다. 술과 음악과 춤은 어떤 이들에겐 무모한 열정의 발산이지만 홍대 앞의 밤에서는 존재의 방식이기 때문이다. 홍대 앞은 이제 예술가들의 생태계를 너머 대중과 함께하는 공존지이다.

6.14

Adalah para mahasiswa Fakultas Kesenian Universitas Hongik yang memainkan peran penting dalam mengubah daerah Hongdae menjadi seperti sekarang ini: pusat seni dan budaya tidak hanya di Seoul tapi seluruh negeri. Setelah berdirinya Fakultas Kesenian di Universitas Hongik tahun 1961, penampilan mahasiswa seni yang mengenakan pakaian kerja kotor menjadi lambang suasana artistik khusus Hongdae.

memaiankan peran : 역할을 하다

penampilan : 외모, 외양, 차림새

홍대앞이 지금처럼 서울뿐만 아니라 한국을 대표하는 문화예술의 중심지로 부상한 데는 과거 홍익대학교 미대생들의 역할이 매우 컸다. 1961년 홍익대학교에 미술대학이 설립된 후, 지저분한 작업복 차림으로 거리를 누비는 미대생들의 모습은 홍대앞 특유의 예술적 분위기를 상징했다.

6.15

Ketika sudah lulus, para siswa ini tidak tertarik untuk mendapatkan pekerjaan kantoran. Mereka tidak meninggalkan area universitas, tetapi tinggal dan membuka studio sendiri di sekitarnya. Saat itu daerah tersebut didominasi oleh rumah masyarakat biasa. Untuk harga yang rendah, seniman miskin yang tak terhitung jumlahnya menyewa ruang di garasi atau ruang bawah tanah kamar rumah-rumah ini dan mengubahnya menjadi studio.

tak terhitung jumlahnya : 수많은

이 학생들은 졸업 후에도 사무직 취직에 관심을 두지 않았다. 그들은 졸업 후에도 학교 앞을 떠나지 않고 작업실을 마련해 작품 활동을 이어나갔다. 당시 이 동네에는 가정집들이 밀집되어 있었다. 많은 가난한 예술가들이 이 주택들의 주차장이나 반지하방을 싼 값에 세를 들고 작업실로 개조해 사용했다.

6.16

Karakter budaya studio Hongdae dibentuk ketika para seniman berkumpul di lingkungan sekitar untuk minum-minum dan berbincang serta merencanakan upaya kebudayaan baru. Kemudian mereka membuka kafe dan klub, lalu dari sinilah Hongdae mulai mendapatkan reputasi sebagai tempat yang menyenangkan untuk bepergian.

이곳에서 다양한 분야의 아티스트들이 어울려 술을 마시고 토론을 벌이고 새로운 문화기획을 도모하면서 자연스럽게 홍대 앞 특유의 '작업실문화'가 형성되었다. 그리고 이 문화가 카페와 클럽 등 열린 공간으로 이어지면서 홍대 앞은 가보고 싶은 동네로 급부상했다..

6.17

Hongdae menjadi tempat para seniman muda yang bersenjatakan kepekaan baru, yang diciptakan oleh budaya permainan eksperimental dan alternatif mereka. Contohnya adalah Pameran Seni Jalanan yang pertama diadakan pada Oktober 1993. Diselenggarakan oleh asosiasi siswa dari Fakultas Kesenian Universitas Hongik, yang direncanakan sebagai perlawanan terhadap hedonisme dari Suku Jeruk yang merambah di daerah tersebut.

bersenjatakan : ~으로 무장한

kepekaan : 감수성

hedonisme : 향락문화

홍대 앞은 실험적이고 대안적인 놀이문화로 창조된, 새로운 감수성으로 무장한 젊은 예술가들의 무대가 되었다. 단적인 예로 1993년 10월에 열린 제1회 '거리미술전'을 꼽을 수 있다. 홍대 미술대학 학생회가 주최한 행사로 당시 홍대 앞으로 진입한 오렌지족의 향락 문화에 대항하는 문화행사로서 기획되었다.

6.18

Dengan perubahan politik yang mengikuti gerakan demokratisasi Juni 1987 (yang mengakibatkan pilpres langsung) dan peresmian pemerintah sipil pada 1990-an, budaya Hongdae benar-benar berkembang dengan sendirinya. Saat itu, aliran utama yang membentuk kebudayaan di daerah ini bergeser dari seni lukis menjadi musik. Berbeda dengan musik kebanyakan yang didominasi lagu-lagu pop, baik dari Korea dan luar negeri, klub dan kafe tersebut menawarkan sesuatu yang lain seperti rock alternatif, punk, reggae, dan musik elektronik yang mulai muncul di daerah tersebut.

mengakibatkan : 초래하다

pilpres : pemilihan presiden 대선

aliran utama : 주류

1987년 6월 항쟁을 위시한 한국의 정치자유화에 이어서 90년대에 문민정부가 들어서면서 홍대 앞 문화도 바야흐로 꽃을 피우게 된다. 이 시기에 홍대 앞 문화는 미술에서 음악으로 점차 주도권을 넘겨준다. 가요와 팝송 일색이던 주류음악 신과 달리 얼터너티브, 펑크, 레게, 일렉트로닉 등 동시대 음악을 틀어주는 카페와 클럽들이 생겨났다.

6.19

Dari mendengarkan musik di klub-klub, mereka pindah untuk membentuk kelompok punk sendiri, band alternatif lainnya, atau memulai debut di kancah musik sebagai DJ. Pada saat itu budaya Hongdae ditandai dengan adanya perbedaan antara produsen dan konsumen. Hongdae adalah wadah peleburan kebudayaan, di mana semua orang berbaur bersama-sama, mempengaruhi, dan bersinggungan satu sama lain. Ketika sebuah tempat baru yang menarik dibuka, proyek budaya baru selalu direncanakan dengan saksama.

kancah musik : 음악계

bersinggungan : bersentuhan 서로 접촉하다

클럽에서 음악을 듣던 젊은이들이 모여 펑크와 얼터너티브 밴드를 결성하거나 클럽의 DJ로 데뷔했다. 이 시기 홍대앞 문화의 특성은 생산자와 소비자가 따로 없고 한데 어우러져 서로를 자극하는 일종의 문화 용광로였다는 점이다. 특색 있는 공간이 생겨나면 그곳에서 새로운 문화기획이 일어났다.

6.20

Berjalan-jalan di sekitar lingkungan mengikuti bermacam-macam suara, Anda dapat lupa waktu dan tiba-tiba melihat fajar telah merekah. Mungkin tidak ada di tempat lain di Korea selain Hongdae yang membuat Anda mengalami sebuah momen kebersamaan untuk merasakan getarannya. Walaupun getaran tersebut dapat menghilang, gemanya akan tinggal untuk menggoda pendengaran Anda. Ingatan akan momen yang kuat itu akan membuat Anda segera mengulangi ziarah lagi.

merekah : 트다, 금이 가다

getaran : 진동, 움직임

이곳에서 소리산책을 즐기다 보면 어느새 새벽녘이 될 수도 있다. 한국에서 홍대 앞만큼 열정적인 호흡과 진동을 공유하는 공간은 없다. 그 진동은 순식간에 사라지지만, 그 메아리는 당신의 귀를 유혹할 것이다. 그 강렬한 순간에 대한 기억은 당신으로 하여금 다시 이곳을 찾아오게 만들 것이다.

(Kim Kyung-ju, Kang Young-min)

확인학습

I. Pilihlah satu kalimat yang menggunakan ragam baku.

(a) Dalam rapat itu membicarakan masalah hasil evaluasi belajar mahasiswa.
(b) Buku itu bermanfaat bagi penulisan karya ilmiah.
(c) Bagi pegawai negeri sipil tidak boleh ikut partai.
(d) Apa yang Anda melakukan pada liburan kemarin.

II. Ungkapan berikut dipakai untuk penghalusan kecuali

(a) golongan ekonomi lemah
(b) pemutusan hubungan kerja
(c) rendah hati
(d) penyesuaian harga

VII

Kesan Pertama

첫인상

7.1

Pagi itu sangat indah memang. Langit biru cerah tanpa awan. Hidup muda hanya bernafaskan kesukaan semata. Segala yang kuusahakan berhasil. Tak ada kesulitan dalam pelajaran. Dan hati pun cerah tanpa kompleks. Yang telah naik takhta biarlah sudah. Semua pajangan pada gedung dan gapura-gapura itu sudah untuknya. Pertemuan-pertemuan resmi semua juga untuknya. Kekasih para dewa! Dewi kayangan!

takhta : tempat duduk raja 권좌, 옥좌

pajangan : 장식물

gapura : gaba-gaba, pintu gerbang 개선문

kayangan : tempat dewa, surgalaka 천국

그날 아침은 아주 눈부신 날씨였다. 하늘엔 구름 한 점 없이 푸른빛이었다. 젊은 날의 삶이란 즐거움만으로 숨 쉬는 법이라던가. 내가 시도하는 것은 무엇이든지 결과가 좋았다. 공부하는 데에도 별 어려움이 없었다. 마음도 별 콤플렉스 없이 항상 맑았다. 권좌에 오른 이는 나와는 무관하다. 건물과 통로에 부착된 장식물은 모두 그녀의 몫이다. 공식적인 모든 회합들도 그녀를 위한 것이다. 모든 신들의 연인! 천국의 여신!

7.2

Dan sekarang Suurhof sedang hendak mempermain-mainkan aku di hadapan gadis dunia yang ia kehendaki aku taklukkan. Orang-orang desa, ke kota berjalan kaki, tak masuk dalam perhatianku. Jalan raya batu kuning itu lurus langsung ke Wonokromo. Rumah, ladang, sawah, pepohonan jalanan yang dikurung dengan kranjang bambu, bagian-bagian hutan yang bermandikan sinar perak matari, semua, semua beterbangan riang.

pepohonan : pohon-pohonan 다양한 나무들

지금 수우르홉은 나로 하여금 정복키 원하는 속세의 여인 앞에서 나를 놀리고 있는 것이다. 시골 사람들이 도회지로 걸어가고 있었지만 나의 관심 밖이었다. 누런 빛 자갈로 덮힌 대로는 워노끄로모로 곧게 뻗어 있었다. 집, 밭, 논과 가로수는 대나무 격자로 둘러싸여 있었고 산자락은 은빛 햇살로 목욕하고 있었다. 모두가 싱그럽고 즐겁게 보였다.

7.3

Dan di kejauhan sana samar-samar nampak gunung-gemunung yang berdiri tenang dalam keangkuhannya, seperti pertapa berbaring: membatu.

"Jadi kita berangkat ke pesta dengan pakaian begini?"

"Tidak, kataku tadi, aku hanya untuk bersantap, kau untuk menaklukkan."

"Kita pergi ke mana?"

"Tepat ke sasaran."

"Rob?" kutinju bahunya karena kecucukanku.

samar-samar : 희미하게, 어렴풋이

bersantap : 먹다

menakluklan : 정복하다

kecucukan : 호기심

저 멀리에는 흡사 은둔자가 말없이 누워있는 것처럼 산줄기가 말없이 희미한 자태를 뽐내며 서 있었다.

"그래서 지금 우리는 이런 옷차림으로 축제에 간다는 말인가?"

"아니야, 아까 내가 말했잖아, 나는 단지 음식 때문에 가는 것이고 너는 여인을 정복하려고 가는 것이지."

"우리 지금 어디로 가는 것이지?"

"목표를 향하여 정확히 가고 있어."

"롭?" 나는 호기심에서 그의 어깨를 툭 쳤다.

7.4

"Ayoh katakan." Dan ia tak mau mengatakan.

"Jangan meringis! Kalau kau betul jantan," ia berkecap-kecap, "akan aku hormati kau lebih daripada guruku sendiri. Kalau kau kalah, awas, untuk seumur hidup kau akan jadi tertawaanku. Ingat-ingat itu, Minke."

"Kau memperolok aku. Rob."

meringis : (얼굴을) 찡그리다

memperolok : 놀리다, 조롱하다

"자, 빨리 말해라." 그는 말하려 들지 않았다.

"얼굴 펴라! 네가 진정한 수컷이라면," 그는 입맛을 다셨다, "나는 우리 선생님보다 너를 더 존경하게 될거야." 만약 네가 실패한다면, 조심해라, 너는 평생토록 나의 조소거리가 될거야. 기억해 두어라, 밍끼."

"넌 지금 나를 놀리고 있어, 롭"

7.5

"Tidak. Pada suatu kali kau akan jadi bupati, Minke. Mungkin kau akan mendapat kebupatian tandus. Aku doakan kau akan mendapat yang subur. Kalau dewi itu kelak mendampingimu jadi Raden Ayu, aduhai, semua bupati di Jawa akan demam karena iri."

"Siapa bilang aku akan jadi bupati?"

"아니야. 너는 훗날 언젠가는 군수가 될 거야, 밍꺼. 너는 황폐한 군(郡)에 보임될 수도 있지. 난 네가 비옥한 땅이 있는 군으로 갈 수 있게 해달라고 기도할게. 만약 우리가 조금 이따가 만나게 될 미의 여신이 귀부인이 되어 너와 동행한다면, 모든 자바에 있는 군수들이 시기심 때문에 열병을 앓게 될 거야."

"내가 군수가 된다고 누가 말했지?"

tandus : 황폐한

7.6

"Aku. Dan aku akan meneruskan sekolah ke Nederland. Aku akan jadi insinyur. Pada waktu itu kita akan bisa bertemu lagi. Aku akan berkunjung padamu bersama istriku. Tahu kau pertanyaan pertama yang bakal kuajukan?"

"Kau mimpi. Aku takkan jadi bupati."

"Dengarkan dulu. Aku akan bertanya: Hai, philogynik, mata keranjang, buaya darat, mana haremmu?"

"Rupa-rupanya kau masih anggap aku sebagai Jawa yang belum beradab."

"내가. 그리고 나는 화란으로 건너가서 공부를 계속할 거야. 나는 엔지니어가 될 거야. 그때 가서 우리는 다시 만날 수 있겠지. 나는 내 아내와 함께 너를 방문하게 될 것이야. 너 아니, 그 때 가서 내가 너에게 던질 첫 질문이 무엇인가를?"

"넌 지금 꿈을 꾸고 있구나. 난 군수가 될 생각이 없어."

"내 말부터 들어봐. 난 이렇게 물을 거야 : 어이, 호색한, 난봉꾼, 자네의 첩들은 어디에 있는가?"

"너는 지금 나를 아직도 미개한 자바인으로 여기고 있는 것 같아."

insinyur : 엔지니어

mata keranjang : 호색한

buaya darat : 난봉꾼

harem : 첩

7.7

"Mana ada Jawa, dan bupati pula, bukan buaya darat?"

"Aku takkan jadi bupati."

Ia tertawa melecehkan. Dan dokar itu tak juga berhenti, makin lama makin jauh meninggalkan Surabaya. Aku agak tersinggung sebenarnya. Ya, aku memang mudah tersinggung. Rob tidak peduli. Memang dia pernah berkata: satu-satunya bukti pembesar Jawa tidak berniat punya harem hanya dengan beristri orang Eropa. Totok atau Indo. Dengannya ia tak bakal bermadu.

melecehkan : 모욕하다, 멸시하다, 경멸하다

tersinggung : 마음이 상한

bermadu : 축첩하다

"난봉꾼이 아닌 자바인, 군수가 어디 있는가?"

"나는 군수가 될 생각이 없어."

그는 냉소적인 웃음을 지어 보였다. 마차는 계속 달그락거리며 질주하여 수라바야로부터 점점 멀어져 갔다. 사실 나는 마음이 좀 상했다. 그렇다, 물론 나는 쉽게 마음이 상한다. 롭은 관계치 않는 듯했다. 그가 이렇게 말한 적이 있다: 자바의 고관대작들이 축첩하지 않으려고 하는 경우는 단지 그들이 유럽 여자를 아내로 맞이하였을 경우뿐이야. 순종 유럽인이든 혼혈 유럽인이든 간에. 그렇게 결혼하면 축첩할 생각을 안 하지.

7.8

Karper mulai memasuki daerah Wonokromo.

"Lihat ke kiri," Rob menyarani.

Sebuah rumah bergaya Tiongkok berpelataran luas dan terpelihara rapi dengan pagar hidup. Pintu dan jendela depan tutup. Catnya serba merah. Tidak menarik perasaan keindahanku.

karper : 이륜마차

bergaya : ~한 스타일의

이륜마차는 워노끄로모 지역으로 진입하였다.

"왼편을 보아라," 롭이 말했다.

마당이 넓고 잘 가꾸어져 있으며 생목으로 울타리를 두른 중국풍의 집이 보였다. 앞쪽의 문과 창은 닫혀 있었다. 온통 붉은 칠이 되어 있었다. 나의 미적인 관심을 끌지는 못했다.

7.9

Dan siapa tidak tahu rumah siapa dan apa itu? Rumah pelesir, suhian. Babah Ah Tjong punya. Tapi dokar berjalan terus.

"Tetap lihat ke kiri."

Barang seratus atau seratus lima puluh meter di sebelah kiri rumah plesir itu nampak kosong tanpa rumah. Kemudian menyusul rumah loteng dari kayu, juga berpelataran luas.

rumah plesir : 창녀집

suhian : 매춘굴

barang : 대략

그 집이 누구 소유이며 뭘 하는 집인가를 모를 사람이 있겠는가? 중국인 아 쫑이 소유주인 창녀집, 매춘굴이 아니던가. 마차는 계속 달렸다.

"왼쪽을 계속 보아라."

창녀집 왼편으로 백 내지 백 오십 미터 정도에는 집이 들어서 있지 않은 공터였다. 그 옆으로 넓은 정원이 딸린 목조 이층집이 이어졌다.

7.10

Dekat di belakang pagar kayu terpasang papan nama besar dengan tulisan: Boerderij Buitenzorg. Dan setiap penduduk Surabaya dan Wonokromo, kiraku, tahu belaka: itulah rumah hartawan besar Tuan Mellema - Herman Mellema. Orang menganggap rumahnya sebuah istana pribadi, sekali pun hanya dari kayu jati. Dari kejauhan sudah nampak atap sirapnya dari kayu kelabu. Pintu dan jendela terbuka lebar. Tidak seperti pada rumah pelesir Ah Tjong.

hartawan : 재력가

목판 울타리 뒷편으로 다음과 같은 문패가 걸려 있었다: 부르데레이 부이텐조르. 수라바야와 워노끄로모 지역에 살고 있는 사람들은 이 집이 재력가인 헤르만 멜레마의 집이라는 것을 알고 있으리라고 나는 생각했다. 사람들은 이 집이 나왕으로만 만들었지만 하나의 대궐이라는 것을 알고 있다. 멀리에서도 지붕을 회색의 시랍이라는 나무 조각으로 만들었다는 것을 알 수 있었다. 문과 창문이 활짝 열려 있었다. 아 쫑의 창녀집과는 달랐다.

7.11

Berandanya tak ada. Sebagai gantinya, sebuah konsol cukup luas dan lebar melindungi anak tangga kayu yang lebar pula, lebih lebar daripada pintu depan. Sampai sejauh itu orang hanya mengenal nama Tuan Mellema. Orang sekali-sekali saja atau sama sekali tak pernah melihatnya lagi. Sebaliknya orang lebih banyak menyebut-nyebut gundiknya: Nyai Ontosoroh - gundik yang banyak dikagumi orang, rupawan, berumur tiga puluhan, pengendali seluruh perusahaan pertanian besar itu.

sebagai ganti : 그 대신

gundik : 첩

rupawan : 미인

베란다는 없었다. 그 대신에 대문보다도 크고 넓은 차양이 있어서 나무계단을 보호하고 있었다. 그렇게 먼발치에서 사람들은 이 집이 멜레마의 집이라는 것을 알 뿐이었다. 사람들은 멜레마를 만나 본 적이 없다고들 하였다. 오히려 주위 사람들은 그의 현지처의 이름을 더욱 많이 들먹였다: 사람들이 감탄해마지 않으며, 미인이고, 나이는 삼십대, 그리고 그 넓은 농장의 관리자인 냐이 온또소로.

7.12

Dari nama Buitenzorg itu ia mendapatkan nama Ontosoroh - sebutan Jawa. Kata orang, keamanan keluarga dan perusahaan dijaga oleh seorang pendekar Madura, Darsam, dan pasukannya. Maka tak ada orang berani datang iseng ke istana kayu itu. Aku terhenyak. Dokar tiba-tiba membelok, melewati pintu gerbang, melewati papan nama Boerderij Buitenzorg, langsung menuju ke tangga depan rumah.

pendekar : 투사, 호신술 선수

iseng : 한가로이

terhenyak : 고쳐 앉다

농장의 이름 부이텐조르그에서 그녀의 이름이 나왔는데 그것은 자바 사람들이 화란어를 그런 식으로 발음하였기 때문이다. 사람들에 의하면 이 농장 및 가족의 안전을 위하여 다르삼이라는 마두라 출신의 투사와 그의 부하들이 고용되어 있다고 한다. 그래서 감히 이 나무로 된 대궐을 들어가 보려는 사람이 없었다. 나는 자세를 고쳐 앉았다. 마차가 갑자기 방향을 틀더니 대문과 부이텐조르그 문패를 지나 집 앞의 계단으로 향했다.

7.13

Aku bergidik. Darsam yang belum pernah aku lihat itu muncul dalam benakku. Hanya kumis, tak lain dari kumis, sekepal dan clurit. Tak pernah ada cerita orang mendapat undangan dari istana angker sangar ini.

"Ke sini?" Ia hanya mendengus.

Seorang pemuda Indo-Eropa membuka pintu kaca, menuruni anak tangga, menyambut Suurhof.

bergidik : ngeri 무서운, 두려운

angker sangar : 무시무시한, 도깨비가 나올 것 같은

나는 진저리를 쳤다. 아직까지 보지도 못한 다르삼의 모습이 나의 뇌리를 스쳤다. 양쪽 위로 낫처럼 치켜 올려진 그의 콧수염이 떠올려 졌다. 도깨비가 나올 것 같은 이 대궐로부터 초대를 받았다는 이야기를 한 사람이 여지껏 없었다.

"여기로 오는 거야?"

로베르트는 콧방귀를 뀌었다.

혼혈인 청년 한 명이 유리문을 열고 계단을 내려와 수우르홉을 맞았다.

7.14

Nampaknya ia seumur denganku, la berwajah Eropa, berkulit pribumi, jangkung, tegap, kukuh.

"Hai, Rob!"

"Oho, Rob!" sambut Suurhof. "Aku bawa temanku, Rob. Tak apa toh?" Kau tak ada keberatan, kan?" Pemuda itu tidak menyambut aku - pemuda pribumi lirikannya tajam menusuk.

jangkung : 키가 큰

keberatan : 부담

나와 동갑내기 같았다. 그는 유럽인의 모습을 하고 이었으나 피부는 토착인과 같았고, 키가 크고 건장한 모습이었다.

"어이, 롭!"

"아하, 롭!" 수우르홉이 대꾸했다. "내 친구를 데려왔어, 롭. 괜찮지? 너 부담스럽게 느끼지 않지?"

그 청년은 토착인인 나에게 인사하지 않고 날카롭게 째려볼 뿐이었다.

7.15

Aku mulai gelisah, tahu sedang memasuki awal babak permainan. Kalau dia menolak Suurhof akan tertawa, dan dia akan tunggu aku merangkak ke jalan raya dalam halauan Darsam. Dia belum menolak, belum mengusir. Sekali saja bibirnya bergerak menghalau - God, ke mana mesti aku sembunyikan mukaku? Tapi tidak, mendadak ia tersenyum mengulurkan tangan:

"Robert Mellema," ia memperkenalkan diri.

menghalau : 쫓아내다

나는 걱정스러웠다. 나는 지금 우리가 게임의 초반전으로 들어가고 있다는 곳을 안다. 만약 그가 거절하면 수우르홉은 웃고 말 것이고, 다르삼에게 쫓겨 기어나오는 나를 저만치에서 기다릴 것이다. 그는 아직 거부하지 않고 고로 나를 쫓아내지도 않았다. 그가 입술을 움직여 진정 나를 쫓으려는가 - 신이여, 나는 어디로 숨어야 합니까? 그러나 아니었다. 갑자기 그는 미소를 지으며 손을 내밀었다.

"나는 로베르트 멜레마야," 그가 자신을 소개했다.

7.16

"Minke," balasku. Ia masih juga menjabat tanganku, menunggu aku menyebutkan nama keluargaku. Aku tak punya, maka tak menyebutkan. Ia mengernyit. Aku mengerti: barangkali dianggapnya aku anak yang tidak atau belum diakui ayahnya melalui pengadilan; tanpa nama keluarga adalah Indo hina, sama dengan pribumi. Dan aku memang pribumi. Tapi tidak, ia tak menuntut nama keluargaku.

mengernyit : 미간을 찡그리다

Indo : peranakan 혼혈인

"난 밍꺼," 내가 답했다. 그는 내가 나의 성씨를 말하기를 기다리는 듯 내 손을 계속 잡고 있었다. 그러나 나는 성이 없다. 그러므로 말하지 않았다. 그는 미간을 찡그렸다. 나는 이해한다: 그는 아마도 나를 사생아로 여길 것이다; 성이 없는 것은 미천한 혼혈인이거나 토착인이다. 물론 나는 토착인이다. 그러나 아니었다. 그는 나의 성씨를 캐묻고 있는 게 아니었다.

7.17

"Senang berkenalan denganmu; mari masuk." Kami menaiki jenjang. Hatiku tetap curiga melihat lirikannya yang tajam. Pemuda macam apa pula Robert Mellema ini? Kecurigaan tiba-tiba hilang sirna. Suasana baru menggantikan: di depan kami berdiri seorang gadis berkulit putih, halus, berwajah Eropa, berambut dan bermata pribumi. Dan mata itu, mata berkilauan itu seperti sepasang kejora; dan bibirnya tersenyum meruntuhkan iman.

kejora :샛별

meruntuhkan iman : merusakkan iman, menggoda hati 사로잡다

"너를 만나서 반가워, 자 들어가자." 우리는 계단을 올라갔다. 나는 그의 날카로운 눈매를 보고 계속 마음을 놓지 못했다. 이 로베르트 멜레마라는 청년은 도대체 어떤 인간인가? 나의 의구심이 불현듯 가시고 말았다. 새로운 분위기가 연출되었다: 우리 앞에 살결이 희고 우아하며 유럽인의 모습에 머리카락과 눈이 토착인을 닮은 소녀가 서 있었다. 그녀의 눈은 샛별처럼 빛났고 미소를 머금은 입술은 나의 마음을 사로잡았다.

7.18

Kalau gadis ini yang dimaksudkan Suurhof, dia benar: bukan saja menandingi malah mengatasi Sri Ratu. Hidup, dari darah dan daging; bukan sekadar gambar.

"Annelies Mellema," ia mengulurkan tangan padaku, kemudian pada Suurhof.

Suara yang keluar dari bibirnya begitu mengesankan, tak mungkin dapat kulupakan seumur hidup. Kami berempat duduk di sitje rotan.

mengesankan : 인상적인

만약 이 소녀가 수우르홉이 말한 바로 그 소녀라면 그의 말이 맞다. 여왕을 능가하고도 남을 미모였다. 더욱이 그림이 아니라 지금 내 눈 앞에 실제로 서 있는 것이다.

"아넬리스 멜레마입니다," 그녀는 나에게 손을 내밀고 이어 수우르홉에게도 그렇게 했다. 그녀의 입가에서 나오는 말은 너무도 매혹적이어서 나는 평생 잊지 못할 것 같은 느낌이 들었다. 우리 넷은 등나무 의자에 앉았다.

7.19

Robert Suurhof dan Robert Mellema segera terlibat dalam percakapan tentang sepak bola, pertandingan besar yang pernah mereka saksikan di Surabaya. Aku merasa kikuk untuk mencampuri. Tak pernah aku suka pada sepak bola. Mataku mulai menggerayangi ruang tamu yang luas itu: perabot, langit-langit, kandil-kandil kristal yang bergelantungan, lampu-lampu gas gantung dengan kawat penyalur dari tembaga - entah di mana sentralnya - potret Sri Ratu Emma yang telah turun takhta terpasang pada pigura kayu berat.

kikuk : 어색한

kandil : 샹들리에

로베르트 멜레마와 수우르홉은 이내 자신들이 수라바야에서 관람한 축구경기에 대하여 말하기 시작했다. 난 끼어들기가 어색하였다. 나는 축구를 좋아해 본 적이 없다. 나는 넓은 응접실을 하나하나 살펴보았다: 가구, 천장, 거기에 걸려있는 크리스탈 샹들리에, 동선으로 연결된 가스등 - 나는 어디가 중심부인지 알 수 없었다 - 그리고 목재 액자 안에 담겨있는 전임 엠마 여왕의 초상화 등.

7.20

Dan untuk ke sekian kali pandang ini berhenti pada wajah Annelies juga. Sebagai penjual perabot rumah tangga, sekali caup sudah dapat aku menentukan, barang-barang itu mahal belaka, dikerjakan oleh para tukang yang mahir. Permadani di bawah sitje bergambarkan motif yang tak pernah kutemui. Mungkin pesanan khusus. Lantainya terbuat dari parket, tegel kayu, yang mengilat oleh semir kayu. "Mengapa diam saja?" tegur Annelies dengan suara manis dalam Belanda pergaulan.

tegel : batu ubin 타일

이것저것 살펴보다가 시선이 아넬리스에게 가기도 했다. 가구를 파는 사람으로서 나는 이 가구들이 고가품이며 솜씨 있는 가구장이가 만든 것임을 척 보고 알 수 있었다. 의자 밑에 깔린 양탄자의 무늬도 내가 이전에 못 보던 것이었다. 특별 주문한 것일 게다. 마룻바닥 역시 목판타일로 만들어 빛이 났다.

"왜 잠자코 있어요?" 아넬리스가 화란어로 부드럽게 말을 걸었다.

7.21

Sekali lagi kutatap wajahnya. Hampir-hampir aku tak berani menentang matanya. Tiadakah dia jijik padaku, sudah tanpa nama keluarga dan pribumi pula? Aku hanya bisa menjawab dengan senyum - senyum manis tentu - dan sekali lagi melepas pandang pada perabot. Dan:

"Semua serba bagus di sini."

"Suka kau di sini?"

"Suka sekali," dan sekali lagi kupandangi dia.

menatap : 쳐다보다
menentang : 피하다
jijik : 혐오하는

나는 한 번 더 그녀의 얼굴을 보았다. 난 감히 그녀의 눈을 마주해서 볼 수 없을 정도였다. 내가 토착인이고 성씨도 없기 때문에 나를 싫어하는 것은 아닐까? 나는 미소로 답할 수 밖에 없었다 - 물론 달콤한 미소로 - 그리고 다시 가구로 시선을 돌렸다.

"여기 있는 가구들이 모두 훌륭하군요."

"여기 있으니 좋아요?"

"아주 좋아요," 그리고 한 번 더 그녀를 쳐다보았다.

7.22

Sesungguhnya: kecantikannya memang memukau. Di tengah-tengah kemewahan ini ia nampak agung, merupakan bagian yang mengatasi segala yang indah dan mewah.

"Mengapa kau sembunyikan nama keluargamu?" tanyanya.

"Tak ada kusembunyikan," jawabku, dan mulai gelisah lagi. "Apa perlu benar kusebutkan?" aku lirik Robert Suurhof. Ia tidak tertikam oleh lirikanku.

memukau : 마음을 끄는, 탄복시키는, 황홀하게 만드는

사실 그녀의 아름다움은 황홀한 것이었다. 이 사치스러움 안에서 그녀는 더욱 돋보였으며 세상의 모든 아름다움과 사치스러움을 능가하는 것이었다.

"왜 당신은 자신의 성을 숨기려 하나요?" 그녀가 물었다.

"숨긴 게 없어요," 나는 이렇게 답하자마자 다시 불안해 졌다. "내가 무엇인가를 정말 말해야 하나요?" 나는 로베르트 수우르홉을 쳐다보았다. 그는 내 시선에 관심을 보이지 않았다.

7.23

Ia sedang asyik tenggelam dalam sepak bolanya dengan Robert Mellema. Sebelum aku tarik lirikanku mendadak ialah yang justru melepaskan lirikannya.

"Tentu," sambut Annelies. "Nanti disangka kau tak diaku oleh ayahmu."

"Aku tak punya. Betul-betul tak punya," jawabku nekad.

"Oh!" serunya pelan. "Maafkan aku." Ia terdiam sejenak. "Tak punya pun baik."

asyik : 몰중하는, 몰두하는, 좋아하는

그는 로베르트 멜레마와 축구 이야기를 하느라고 정신이 없었다. 내가 그로부터 시선을 떼려는 사이 그가 눈길을 주었다.

"물론이지요," 아넬리스가 대답했다. "그렇지 않으면 당신은 아버지로부터 인정을 받지 못한 사람 취급을 받게 돼요."

"나는 성이 없어요. 정말입니다," 나는 단호하게 대답했다.

"아!" 그녀가 조그만 탄식을 지었다. "날 용서해 줘요." 그녀는 잠시 침묵을 지켰다. "없어도 좋아요," 잠시 후 그녀가 말했다.

7.24

"Aku bukan Indo," tambahku dengan nada membela diri.

"Oh?" sekai lagi ia berseru. "Bukan?"

Rasanya ada gendang bermain dalam jantungku. Dia sudah tahu aku bukan Indo, pengusiran setiap saat bisa terjadi. Tanpa melihat dapat aku rasai lirikan Robert Sourhof sedang menaksir-naksir bagian tubuhku yang tak tertutup. Ya, seperti gagak sedang menaksir-naksir calon bangkai.

membela diri : 변호하다

menaksir-naksir : 살피다

"난 혼혈인이 아닙니다," 나를 변호하려는 투로 덧붙였다.

"어?" 다시 한 번 그녀가 외치는 듯 했다. "아니라고요?"

나는 심장 속에서 북이 둥둥 울리는 듯한 느낌을 받았다. 그녀는 지금 모든 것을 알고 있다: 내가 토착인이라는 사실 말이다. 이제 나는 어느 순간이라도 이 집에서 축출될 수 있다. 돌아보지 않고도 나는 지금 로베르트 수우르홉이 내보이는 내 몸을 샅샅이 뒤지듯 쳐다보고 있다는 것을 느낄 수 있었다. 흡사 까마귀가 시체가 될 표적을 면밀히 살펴보듯이.

7.25

Waktu aku angkat pandangku kulihat Robert Mellema menikam Annelies dengan pandangannya. Dan pada waktu itu beralih padaku bibirnya menjadi garis lurus tipis. Astaga, mau jadi apa aku ini? Haruskah aku terusir seperti anjing dari rumah yang serba mewah ini, di bawah derai tawa Robert Suurhof? Tak pernah aku merasa secemas sekarang. Lirikan Suurhof menikam batang leherku. Pandang pemuda Mellema padaku masih belum ditarik, bahkan berkedip pun ia tidak.

batang leher : 목줄기

berkedip : 깜박이다

나는 그 순간 로베르트 멜레마가 아넬리스를 뚫어지게 쳐다보고 있는 것을 보았다. 그리고 이내 시선을 나에게 옮기면서 그는 입술을 굳게 다물었다. 아뿔사, 나는 어떻게 되는 것인가? 나는 수우르홉의 웃음 속에서 이 호화스러운 집에서 개처럼 쫓겨나야 하는 것인가? 나는 이 순간처럼 초조하게 느껴본 적이 없다. 수우르홉은 나의 목줄기를 쳐다보았다. 로베르트 멜레마는 아직도 나로부터 시선을 떼지 않고 있었으며 눈도 깜작하지 않았다.

7.26

Annelies menatap Robert Suurhof, kemudian pada abangnya, kemudian kembali padaku. Sejenak penglihatanku kabur. Yang nampak hanya gaun panjang putih Annelies, tanpa wajah, tanpa anggota badan. Dan gaun itu tidak berlengan, berkilauan pada setiap gerak. Sekarang aku semakin mengerti: memang sudah jadi maksudnya untuk menghinakan aku di rumah orang.

penglihatan : 시력, 시선

menghinakan : 모욕하다

아넬리스는 수우르홉과 그녀의 오빠를 차례로 쳐다보고 다시 나를 쳐다보았다. 잠시 나의 눈이 침침해 졌다. 보이는 것은 단지 얼굴도, 손발도 아닌 그녀의 흰 가운이었다. 그 가운은 소매가 없는 것으로서 그녀가 움직일 때마다 눈부시게 빛났다. 나는 수우르홉의 의도를 알 것 같았다. 그는 남의 집에서 나에게 창피를 주려고 하였던 것이다.

7.27

Dan sekarang aku hanya dapat menunggu meledaknya pengusiran. Sebentar lagi si Darsam pendekar akan dipanggil, disuruh lemparkan aku ke jalan raya. Jantung menggila ini terasa mendadak tak lagi berdenyut mendengar lengking tawa Annelies. Lambat-lambat kunaikkan pandang padanya. Giginya gemerlapan, nampak, lebih indah dari semua mutiara yang pernah kulihat. Ahoi, philogynik, dalam keadaan begini pun kau masih sempat mengagumi dan memuja kecantikan.

berdenyut : 박동하다

지금 나는 이 집에서 축출되기만을 기다릴 뿐이었다. 잠시 후에 다르삼이 불려올 것이고 그는 나를 길 밖으로 내동댕이칠 것이다. 반쯤 미쳐버린 나의 심장은 아넬리스가 웃음을 터뜨리는 소리를 듣고 잠시 정지한 듯했다. 나는 천천히 고개를 들어 그녀를 바라보았다. 그녀의 빛나는 치아는 내가 여지껏 본 진주보다도 더욱 아름다웠다. 어이, 호색한, 이러한 상황 하에서도 나는 그녀의 아름다움에는 탄복하고 경의를 표할 여유가 있었다.

7.28

"Mengapa pucat?" tanya Annelies seperti sedang memberi ampun. "pribumi juga baik," katanya masih tertawa. Pandang Robert Mellema sekarang tertuju pada adiknya, dan Annelies menantangnya dengan pandang terbuka. Sang abang menghindari. Permainan sandiwara apakah semua ini? Robert Suurhof tak bicara sesuatu. Robert Mellema juga tidak. Apakah dua pemuda itu sedang bermain mata memaksa aku untuk minta maaf?

menghindari : 회피하다

bermain mata : 눈짓하다

"왜 그렇게 창백해졌어요?" 흡사 무엇인가 용서를 해 주듯이 아넬리스가 말했다. "토착인 역시 좋아요," 그녀는 아직도 웃음을 머금고 있었다. 로베르트 멜레마의 시선이 그의 동생에게 향했다. 아넬리스도 뒤질세라 그녀의 오빠를 뚫어지게 쳐다보았다. 그녀의 오빠가 동생의 시선을 피했다. 이 무슨 광대극인가? 수우르홉은 아무 말도 하지 않았다. 로베르트 멜레마 역시 그랬다. 이 두 젊은이는 지금 나에게 잘못을 빌라는 눈짓을 하고 있는 것인가?

7.29

Hanya karena aku tak punya nama keluarga dan pribumi pula? Puh! mengapa aku harus melakukannya? Tidak!

"pribumi juga baik," ulang Annelies bersungguh. "Ibuku juga pribumi - pribumi Jawa. Kau tamuku, Minke," suaranya mengandung nada memerintah. Baru aku menghembuskan nafas lega.

"Terima kasih."

단지 내가 성씨가 없고 토착인이라는 이유 때문에? 푸! 왜 내가 그래야 하지? 그럴 수는 없지.

"토착인 역시 훌륭해요," 아넬리스가 거듭 진심을 담아 말했다. "우리 엄마 역시 토착인인걸요, 자바 사람이에요. 당신은 내 손님이에요, 밍꺼," 그녀의 음성은 확신에 차 있었다.

나는 안도의 숨을 쉴 수 있었다.

"고마워요."

7.30

"Nampaknya kau tak suka pada sepak bola. Aku pun tidak. Mari duduk di tempat lain," ia berdiri menyilakan, mengulurkan tangan dengan manjanya minta digandeng. Aku berdiri, mengangguk minta maaf pada abangnya dan Suurhof. Mereka ikuti kami dengan pandang. Annelies menoleh dan meninggalkan senyum maaf pada tamu yang ditinggalkannya. Ruang tamu luas itu kami lintasi. Terasa olehku, langkahku tidak tetap. Pandang dua pemuda itu terasa menusuk punggungku.

mengulurkan : 내밀다

"당신은 축구를 좋아하지 않는 것 같군요. 나도 마찬가지예요. 우리 다른 곳으로 가서 앉아요," 그녀가 먼저 일어나서 권했다. 그녀는 손을 내밀어 애교스럽게 나의 손목을 잡았다. 나는 일어서서 그녀의 오빠와 수우르홉에게 실례한다는 목례를 했다. 그들은 우리 쪽을 쳐다보았다. 아넬리스는 뒤돌아보며 손님에게 미안하다는 뜻의 미소를 흘려 보냈다. 넓은 응접실을 우리는 가로질러 갔다. 나는 내 발걸음이 중심을 잃었다고 느꼈다. 두 젊은이의 시선이 우리의 등줄기를 꿰뚫는 듯했다.

7.31

Kami memasuki ruang belakang yang lebih mewah lagi. Juga di sini dinding seluruhnya terbuat dari kayu jati yang dipolitur cokelat muda. Di pojokan berdiri seperangkat meja makan dengan enam kursi. Di dekatnya terdapat tangga naik ke loteng. Kenap bertugur di tiga pojok lainnya. Di atasnya berdiri jambang bunga dari tembikar bikinan Eropa. Bunga-bungaan bersembulan dari dalamnya dalam karangan yang serasi. Annelies mengikuti pandangku, berkata:

"Aku sendiri yang merangkai."

kayu jati : 나왕

kenap : 소형탁자

bertugur : 서있다, 정착하다, 지키다

우리는 더욱 호화스러운 뒷켠으로 갔다. 이곳 역시 엷은 초콜릿 빛깔의 유약을 바른 나왕목으로 된 벽면이었다. 한 쪽에는 의자가 여섯인 식탁 세트가 놓여 있었다. 그 옆에는 이층으로 올라가는 계단이 있었고 나머지 세 귀퉁이에는 소형 탁자가 버티고 서있었다. 그리고 그 위에는 유럽산 화병이 놓여 있었다. 어여쁜 꽃들이 서로 조화를 이루며 자태를 뽐내고 있었다. 아넬리스가 내 시선을 따라오며 말했다.

"내가 꽃꽂이 했어요."

7.32

"Siapa gurunya"

"Mama, Mama sendiri."

"Bagus sekali."

Melihat mataku terpancang pada lemari pajangan ia bawa aku ke sana. Lemari itu berdiri pada dinding di tentang meja makan. Di dalamnya terpajang benda-benda seni - tak pernah kulihat sebelumnya.

terpancang : 박힌

lemari pajangan : 진열장

"누구한테 배웠어요?"

"엄마, 엄마한테요."

"아주 근사한데요."

나의 시선이 진열장에 멎자 그녀가 나를 그 쪽으로 데리고 갔다. 그 진열장은 식탁 반대편 벽 쪽에 놓여 있었다. 그 속에는 전에 본 적이 없는 예술품들이 진열되어 있었다.

7.33

"Tak ada kubawa kuncinya," kata Annelies. "Itu yang paling kusukai," ia menuding pada patung kecil dari perunggu. "Kata Mama, itu Fir'aun Mesir," ia berpikir sejenak. "Kalau tak salah namanya Nefertiti, seorang putri yang sangat cantik."

Apa pun nama patung itu aku heran juga seorang pribumi, gundik pula, tahu nama seorang Fir'aun.

menuding : 가리키다

"열쇠를 안가자고 왔어요," 아넬리스가 말했다. "저것이 내가 가장 좋아하는 거예요," 그녀는 동으로 만든 작은 조상(彫像)을 가리켰다. "엄마 말씀이 저것은 이집트의 여왕이래요," 그는 잠시 무엇인가 생각하는 듯 했다. "내가 틀리지 않다면 그의 이름은 네페르티티예요, 아주 아름다운 공주였지요."

그 상의 이름이 어떻든지 간에 토착인으로서 더욱이 현지처가 이집트의 여왕 이름을 알고 있다는 사실이 감탄스러웠다.

7.34

Di dalamnya terdapat juga patung Erlangga ukiran Bali, duduk di atas punggung garuda. Berbeda dari yang lain-lain patung ini tidak terbuat dari kayu sawoh, tapi sejenis kayu yang aku tak pernah tahu. Pada papan pertama terdapat deretan topeng kecil-kecil dari gerabah bergambarkan aneka muka binatang.

"Itu topeng-topeng cerita Sie Jin Kuie," ia menerangkan. "Pernah dengar ceritanya?"

gerabah : 질그릇, 오지그릇, 뚝배기

진열장 안에는 한 마리 독수리 위에 앉아 있는 발리 목각 에를랑가 상도 보였다. 다른 목각들과는 달리 이 목각은 사오목으로 만든 것이 아니라 나는 본 적이 없는 종류의 재질로 돼 있었다. 첫 번째 칸에는 각종 동물의 얼굴을 그려 넣은 작은 토기 인형들이 진열되어 있었다.

"저것은 서유기에 나오는 모습들이에요," 그녀가 설명했다. "그 이야기 들어본 적 있어요?"

7.35

"Belum."

"Suatu kali akan aku ceritai. Mau kau kiranya"

Pertanyaan itu terdengar ramah dan semanak, menenggelamkan seluruh kemewahan dan perbedaan yang ada.

"Dengan senang hati."

"Kalau begitu kau tentu suka datang lagi kemari."

"Suatu kehormatan."

semanak : ramah 친절한

"아직 못 들었어요."

"다음에 내가 얘기해 줄게요. 듣고 싶어요?" 그녀의 말은 아주 다정스러운 것이어서 내가 느끼던 호화스러움과 이질감을 가시게 했다.

"듣고 싶어요."

"그렇게 되면 여기에 또 오고 싶어질 거예요."

"영광입니다."

7.36

Tak ada kulit kerang besar pada kaki kenap seperti halnya di gedung-gedung kebupatian yang pernah kulihat. Sebuah phonograf terletak di atas meja pendek beroda kecil pada empat kakinya. Bagian bawah phonograf dipergunakan untuk tempat tabung musik. Meja itu sendiri berukir berlebihan dan nampaknya barang pesanan. Semua indah. Dan yang terindah tetap Annelies.

barang pesanan : 주문제품

내가 목격한 바 군청에는 대개 큰 조개 껍질을 소형탁자 밑에 놓아두는 것이 보통이었는데 이 집에는 그렇지 않았다. 네 다리에 굴렁쇠가 달린 소형탁자 위에는 축음기 한 대가 놓여 있었다. 축음기의 하단부는 음반을 보관해 두는 여백으로 쓰였다. 그 소형탁자 역시 예사 것이 아니었으며 주문해서 제작한 것처럼 보였다. 모든 것이 아름다웠다. 그리고 가장 아름다운 것은 역시 아넬리스였다.

7.37

"Mengapa kau diam saja?" tanyanya lagi. "Kau bersekolah?"

"Kawan sekelas Robert Suurhof."

"Rupa-rupanya abangku bangga punya teman dia, seorang murid H.B.S. Sekarang aku sendiri juga punya teman murid H.B.S. Kaulah iru."

Tiba-tiba ia menengok ke pintu belakang dan berseru: "Mama! Sini! Mama, ada tamu."

berseru : 소리치다

"왜 아무 말도 안하나요?" 그녀가 다시 물었다. "학교에 다니나요?"

"수우르홉과 같은반입니다."

"우리 오빠는 화란학교에 다니는 친구가 있다는 것을 자랑스럽게 생각해 왔어요. 지금은 나도 화란학교에 다니는 친구가 생겼네요. 바로 당신이에요."

갑자기 그녀는 뒷문을 바라보더니 소리쳤다. "엄마! 여기에요! 엄마, 손님이 왔어요."

7.38

Dan segera kemudian muncul seorang wanita pribumi, berkain, berkebaya putih dihiasi renda-renda mahal, mungkin bikinan Naarden seperti diajarkan di E.L.S. dulu. Ia mengenakan kasut beledu hitam bersulam benang perak. Permunculannya begitu mengesankan karena dandanannya yang rapi, wajahnya yang jernih, senyumnya yang keibuan, dan riasnya yang terlalu sederhana. Ia kelihatan manis dan muda, berkulit langsat.

dandanan : 옷차림

뒤돌아보니 토착인 여인이 서 있었다. 까인에 값 비싼 레이스로 장식된 흰색 블라우스를 입고 있었는데 그 레이스는 아마도 학교에서 배운 적이 있는 값비싼 나르덴인 듯했다. 그녀는 은실로 수를 놓은 검은색 벨벳 신발을 신고 있었다. 단정한 옷차림과, 깨끗한 용모, 자애스러운 미소, 그리고 수수한 치장이 매우 인상적이었다. 그녀는 젊어보였으며 피부는 랑삿처럼 부드러운 갈색 빛이었다.

7.39

Dan yang mengagetkan aku adalah Belandanya yang baik, dengan tekanan sekolah yang benar.

"Ya, Annelies, siapa tamumu?"

"Ini, Mama, Minke namanya. Pribumi Jawa, Mama."

Ia berjalan menghampiri aku dengan sederhananya. Dan inilah rupanya Nyai Ontosoroh yang banyak dibicarakan orang, buah bibir penduduk Wonokromo dan Surabaya, Nyai penguasa Boerderij Buitenzorg.

buah bibir : 화제(話題)

그리고 나를 더욱 놀라게 한 것은 다름 아닌 그녀의 정확한 표준 억양의 세련된 화란어 실력이었다.

"그래, 아넬리스, 어떤 손님이시니?"

"이 분이예요, 엄마. 이름은 밍꺼이고 자바 사람입니다, 엄마."

그녀는 나에게 다소곳이 다가왔다. 나는 알 수 있었다. 이 사람이 바로 워노끄로모 및 수라바야의 많은 사람들 입에 오르내리는 바로 그 온또소로 부인이라는 것을. 부이텐조르그 농장을 경영하는 여장부라는 것을.

7.40

"Pelajar H.B.S., Mama."

"O, ya? betul itu?" tanya Nyai padaku. Dan aku ragu. Haruskah aku ulurkan tangan seperti pada wanita Eropa, atau aku hadapi dia seperti wanita pribumi - jadi aku harus tidak peduli? Tapi dialah justru yang mengulurkan tangan. Aku terheran-heran dan kikuk menerima jabatannya. Ini bukan adat pribumi; Eropa! Kalau begini caranya tentu aku akan mengulurkan tangan lebih dahulu.

"Tamu Annelies juga tamuku," katanya dalam Belanda yang fasih.

terheran-heran : 당황한

fasih : lancar 유창한

"화란학교 학생이에요, 엄마."

"아, 그래요? 정말입니까?" 부인이 나에게 물었다. 나는 잠시 망설였다. 다른 유럽 여성에게처럼 내가 손을 내밀어야 하는가 아니면 토착인 여자를 대하듯이 무시해야 하는 것인가. 그러나 부인이 먼저 손을 내밀었다. 나는 당황하여 서투르게 그녀의 손을 잡았다. 이것은 토착인이 아닌 유럽인의 관습이었다. 그렇다면 내가 먼저 손을 내밀었어야 했다.

"아넬리스의 손님이면 나의 손님이기도 하지요," 그녀가 유창한 화란어로 말했다.

7.41

"Bagaimana aku harus panggil? Tuan? Sinyo? Tapi bukan Indo...."

"Bukan Indo....." Apa aku harus panggil dia? Nyai atau Mevrouw?

"Betul pelajar H.B.S.?" tanyanya, tersenyum ramah.

"Betul,......"

"Orang memanggil aku Nyai Ontosoroh. Mereka tidak bisa menyebut Buitenzorg. Nampaknya Sinyo ragu menyebut aku demikian. Semua memanggil begitu. Jangan segan."

segan : 주저하다, 부끄러워하다, 경외하다

"내가 어떻게 불러야 하나요? 나리? 도련님? 하지만 혼혈인은 아니고 ---- "

"혼혈인이 아닙니다 ---- " 나는 그녀를 어떻게 불러야 하나? 냐이 혹은 부인?

"화란학교 학생이랬는데 사실인가요?" 그녀가 사근사근하게 웃으며 말했다.

"그렇습니다 ---- "

"사람들은 나를 냐이 온또소로라고 부르지요. 그들은 부이텐조르그를 제대로 발음하지 못해요. 지금 도련님은 나를 어떻게 불러야 좋을지 망설이고 있는 것 같은데, 주저치 말고 다름 사람들과 똑같이 불러요."

7.42

Aku tak menjawab. Dan nampaknya ia memaafkan kekikukanku.

"Kalau Sinyo pelajar H.B.S. tentu Sinyo putra bupati. Bupati mana itu, Nyo?"

"Tidak, eh, eh...."

"Begitu segannya Sinyo menyebut aku. Kalau ragu tak menghinakan diri Sinyo, panggil saja Mama, seperti Annelies juga."

"Ya, Minke," gadis itu memperkuat. "Mama benar. Panggil saja Mama."

kekikukan : 어색함

나는 대답하지 않았다. 그녀는 나의 어색함을 포용하는 것 같았다.

"도련님이 화란학교 학생이라면, 도련님은 틀림없이 군수의 자제분이겠군요. 어느 지역 군수입니까, 도련님?"

"아닙니다, 에, 에 ----"

"도련님은 아직도 나를 제대로 못부르는 군요. 도련님 자신이 수치스럽게 느끼지 않는다면 아넬리스처럼 엄마라고 불러도 좋아요."

"그렇게 해요, 밍꺼," 아넬리스가 부연했다. "엄마 말이 옳아요. 엄마라고 불러요."

7.43

"Bukan putra bupati mana pun. Mama," dan dengan memulai sebutan baru itu, kekikukanku, perbedaan antara diriku dengannya, bahkan juga keasingannya, mendadak lenyap.

"Kalau begitu tentu putra patih," Nyai Ontosoroh meneruskan. Ia masih berdiri di hadapanku. "Silakan duduk. Mengapa berdiri saja?"

"Putra patih pun bukan. Mama.,"

mendadak : 갑자기, 순식간에

"어느 지역의 군수의 아들도 아닙니다, 어머니," 한 번 그렇게 부르고 나니 나와 그녀 사이에 놓인 어색함과 이질감이 한꺼번에 사라져 버렸다.

"그렇다면 부군수의 아들이겠군요," 온또소로 부인이 말했다. 그녀는 아직도 내 앞에 서 있었다. "앉아요. 서 있을 이유가 없잖아요?"

"부군수의 아들도 아닙니다, 어머니."

7.44

"Terserahlah. Setidak-tidaknya senang juga ada teman Annelies datang berkunjung. Hei, Ann, yang benar layani tamumu."

"Tentu, Mama," jawabnya riang seakan mendapat restu.

Nyai Ontosoroh pergi lagi melalui pintu belakang. Aku masih terpesona melihat seorang wanita pribumi bukan saja bicara Belanda begitu baik, lebih karena tidak mempunyai suatu kompleks terhadap tamu pria.

seakan : 흡사 ~처럼

terpesona : 매료된, 감탄하는

"아무려면 어때요. 하여튼 아넬리스의 손님으로 왔으니 반가워요. 헤이, 안, 네 손님이니 잘 대접해라."

"물론이에요, 엄마," 무슨 축복이라도 받은 것처럼 그녀는 명랑하게 대답했다.

온또소로 부인은 뒷문을 통하여 다시 나갔다. 나는 화란어를 그렇게 잘 구사할 뿐 아니라 남자 손님 앞에서도 당당한 여인을 보고 내심으로 감탄했다.

7.45

Di mana lagi bisa ditemukan wanita semacam dia? Apa sekolahnya dulu? Dan mengapa hanya seorang nyai, seorang gundik? Siapa pula yang telah mendidiknya jadi begitu bebas seperti wanita Eropa? Keangkeran istana kayu ini berubah menjadi maligai teka-teki bagiku.

"Aku senang ada tamu untukku," Annelies semakin riang mengetahui ibunya tidak berkeberatan. "Tak ada yang pernah mengunjungi aku. Orang takut datang kemari. Juga teman-teman sekolahku dulu."

maligai : 궁전, 대궐

어디에서 이와 같은 여인을 볼 수 있단 말인가? 무슨 학교를 다녔을까? 그런데 왜 현지처가 되었을까? 누가 저 여인을 유럽 여인들처럼 자유롭게 되도록 교육시켰을까? 이 나무로 된 무시무시한 궁궐이 나에게는 수수께끼의 성이 되어 버렸다.

"나는 나한테 손님이 생겨서 기뻐요," 아넬리스는 자신의 어머니가 꺼려하지 않는 것을 보고 더욱 즐거워했다. "여지껏 나를 찾아온 사람이 없었어요. 사람들은 여기 오는 것을 두려워해요. 내 학교 친구들도 전에 그랬어요."

7.46

"Apa sekolahmu dulu?"

"E.L.S., tidak tamat, belum lagi kelas empat."

"Mengapa tak diteruskan?"

Annelies menggigit jari, memandangi aku:

"Ada kecelakaan," jawabnya tak meneruskan. Tiba-tiba ia bertanya: Kau Islam?"

tamat : 졸업하다, 마치다

"전에 무슨 학교를 다녔나요?"

"ELS를 다녔는데 다 마치지는 못했어요. 4학년도 못 올라 갔지요."

"왜 그랬지요?"

아넬리스는 손가락을 깨물며 나를 쳐다보았다.

"사고가 있었어요," 그녀는 자세히 말하지 않고 말꼬리를 돌렸다.

"이슬람을 믿나요?"

7.47

"Mengapa?"

"Supaya tak termakan babi olehmu."

"Terima kasih. Ya."

Seorang pelayan wanita menghidangkan susu cokelat dan kue. Dan pelayan itu tidak datang merangkak-rangkak seperti pada majikan pribumi. Malah dia melihat padaku seperti menyatakan keheranan. Tak mungkin yang demikian terjadi pada majikan pribumi: dia harus menunduk, menunduk terus.

merangkak : 기다, 기어가다

"왜요?"

"돼지고기를 안 먹게 하려고요."

"고맙군요. 그렇습니다."

가정부 한 명이 초콜렛 우유와 과자를 가지고 왔다. 그 가정부는 여타의 토착인 주인집에서의 관습과는 달리 허리를 굽실거리며 기어오지 않았다. 그녀는 오히려 내가 왜 어리둥절하는 것을 묻듯이 나를 쳐다보았다. 토착인의 집에서라면 있을 수 없는 일이었다: 그녀는 시종일관 허리를 굽혀야 했다.

7.48

berpaling : 돌아서다

Dan alangkah indah kehidupan tanpa merangkak-rangkak di hadapan orang lain.

"Tamuku Islam," kata Annelies dalam Jawa pada pelayannya. "Katakan di belakang sana, jangan sampai tercampur babi." Kemudian dengan cepatnya ia berpaling padaku dan bertanya, "Mengapa kau masih juga diam saja?"

"Mengagumi rumah ini," kataku, "serba indah."

"Betul-betul senang kau di sini?"

다른 사람 앞에서 굽실거리지 않는 이 삶이 얼마나 아름다운 것인가.

"이 손님은 이슬람이야," 아넬리스가 가정부에게 자바어로 말했다. "이따가 식사준비할 때 돼지고기가 섞이지 않도록 하라고 저쪽에 전해 줘." 그녀는 재빨리 몸을 돌려 나를 향하며 물었다. "왜 아직도 입을 열지 않지요?"

"이 집을 보고 감탄했어요," 내가 말했다, "모든 것이 아름다워요."

"여기 이렇게 있는 것이 정말 즐거워요?"

7.49

"Tentu, tentu saja."

"Kau tadi pucat. Mengapa?"

Keramahannya cukup mempesonakan dan memberanikan.

"Mengapa? Tidak tahu?" aku kembali bertanya. "Karena tak pernah menyangka akan bisa berhadapan dengan seorang dewi secantik ini."

Ia terdiam dan menatap aku dengan mata kejoranya.

"물론입니다."

"아까는 얼굴에 핏기가 없었어요. 왜 그랬지요?"

그녀의 친절한 말투는 매혹적이고 당당했다.

"왜요? 몰라서 물어요?" 내가 재차 물었다. "왜냐하면 나는 이처럼 예쁜 여신과 대면하리라고는 꿈에도 생각 못했기 때문입니다."

그녀는 말을 잊은 채 샛별같은 눈으로 나를 쳐다보았다.

mempesonakan : 매혹적인

menyangka : 생각하다, 추측하다

7.50

Aku menyesal telah mengucapkannya. Ragu dan pelahan ia bertanya:

"Siapa kau maksudkan dewi itu?"

"Kau," desauku, juga ragu.

Ia meneleng. Air mukanya berubah. Matanya membeliak.

"Aku? Kau katakan aku cantik?"

나는 잠시 그렇게 말해버린 것을 후회했다. 망설이듯 그녀가 천천히 물었다.

"여신이라니 누구를 말하는 거예요?"

"바로 당신입니다," 나도 망설이듯 속삭였다.

그녀는 고개를 한쪽으로 기울였다. 금새 그녀의 표정이 바뀌었다. 그녀의 눈이 휘둥그레졌다.

"나라구요? 지금 내가 예쁘다고 그랬어요?"

desau : '솨'소리를 내다

air muka : 표정

membeliak : (눈이)휘둥그레지다

7.51

Aku menjadi berani lagi, menegaskan:

"Tanpa tandingan."

"Mama!" pekik Annelies dan menoleh ke pintu belakang. Celaka! pekikku mengimbangi - dalam hati saja tentu.

Gadis itu pergi ke pintu belakang. Dia akan mengadu pada Nyai. Anak sinting! tak sebanding dengan kecantikannya.

tandingan : 시합, 경쟁

mengadu : 고발하다, 고자질하다, 일러바치다

나는 더욱 대담해져 당당하게 말했다.

"비교할 수 없을 정도로."

"엄마!" 아넬리스는 소리치며 뒷문 쪽을 쳐다보았다. 아뿔싸! 가슴 속에서 외치는 나의 목소리도 우렁찼다. 아넬리스는 뒷문으로 갔다. 그녀는 자기 어머니에게 고자질할 것이다. 정신 나간 아가씨 같으니라고! 미모와는 다르군.

7.52

Dan dia akan mengadu: aku telah berbuat kurang ajar. Memang rumah celaka ini! Tidak, tidak, bukan kecelakaan. Kalau terjadi sesuatu, itu hanya akibat perbuatan sendiri. Nyai muncul di pintu. Annelies menggandengnya. Berdua mereka berjalan ke arahku. Jantungku kembali berdebaran kencang. Barangkali aku memang telah bersalah. Hukumlah si-lancang-mulut ini, asal jangan permalukan aku di hadapan Robert Suurhof.

menggandeng : 손을 잡다

mempermalukan : 창피하게 만들다

lancang mulut : 입버릇이 나쁜

그녀는 내가 못된 짓거리를 했다고 일러바치겠지. 이 집은 정말 재수 없는 집이군! 아니야, 아니야, 그게 아니지. 무엇인가 발생한다고 해도 그것은 자신의 행동에서 초래된 것이야. 냐이가 문 앞으로 모습을 나타냈다. 아넬리스가 그녀의 손목을 잡고 있었다. 그들 둘은 나를 향해 발걸음을 옮겼다. 내 심장은 다시 거세게 박동하기 시작했다. 아마도 나는 이미 돌이킬 수 없는 실수를 저질렀으리라. 그래, 로베르트 수우르홉 앞에서만 아니라면 이 입버릇이 나쁜 놈을 벌해도 좋다.

7.53

"Ada apa lagi, Ann? Apa dia mengajak bertengkar, Nyo?"

"Tidak, tidak bertengkar," sambar gadis itu, kemudian mengadu dengan manjanya, "Mama," tangannya menunjuk padaku.

"Coba, Mama, masa Minke bilang aku cantik?" Nyai menatap aku. Kepalanya agak meneleng. Kemudian memandangi anaknya. Berkata ia dengan suara rendah sambil meletakkan dua belah tangan pada bahu Annelies:

bertengkar : 다투다

sambar : 낚아채다

manja : 응석부리는

"그래 또 무슨 일이니, 안? 이 애가 무슨 싸움이라도 걸었나요, 도련님?"

"아니어요. 싸우지 않았어요," 그녀가 말을 가로채며 응석부리듯이 말했다.

"엄마," 그녀의 손가락이 나를 가리켰다.

"글쎄, 엄마, 밍꺼가 어떻게 나에게 예쁘다고 말할 수 있어요?" 냐이가 나를 쳐다보았다. 그리고는 고개를 약간 기울였다. 그 다음 자신의 딸을 쳐다보았다. 그녀는 두 손을 아넬리스의 어깨에 갖다 대면서 나지막히 말했다.

7.54

"Kan aku sudah sering bilang, kau memang cantik? Dan cantik luar biasa? Kau memang cantik, Ann. Sinyo tidak keliru."

"Oh, Mama!" Annelies berseru sambil mencubit ibunya. Wajahnya kemerahan dan matanya memandangi aku, berkilau berbinar-binar. Dan terbebaslah aku dari kekuatiran. Sekarang Nyai duduk di kursi sampingku.

luar biasa : 대단한

mencubit : 꼬집다

berbinar-binar : 빛나는

"네가 정말 예쁘다고 내가 자주 말하지 않던? 아주 아주 예쁘다고 말이야. 너는 정말로 예뻐, 안. 도련님이 잘못 본 게 아니냐."

"아, 엄마!" 아넬리스는 소리를 지르며 냐이를 꼬집었다. 그녀의 얼굴이 불그스레해졌고 눈은 나를 응시하고 있었다. 정말 눈부셨다. 나는 비로소 두려움을 떨칠 수 있었다. 냐이는 내 옆에 있는 의자에 다가와서 앉았다.

7.55

Berkata cepat:

"Karena itu aku senang kau datang, Nyo. Kan nama Sinyo Minke? Dia tak pernah bergaul wajar seperti anak-anak Indo lain. Dia tidak menjadi Indo, Nyo.".

"Aku bukan Indo," bantah si gadis." Tak mau jadi Indo. Aku mau hanya seperti Mama."

Aku semakin heran. Apa yang hidup dalam keluarga ini?

bantah : 반론하다, 반박하다

그리고는 빨리 말했다.

"우리 집에 와 주셔서 기뻐요, 도련님. 도련님의 성함이 밍께이지요? 저 애는 다른 유럽 혼혈인 아이들처럼 사람을 사귀어 본 적이 없어요. 저 애는 혼혈인으로 클 수 없어요, 도련님."

"난 혼혈인이 아니에요," 아넬리스가 대들듯이 말했다. "난 혼혈인이 되지 않을 거예요. 나는 엄마처럼 되고 싶단 말이에요."

나는 점점 혼란스러워 졌다. 도대체 이 집은 어떻게 된 것인가?

7.56

"Nah, Nyo, kau dengar sendiri: dia lebih suka jadi pribumi. Mengapa Sinyo diam saja? Tersinggung barangkali kusebut hanya dengan kau dan Sinyo? Tanpa gelar?"

"Tidak, Mama, tidak," jawabku gopoh.

"Kau kelihatan bingung."

Siapa pula tidak bingung dalam keadaan seperti ini?

tersinggung : 마음이 상한

gopoh : 빨리, 서둘러

"자, 도련님, 직접 들었지요? 저 애는 토착인이 더 되고 싶은 겁니다. 도련님 왜 잠자코만 있지요? 경칭을 사용하지도 않고 당신 혹은 도련님이라고 불러서 마음이 상했나요?"

"아닙니다, 어머니, 아니예요." 나는 서둘러서 대답했다.

"도련님은 당황해 하는 것 같아요."

이러한 상황에서 당황하지 않을 사람이 어디 있겠는가?

7.57

Bahkan dia sendiri, Nyai Ontosoroh, menampilkan diri di hadapanku seakan seorang yang sudah kenal begitu lama dan baik tapi aku terlupa siapa - seorang wanita yang seakan pernah melahirkan aku dan lebih dekat padaku daripada Bunda, sekali pun nampak lebih muda. Aku tunggu-tunggu meledaknya kemarahan Nyai karena puji-pujian itu. Tapi ia tidak marah.

puji-pujian : 칭찬

게다가 지금 내 앞에는 냐이 온또소로 장본인이 나와는 오랫동안 알고 지낸 사람인데 흡사 내가 그녀의 이름을 잊은 것 같은 상황으로 서있는 데 말이다. 마치 나를 몸소 낳았으며 어쩌면 나의 생모보다도 더욱 가까운 모습으로 다가와 있는 듯했다. 비록 나의 모친보다 젊어보였지만. 나는 사실 내가 아넬리스를 분별없이 칭찬함으로 인하여 냐이가 심하게 화를 낼 것으로 생각했다. 그러나 그녀는 화를 내지 않았다.

7.58

Terdengar peringatan pada kuping batinku: awas, jangan samakan dia dengan Bunda. Dia hanya seorang nyai-nyai, tidak mengenal perkawinan syah, melahirkan anak-anak tidak syah, sejenis manusia dengan kadar kesusilaan rendah, menjual kehormatan untuk kehidupan senang dan mewah.... Dan tak dapat aku katakan dia bodoh. Bahasa Belandanya cukup fasih, baik dan beradab; sikapnya pada anaknya halus, dan bijaksana, dan terbuka, tidak seperti ibu-ibu pribumi;

kesusilaan : 도덕, 예절

beradab : 예절바른, 교양있는, 개화된,

나의 귀에서 환청이 들리는 듯 했다: 조심해라, 냐이와 모친을 동일시하지 마라. 이 여자는 첩에 불과하다. 그래서 합법적인 결혼을 한 것도 아닐테고, 사생아들을 낳은 것이다. 도덕심이 없는 사람이고 안락한 삶을 위해서 자신의 명예를 파는 사람이다. 나는 그녀를 바보라고 말할 수 없었다. 화란어는 일품이고 친절하며 교양이 있다. 아이들에 대한 태도는 세련돼 있고 현명하며 개방적이었다. 우리 토착인의 어머니들과는 달랐다.

7.59

Tingkah lakunya tak beda dengan wanita Eropa terpelajar. Ia seperti seorang guru dari aliran baru yang bijaksana itu. Beberapa orang guruku yang keranjingan kata modern sering mengedepankan contoh tentang manusia baru di zaman modern ini. Mungkinkah Nyai mereka masukkan ke dalam daftarnya?

"Itulah Ann," ia menambahi, "kau, tidak punya pergaulan, maunya di dekat Mama saja; sudah besar, tapi tetap seperti bocah cilik."

tingkah laku : 행동, 행위

terpelajar : 교육받은, 지성적인

aliran : 경향, 사조, 흐름

keranjingan : ~에 빠진, ~에 미친

bocah cilik : 어린 아이

그녀의 품행은 교육받은 서양 여자들과 다를 바가 없었다. 그녀는 신사조에 물든 현명한 선생님 같았다. "현대"라는 단어에 미쳐있는 나의 몇몇 선생님들은 이 시대의 새로운 인간상의 모델을 제시하곤 했다. 그들이 냐이를 그 목록 안에 포함시킬 수도 있을까?

"바로 그것이야, 안," 그녀가 말을 이었다. "너는 도대체가 친구가 없어, 원하는 것이라곤 이 엄마 옆에 있는 것이야. 넌 이제 아이가 아니야, 여전히 어린애 같단 말이야"

7.60

Secepat kilat kata-katanya kemudian ditujukan padaku, "Nyo, kau biasa memuji-muji gadis?"

Pertanyaan itu menyambar sebagai kilat. Melihat gelagat yang baik itu aku pun didorong untuk menangkis secara kilat dan baik-baik pula:

"Kalau gadis itu memang cantik, kan tiada buruk memujinya?"

"Gadis Eropa atau pribumi?"

gelagat : 모습, 자세

menangkis : 막아내다, 받아넘기다

번개처럼 빨리 말을 내뱉은 후 그녀가 나를 향해 말했다.

"도련님은 항상 그렇게 아가씨들을 치켜세우나요?"

그녀의 질문은 번개처럼 나를 압도했다. 그녀가 좋은 뜻으로 말했다는 생각에 힘입어 나도 재빨리 그리고 정중하게 대답했다.

"아가씨가 정말 예쁘다면 칭찬해주는 것이 나쁜 일은 아니지 않아요?"

"서양 아가씨 말입니까 아니면 토착인인가요?"

7.61

"Bagaimana gadis pribumi bisa dipuji? Didekati saja pun sulit. Mama. Tentu saja gadis Eropa."

"Berani Sinyo lakukan itu?"

"Kami diajar untuk secara jujur menyatakan perasaan hati kami."

"Jadi kau berani memuji-muji kecantikan gadis Eropa di hadapan orangnya sendiri?"

sulit : 어려운

"토착인 아가씨가 어떻게 칭찬을 받을 수 있어요? 가까이 하기에도 어려운 걸요, 어머니. 물론 서양 아가씨이지요."

"도련님은 정말 그렇게 용감하게 할 수 있어요?"

"우리는 학교에서 자신의 감정을 솔직하게 표시하라고 배웠습니다."

"그래서 도련님은 서양 아가씨 면전에서 그녀의 아름다움을 칭찬할 수 있어요?"

7.62

"Ya. Mama. Guru kami mengajarkan adab Eropa."

"Kalau dia kau puji, apa jawabannya? Makian?"

"Tidak. Mama. Tak ada orang yang tidak suka pada pujian, kata guruku. Kalau orang merasa terhina karena dipuji, katanya pula, tandanya orang itu berhati culas."

"Lantas bagimana jawab gadis Eropa itu?"

culas : 부정직한

"네, 어머니. 우리 선생님이 서양인의 문화를 가르쳐 주셨어요."

"만약 도련님의 칭찬을 받는 아가씨가 있다면 그녀의 반응은 어떻던가요? 욕을 하던가요?"

"아니어요, 어머니. 칭찬을 마다하는 사람은 없다고 우리 선생님이 말씀하셨어요. 만약 칭찬을 받았는데 모욕을 느끼는 사람이 있다면 그것은 그 사람이 정직하지 않다는 표시라고도 말씀하셨지요."

"그래서 그녀의 대답이 무엇이었나요?"

7.63

"Jawabnya. Mama: te-ri-ma-ka-sih."

"Jadi seperti dalam buku-buku itu?"

Dia membaca buku-buku Eropa, Nyai yang seorang ini!.

"Benar, Mama. Seperti dalam buku-buku cerita."

"Nah, Ann. Jawablah: te-ri-ma-ka-sih."

Seperti pada gadis pribumi Annelies merah tersipu, ia tetap membisu.

"대답은 감-사-합-니-다였어요, 어머니."

"그래서 책에서 가르친 대로였군요?"

냐이는 서양 책을 읽고 있었다는 말이다. 첩의 신분으로!

"맞아요, 어머니. 소설책에 나오는 것과 똑 같았어요."

"자, 안, 이제 고-맙-습-니-다라고 말해야지."

토착인 아가씨처럼 아넬리스의 얼굴이 홍당무가 되었다. 그녀는 아무 말도 안했다.

tersipu : 부그러워하는, 수줍어하는

membisu : 말이 없는

7.64

"Kalau gadis Indo bagaimana?" tanya Nyai.

"Kalau mendapat didikan Eropa yang baik sama saja, Mama."

"Kalau tidak?"

"Kalau tidak, apalagi sedang jengkel, kadang memaki."

"Sering Sinyo kena maki?"

Aku tahu sekarang, mukaku yang merah.

"만약 혼혈인 아가씨라면 어떤가요?" 냐이가 물었다.

"만약 유럽식으로 교육을 잘 받았다면 똑 같아요, 어머니."

"만약 그렇지 못하다면?"

"그렇지 않다면, 또 기분도 안 좋으면 욕을 하는 수도 있어요."

"도련님도 자주 욕을 먹었나요?"

그제서야 나는 얼굴이 붉어졌다는 사실을 알았다.

didikan : 교육

jengkel : 짜증나는

7.65

Ia tersenyum, berpaling pada anaknya:

"Kau dengar sendiri itu, Ann. Ayoh, katakan terima kasihmu. Hmm, nanti dulu. Begini, Nyo, coba ulangi lagi puji-pujianmu, biar aku ikut dengar."

Sekarang aku jadi malu terpental-pental. Manusia apa yang aku hadapi ini? Terasa benar ia pandai menawan dan menggenggam aku dalam tangannya.

"Tidak boleh dengar?" tanyanya kemudian melihat pada wajahku. "Baiklah."

terpental-pental : terpelanting jauh 날아간, 던져진

menawan : 사로잡다

menggenggam : 붙들다, 손에 쥐다

그녀는 미소를 지으며 자신의 딸에게 시선을 돌렸다.

"너도 분명히 들었지, 안. 자, 이제 고맙다고 말해라. 음, 잠깐. 이렇게 하지요, 도련님이 다시 한 번 칭찬을 하는 겁니다. 나도 들어보게요."

나는 이제 정말 부끄러워 몸 둘 바를 몰랐다. 지금 내가 대면하고 있는 사람은 어떤 류의 사람인가? 그녀가 나를 손에 쥐고 마음대로 요리하는 것이 사실이었다.

"내가 들으면 안 되나요?" 그녀가 물으며 나를 향했다. "좋아요."

확인학습

I. Makna reduplikasi kata *mobil-mobilan* dalam kalimat *Kakak saya senang mengoleksi mobil-mobilan* terdapat pula pada kalimat......

(a) Banyak *buah-buahan* segar didatangkan dari luar negeri.
(b) Kami mencari *batu-batuan* yang bentuknya unik dan indah.
(c) Para pemudik itu menjadi *bulan-bulanan* makelar.
(d) Mereka menyiapkan *rumah-rumahan* untuk merpati pos.

II. Bentuk perulangan yang menyatakan makna resiprokal terdapat dalam kalimat berikut ......

(a) Kita perlu mewaspadai *gerak-gerik* orang asing yang baru datang ke kota ini.
(b) Polisi *memata-matai* kegiatan kelompok itu selama satu tahun.
(c) *Hormat-menghormati* sesama tetangga merupakan perilaku yang baik untuk menciptakan kedamaian dalam bermasyarakat.
(d) Ketika ditanya orang itu memberikan jawaban yang *berbelit-belit* sehingga penduduk di sana menjadi marah.

VIII

Jatuh Cinta pada Annelies

아넬리스와 사랑에 빠지다

8.1

Ia pergi menyingkir. Aku dan Annelies mengawasinya sampai ia hilang di balik pintu. Dan berpandang-pandangan kami seperti dua orang bocah yang sama-sama kaget. Aku meledak dalam tawa lepas. Ia menggigit bibir dan melengos. Keluarga macam apa ini? Robert Mellema dengan lirikannya yang seram menusuk. Annelies Mellema yang kekanak-kanakan.

menyingkir : 비켜서다, 물러나다, 피하다

melengos : membuang muka 외면하다, 얼굴을 돌리다

그녀는 다시 자리를 떴다. 나와 아넬리스는 그녀가 문 뒤로 사라질 때까지 그녀를 살폈다. 그리고 우리는 흡사 놀란 꼬마처럼 서로를 쳐다보았다. 나는 웃음을 터뜨리고 말았다. 그녀는 입술을 깨물며 얼굴을 돌리며 나를 외면했다. 이 가족은 어떤 류의 가족인가? 로베르트 멜레마는 날카로운 눈매가 금새라도 누군가를 찌를 듯하고, 아넬리스는 천진난만한 아이같다.

8.2

Nyai Ontosoroh yang pandai menawan dan menggenggam hati orang, sehingga aku pun kehilangan pertimbangan bahwa ia hanyalah seorang gundik. Bagaimana pula Tuan Herman Mellema, pemilik seluruh kekayaan melimpah ini?

"Mana ayahmu?" tanyaku menyingkiri percakapan sambungan sebelumnya.

Annelies mengerutkan kening. Kecerahannya hilang:

"Tak perlu kau ketahui. Untuk apa? Sedang aku sendiri tak ada keinginan untuk tahu. Mama pun tidak ingin tahu."

melimpah : 넘치다

냐이 온또소로는 사람의 마음을 능란하게 휘어잡는다. 그래서 나는 그녀가 현지처라는 사실을 잊을 정도로 판단력을 잃을 지경이다. 그리고 이 엄청난 재산의 소유자인 헤르만 멜레마는 어떠한 인물인가?

“아버지는 어디 있나요?” 나는 분위기를 바꾸면서 물었다.

아넬리스는 잠시 미간을 찡그렸다. 그녀의 밝은 모습이 금새 사라지는 듯 했다.

“아실 필요 없어요. 왜냐구요? 나 자신도 지금 알고 싶지 않으니까요. 엄마도 그래요.”

8.3

"Mengapa" tanyaku.

"Suka kau mendengarkan musik?"

"Tidak sekarang."

Dan begitulah percakapan berlarut sampai makan siang dihidangkan. Robert Mellema, Robert Suurhof, Annelies dan aku duduk mengepung meja. Seorang pelayan muda, wanita, berdiri di dekat pintu, menunggu perintah.

duduk mengepung : 둘러 앉다

"왜요?" 내가 물었다.

"음악 감상을 좋아하나요?"

"지금은 아니에요."

이런저런 이야기를 하다보니 벌써 점심식사 시간이 되었다. 로베르트 멜레마, 로베르트 수우르홉, 아넬리스 그리고 나는 식탁에 둘러앉았다. 젊은 여자 가정부가 문 옆에 서서 심부름을 기다리고 있었다.

8.4

Suurhof duduk di samping temannya dan antara sebentar mencuri pandang padaku dan pada Annelies. Mama duduk pada kepala meja. Hidangan itu berlebih-lebihan. Yang pokok adalah sapi muda, makanan yang baru untuk pertama kali kucicip dalam hidupku. Annelies duduk di sampingku dan melayani aku dalam segala hal, seakan aku seorang tuan Eropa atau seorang Indo yang sangat terhormat.

mencuri pandang : 훔쳐보다

수우르홉은 그의 친구 옆에 앉아서 잠시 나를 훔쳐보더니 아넬리스에게도 시선을 주었다. 냐이는 식탁머리의 상석에 앉았다. 음식은 풍성했다. 주 요리로 나온 음식은 송아지 고기였는데 나는 내 생애 처음으로 먹어보는 거였다. 아넬리스는 내 옆에 앉아서 나를 시중들었다. 흡사 나를 추앙받는 서양인이나 혼혈인으로 대하는 듯했다.

8.5

Nyai makan tenang-tenang seperti wanita Eropa tulen lulusan *boarding school* Inggris. Kuperhatikan sungguh-sungguh letak sendok dan garpu, penggunaan sendok sup dan pisau-pisau, garpu daging, juga service untuk enam orang itu. Semua tiada celanya. Pisau baja putih itu pun nampak tak terasah pada batu, tapi pada asahan roda baja, sehingga tak barut-barut. Bahkan juga letak serbet dan kobokan, serta letak gelas dalam lapisan pembungkus perak tidak ada cacatnya.

cela : 흠, 결점

barut-barut : 긁힌 자국

냐이는 영국의 보딩 스쿨을 졸업한 서양 여자처럼 조용 조용 식사를 했다. 나는 스푼과 포크의 위치, 스푼, 나이프, 고기용 포크의 사용법, 그리고 우리 여섯 사람에게 음식이 서브되는 것 등을 주시하였다. 모든 것이 완벽했다. 은색의 나이프는 돌에 연마한 것이 아니고 그라인더에 연마하여 할퀸 자국이 안보였다. 냅킨과 핑거볼의 위치, 그리고 은덮개가 있는 유리잔들의 위치도 잘못된 것이 없었다.

8.6

Robert Suurhof makan dengan lahap seakan belum makan dalam tiga hari belakangan ini. Aku ragu sekalipun lapar. Annelies hampir-hampir tak makan, hanya karena memperhatikan dan melayani aku yang seorang diri. Waktu Nyai berhenti makan aku pun berhenti, apalagi Annelies. Robert Suurhof meneruskan makannya dan nampak tak begitu mengindahkan Nyai. Dan sampai sebegitu jauh belum juga aku dengar wanita itu bicara pada anak lelakinya.

belakangan ini : 최근

mengindahkan : 관심을 갖다, 주위를 기울이다

로베르트 수우르홉은 삼일을 굶은 사람처럼 게걸스럽게 먹었다. 나는 배가 고팠지만 좀 망설였다. 아넬리스는 나를 시중드느라고 거의 먹지 않았다. 냐이가 식사를 마쳤을 때 나도 마쳤다. 아넬리스도 물론 수저를 놓았다. 로베르트 수우르홉은 계속 먹었다. 그는 냐이를 별로 염두에 두지 않는 것 같았다. 그 때까지도 나는 그녀가 자신의 아들에게는 한 마디의 말도 걸지 않는다고 느꼈다.

8.7

"Minke," panggil Nyai, "benarkah orang sudah mulai bisa bikin es? Es yang benar-benar dingin seperti dalam buku-buku itu? Seperti yang membeku di musim salju di Eropa?"

"Betul, Mama, setidak-tidaknya menurut surat kabar."

Suurhof menelan sambil mendelik padaku.

"Aku hanya mau tahu apa berita koran itu benar."

"밍꺼," 냐이가 나를 불렀다. "사람들이 얼음을 만들기 시작하였다는데 사실인가요? 이 책에 써있는 것처럼 정말로 그렇게 차가운 얼음을요? 유럽의 겨울에 어는 그런 얼음을요?"

"맞아요, 어머니. 적어도 신문 기사에 의하면요."

수우르홉이 나를 힐끗 바라보며 음식을 삼켰다.

"나는 단지 그 신문에 난 기사가 옳은지를 알고 싶을 뿐이에요."

setidak-tidaknya : 적어도

mendelik : 노려보다

8.8

"Nampaknya semua akan bisa dibikin oleh manusia. Mama," jawabku, tapi dalam hati aku heran ada orang bisa meragukan berita koran.

"Semua? Tidak mungkin," bantahnya.

Percakapan berhenti seperti direm. Robert Mellema mengajak temannya pergi. Mereka berdiri dan pergi tanpa memberi hormat pada wanita Pribumi itu.

"Maafkan temanku itu, Mama."

"앞으로는 인간이 모든 것을 만들 수 있으리라고 봅니다, 어머니." 내가 대답했다. 그러나 나는 마음속으로 신문에 난 기사에 대하여 의구심을 갖는 사람도 있는가하여 신기하기까지 했다.

"모든 것이라고요? 불가능할 걸요." 그녀가 말했다. 흡사 자동차 브레이크가 걸린 듯 대화가 중단되었다. 로베르트 멜레마가 그의 친구를 데리고 나간 것이다. 그들은 일어서자마자 토착인 여인에게 경의도 표하지 않고 나가버렸다.

"제 친구를 용서해 주세요, 어머니."

memberi hormat : 경의를 표하다

8.9

Ia tersenyum, mengangguk padaku, berdiri kemudian juga pergi. Pelayan membereskan meja.

"Mama meneruskan pekerjaannya di kantor," Annelies menerangkan, "sehabis makan siang begini aku pun harus bekerja di belakang."

"Apa kau kerjakan?"

"Mari ikut."

mengangguk : 고개를 숙이다

그녀는 웃음을 지어보이고 나에게 목례를 하더니 이내 자리에서 일어나 나갔다. 가정부가 식탁을 치웠다.

"어머니는 사무실에서 일을 계속하실 거예요," 아넬리스가 설명하듯이 말했다.

"이렇게 점심식사기 끝나면 나도 사실은 뒤에 가서 일을 해야 돼요."

"당신이 무슨 일을 합니까?"

"따라와 보세요."

8.10

"Bagaimana temanku nanti?"

"Tak perlu kaurisaukan. Abangku pasti akan mengajaknya pergi. Sehabis makan siang biasa ia pergi berburu burung atau tupai dengan senapan angin."

"Mengapa mesti sehabis makan siang?"

"Burung-burung dan tupai juga sudah kenyang dan mengantuk, tidak gesit. Ayoh, mari ikut, setidak-tidaknya kalau kau tak ada keberatan."

tupai : 다람쥐

gesit : 활동적인, 날쌘, 재빠른

"그럼 내 친구는 이따가 어떻게 하지요?"

"걱정할 것 없어요. 우리 오빠가 틀림없이 그를 데리고 갈 거예요. 점심을 먹으면 오빠는 공기총을 가지고 새나 다람쥐를 잡으러 가거든요."

"왜 반드시 점심식사 후인가요?"

"새들이나 다람쥐도 배가 불러서 졸기 때문에 활동이 둔해져요. 자, 부담이 안 된다면 따라와요."

8.11

Seperti seorang bocah membuntuti ibunya aku berjalan di belakangnya. Dan sekiranya, ia tak cantik dan menarik, mana mungkin yang demikian bisa terjadi? Ai, philogynik! Melalui pintu belakang kami memasuki ruangan berisikan tong-tong kayu bergelang-gelang besi. Pada sebuah yang terbesar terdapat pesawat pengaduk di atasnya. Bau susu sapi memenuhi ruangan. Orang bekerja tanpa mengeluarkan suara, seperti bisu.

membuntuti : 뒤따르다

pesawat pengaduk : 교반기

흡사 꼬마둥이가 어머니의 뒤꽁무니를 따라가는 것처럼 나는 그녀의 뒤를 따라갔다. 그런데 솔직히 말해서 만약 그녀가 예쁘지도 않고 매력도 없다면 이러한 일이 어떻게 벌어질 수 있겠는가? 아, 호색한이여! 우리는 뒷문을 통과하여 철띠를 두른 나무통이 수북이 쌓인 작업장으로 들어갔다. 제일 큰 통에는 교반기가 놓여 있었다. 젖소로부터 금방 짜낸 우유의 내음이 은은하게 스며들었다. 사람들은 벙어리처럼 아무런 소리도 내지 않고 일에만 열중하고 있었다.

8.12

Antara sebentar mereka menyeka badan dengan sepotong kain. Masing-masing mengenakan kain pengikat rambut berwarna putih. Semua pun berbaju putih dengan lengan tergulung sepuluh sentimeter di bawah sikut. Tidak semua lelaki. Sebagian perempuan. Nampak dari kain batik di bawah baju putihnya. Perempuan bekerja pada perusahaan! Mengenakan baju blacu pula! Perempuan kampung berbaju! Dan tidak di dapur rumah tangga sendiri! Apakah mereka berkemben juga di balik baju blacunya itu?

antara sebentar : 잠시

menyeka : 닦다, 훔치다

그들은 잠시 잠시 천으로 몸을 훔칠 뿐이었다. 그들은 흰 두건으로 머리를 싸매고 있었으며, 흰 가운을 걸치고 있었는데 팔꿈치 밑 십 센티미터쯤까지 소매를 걷어부치고 있었다. 작업장에 있는 사람들은 모두 남자가 아니었다. 일부는 여자였는데 흰 가운 밑으로 바띡 천을 착용하고 있었다. 여자가 공장에서 일을 하다니! 옥양목으로 지은 옷을 다 입고! 시골 여인네가 근사한 옷차림이라! 저들은 그 옷 안에 브래지어도 했을까?

8.13

Aku perhatikan mereka seorang demi seorang. Mereka hanya sekilas memperhatikan aku. Annelies mendekati mereka seorang demi seorang, dan mereka memberikan tabik, tanpa bicara, hanya dengan isyarat. Itulah untuk pertama kali kuketahui, gadis cantik kekanak-kanakan ini ternyata seorang pengawas yang harus diindahkan oleh para pekerja, lelaki dan perempuan. Aku sendiri masih termangu melihat perempuan meninggalkan dapur rumah tangga sendiri, berbaju kerja, mencari penghidupan pada perusahaan orang, bercampur dengan pria!

termangu :어안이 벙벙한, 넋을 잃은

나는 그 사람들을 한 사람 한 사람 눈여겨보았다. 그들은 나를 힐끗 한 번 쳐다볼 뿐이었다. 아넬리스가 그들에게 차례로 다가가자 그들은 말없이 목례로 경의를 표했다. 나는 그제서야 처음으로 이 어린애 같은 아가씨가 모든 남녀 일꾼들이 따라야하는 감독관이라는 사실을 알았다. 나 자신은 부엌일을 내던지고 작업복을 입고 남자들 틈에 끼어서 돈을 버는 여인들을 보고 어안이 벙벙했다.

8.14

Apa ini juga tanda zaman modern di Hindia?

"Kau heran melihat perempuan bekerja?"

Aku mengangguk. Ia menatap aku seakan hendak membaca keherananku.

"Bagus kan? Semua berbaju putih? Semua? Itu hanya mengikuti kebiasaan di Nederland sana. Hanya di sini cukup dengan blacu, bukan lena. Aturan pemerintah kota di sana."

seakan : 흡사~처럼

kebiasaan : 일상, 평범

이것은 이 땅에도 현대가 도래하였다는 증거인가?

"여자들이 일하는 것을 보고 놀랐어요?

나는 고개를 끄덕였다. 그녀는 나의 의아스러움을 읽으려는 듯 나를 쳐다보았다.

"좋잖아요? 모두 흰 작업복을 입었지요? 모두? 이것은 단지 화란에서 하는 방식을 따랐을 뿐이어요. 이곳에서는 린넨 대신 옥양목으로도 충분해요. 그쪽 시 정부의 규정이에요."

8.15

Ia tarik tanganku dan diajaknya keluar ke sebuah lapangan terbuka, tempat penjemuran hasil bumi. Beberapa orang bekerja membalik kedelai, jagung pipilan, kacang hijau dan kacang tanah. Begitu kami datang, semua berhenti bekerja dan memberi tabik dengan anggukan dan tangan sebelah dinaikan ke atas. Semua bercaping bambu. Annelies bertepuk-tepuk dan memperlihatkan dua jari pada siapa aku tak tahu.

hasil bumi : 농산물

memberi tabik : 인사하다, 경의를 표하다

bercaping bambu : 대나무 모자를 쓴

그녀는 내 손을 끌고 곡식을 말리는 장소로 안내했다. 몇몇 일꾼들이 콩과, 옥수수 알갱이, 완두콩과 땅콩을 뒤집어 말리고 있었다. 우리가 다가가자 그들은 일을 멈추고 고개를 숙이거나 손을 들어 인사했다. 그들은 모두 대나무 모자를 쓰고 있었다. 아넬리스는 손뼉을 치며 두 손가락으로 내가 모르는 사람에게 무엇인가를 지시하였다.

8.16

Sebentar kemudian datang seorang bocah pekerja membawakan dua buah topi bambu. Sebuah ia kenakan pada kepalaku, sebuah dikenakannya sendiri. Dan kami berjalan terus beberapa ratus meter ke belakang melalui jalanan yang dilapisi kerikil kali.

"Sekarang sedang ada pesta besar," kataku. "Mengapa mereka tak diberi libur?"

dilapisi : ~로 덮힌

kerikil : 자갈

잠시 후 어린 아이가 대나무 모자 두 개를 가지고 왔다. 하나는 그녀가 내 머리에 씌워주었고, 하나는 자기가 썼다. 그리고 우리는 자갈이 깔린 길을 따라 뒷 쪽으로 삼사 백 미터 걸어갔다.

"지금 큰 축제가 있어요," 내가 말했다. "그런데 왜 저 사람들에게 휴가를 주지 않지요?"

8.17

"Mereka boleh berlibur kalau suka. Mama dan aku tak pernah berlibur. Mereka pekerja harian."

Di jalanan depan kami, agak jauh, nampak dua orang Robert, masing-masing menyandang bedil pada bahu.

"Apa pekerjaanmu sesungguhnya?"

"Semua, kecuali pekerjaan kantor. Mama sendiri yang lakukan itu"

"저 사람들은 본인이 원하면 휴가를 갈 수 있어요. 엄마와 난 쉬어본 적이 없어요. 저들은 일당을 받는 일꾼이에요."

우리 앞쪽으로 좀 떨어진 곳에 두 로베르트가 어깨에 총을 메고 서 있는 것이 보였다.

"당신이 맡은 일은 무엇인가요?"

"사무실 일을 뺀 모든 일입니다. 사무실은 엄마가 맡아서 하지요."

menyandang : 둘러메다

bedil : 소총

8.18

Jadi Nyai Ontosoroh melakukan pekerjaan kantor. Pekerjaan kantor macam apa yang dia bisa?

"Administrasi" tanyaku mencoba-coba.

"Semua. Buku, dagang, surat-menyurat, bank....."

Aku berhenti melangkah. Annelies juga. Aku tatap dia dengan pandang tak percaya. Ia tarik tanganku dan kami berjalan lagi sampai pada deretan kandang sapi.

그렇다면 냐이 온또소로가 사무실 일을 처리한다는 말이 된다. 무슨 사무실 일을 그녀가 할 수 있을까?

"행정적인 일인가요?" 내가 조심스럽게 물었다.

"모두입니다. 회계, 판매, 서신왕래, 은행관계....."

나는 발걸음을 멈추었다. 아넬리스도 멈추었다. 나는 그녀를 믿을 수 없다는 표정으로 쳐다보았다. 그녀는 내 손을 끌었고 우리는 우사가 모여있는 곳까지 다시 걸었다.

buku : 회계

surat-menyurat : 서신왕래

kandang sapi : 우사

8.19

Dari kejauhan bau kotorannya telah tercium olehku. Hanya karena seorang gadis cantik membawaku aku tak lari menghindar, malah ikut masuk ke dalam kandang. Baru sekali ini seumur hidup. Sungguh. Deretan kandang itu sangat panjang. Di dalamnya orang-orang sedang sibuk mengurus umpan dan minum sapi perahan. Bau kotoran dan rumput layu menyesakkan nafas. Aku tak tahan rangsangan untuk muntah.

menghindar : 회피하다
seumur hidup : 평생
umpan : 먹이
sapi perahan : 젖소
rumput layu : 건초

멀리에서 소똥 냄새가 났다. 오로지 아름다운 소녀가 나를 안내했으므로 나는 피하지 않고 우사 안까지 따라 들어갔다. 내 생애 처음 일이다. 정말이다. 우사는 매우 길게 늘어져 있었다. 그 속에서는 일꾼들이 사료와 물을 챙기느라고 분주한 모습이었다. 우분과 건초 내음이 숨을 틀어막는 듯했다. 나는 토할 것 같았지만 참았다.

8.20

"Sering dokter hewan datang kemari?", aku bertanya.

"Kalau dipanggil. Setahun yang lalu hampir saban hari. Tuan Domschoor itu. Mama tetap tak mau katakan ramuan yang dibikin oleh perempuan penjual jamu, obat pelawan mastitis."

"Apa mastitis itu?"

Ia tak menjawab.

dokter hewan : 수의사
saban hari : 매일
mastitis : 유선염

"수의사가 자주 오나요?" 내가 물었다.

"부르면 오지요. 작년에는 돔소오르씨가 거의 매일 오다시피 했어요. 엄마는 자무 아가씨가 처방한 유선염 방지 약제에 대해서는 말씀하시지 않아요."

"유선염이 뭔가요?"

그녀는 대답하지 않았다.

8.21

Dengan menjinjing tepi gaun satinnya Annelies menghampiri beberapa ekor sapi dan menepuk-nepuk pada jidat di antara dua tanduk, bicara berbisik pada mereka, bahkan juga tertawa-tawa. Aku perhatikan dia dari suatu jarak. Ia begitu lincah, memasuki kandang dan beramahan dengan sapi, bergaun satin seperti itu! Juga di sini terdapat pekerja-pekerja wanita. Hanya tidak berbaju kerja.

gaun satin : 견수자 가운

jidat : 미간

견수자 가운 옆 자락을 들어 올리며 아넬리스는 소 옆으로 다가가서 두 개의 뿔 사이의 미간을 두드리기도 하고 그들에게 속삭이기도 하며 웃기도 하였다. 나는 거리를 두고 그녀의 행동거지를 살펴보았다. 그녀는 그와 같은 견수자 가운을 입고 민첩하게 우사를 드나들고 소들과 교분을 나누었다. 이곳에도 여자 일꾼들이 보였다. 다만 그들은 작업복을 입지 않고 있었다.

8.22

Orang-orang memberikan tabik dengan membungkuk dan mengangkat tangan pada kami berdua. Dan aku sendiri mundur-mundur mendekati pintu, mendekati udara segar. Ia menengok ke belakang padaku dan dengan isyarat menyuruh aku mendekat. Aku pura-pura tak mengerti. Sebaliknya aku mulai memperhatikan para pekerja yang nampak terheran-heran melihat kehadiranku. Mereka menyapu, menyiram lantai kandang, menggosok dengan sapu yang sangat panjang tangkainya. Semua wanita.

terheran-heran : 어리둥절하는

그들은 우리를 향해 고개를 숙이거나 손을 들어 인사했다. 나는 뒷걸음질 쳐서 싱그러운 공기가 들어오는 문 쪽으로 나아갔다. 아넬리스는 뒤돌아서 나를 보더니 가까이 오라는 신호를 했다. 나는 못알아 듣는 체 하며 나를 보고 어리둥절해 하는 일꾼들에게 관심을 보였다. 그들은 우사 바닥을 비로 쓸고 물을 뿌리거나 긴 자루가 달린 걸레로 문질렀다. 모두 여자들이었다.

8.23

Annelies berjalan sepanjang para-para, dan aku berjalan sejajar dengannya. Ia berhenti. Kulihat ia bicara dengan seorang pekerja. Dara itu antara sebentar menggeleng sambil mencari aku dengan matanya. Mungkin mereka berdua sedang membicarakan diriku yang seorang ini. Seorang gadis pekerja berjalan miring-miring di depanku membawa dua ember kosong dari seng. Wajahnya manis dan menarik.

para-para : 시렁

ember : 양동이

아넬리스는 시렁을 따라 걸었고 나는 그녀와 나란히 걸었다. 그녀가 발걸음을 멈추었다. 나는 그녀가 일꾼 한 명과 이야기를 나누는 것을 보았다. 잠시 후 그녀는 나를 찾는듯 두리번거렸다. 아마도 그들 둘은 나에 관한 이야기를 나눌지도 모를 일이다. 내 앞으로 한 아가씨가 양동이 두 개를 들고 기우뚱거리며 걸었다. 얼굴이 귀엽고 매력 있어 보였다.

8.24

Sebagai yang lain-lain ia berkemban dan berkain, telanjang kaki, basah, kotor, dengan jari-jari kaki menerompet keluar. Buah dadanya padat dan menyolok dan dengan sendirinya menarik perhatian. Ia menunduk, melirik padaku dari bawah kening dan tersenyum mengundang.

"Tabik, Sinyo!" tegurnya bebas, lunak dan memikat. Tak pernah aku temui wanita pribumi sebebas itu, memberi tabik pada seorang pria yang belum pernah dikenalnya.

menyolok : 불거진

memberi tabik : 인사하다, 경의를 표하다

다른 여자들처럼 그녀도 가슴가리개에다 치마를 입었고 신발을 신지 않은 발은 젖어 있어 불결해 보였고 발가락은 트럼펫 모양으로 넓적하였다. 가슴이 팽팽하게 불거져 시선을 끌기에 충분하였다. 그녀는 목례를 한 후 나를 바라보며 다정한 미소를 지어 보였다.

"안녕하세요, 도련님!" 그녀는 자유스럽고 부드럽고 매력적인 말투로 인사하였다.

나는 여지껏 처음 보는 남자에게 이런 식으로 인사를 건네는 자유분방한 토착인 여인을 본 적이 없었다.

8.25

Ia berhenti di hadapanku, bertanya dalam Melayu:

"Kontrol, Nyo"

"Ya," kataku.

"Ya, Yu Minem," tiba-tiba Annelies sudah ada di belakangku. "Sudah berapa ember perahanmu sehari?" sekarang ini menggunakan Jawa.

"Tetap saja, Non," jawab Minem dalam Jawa kromo.

Jawa kromo : 자바 존대어

그녀는 내 앞에서 멈추어 선 채 말레이말로 물었다.

"감독하시나요, 도련님?"

"그렇소," 내가 대답하였다.

"어이. 미늠," 갑자기 뒤에서 아넬리스의 목소리가 들려왔다. "오늘 몇 양동이 짜냈니?" 이번에는 자바말로 물었다.

"항상 같아요, 아가씨." 미늠은 존댓말을 썼다.

8.26

"Mana bisa jadi mandor perah kalau begitu?"

"Kalau Non sudi kan bisa saja?"

"Kalau hasil perahanmu tidak lebih banyak dari yang lain-lain kau takkan bisa memberi contoh kerja yang baik. Tak mungkin bisa jadi mandor, Yu."

"Tapi kami tak punya mandor," bantah Minem.

"Kan aku mandor kalian?"

mandor : 조장

"그렇다면 어떻게 착유조장이 될 수 있겠니?"

"만약 아가씨가 기꺼이 해주신다면 될 수도 있잖아요?"

"네가 짜낸 우유의 양이 다른 일꾼들 보다 많지 않다면 모범을 보일 수 없게 되는 거지. 조장이 될 수 없다는 말이야."

"하지만 우리는 지금 조장 없이 일해요." 미늠이 말을 받았다.

"내가 너희들의 조장이잖아?"

8.27

Annelies menarik tanganku dan kami berjalan terus sepanjang kepala-kepala sapi.

"Kau memandori mereka?" tanyaku.

"Perahanku sendiri tetap lebih banyak," jawabnya. "Nampaknya kau tak suka pada sapi. Mari ke kandang kuda kalau kau suka; atau ke ladang."

Tak pernah aku pergi ke ladang. Apa yang menarik pada ladang? Namun aku ikuti juga dia.

ladang : 밭

아넬리스가 내 손을 끌었고 우리는 소 머리를 따라서 걸었다.

"당신이 저들을 지휘하나요?" 내가 물었다.

"내가 짜내는 양이 항상 더 많아요," 그녀가 대답했다. "당신은 소를 좋아하지 않는 모양이군요. 괜찮으시면 말이 있는 곳으로 갑시다. 아니면 밭으로 나가든지요."

나는 여지껏 밭에 나가본 적이 없다. 밭에 무슨 흥미로운 것이 있겠는가? 하지만 나는 그녀를 따라 나섰다.

8.28

"Atau kau lebih suka naik kuda?"

"Naik kuda?" seruku. "Kau naik kuda?"

Gadis kekanak-kanakan yang belum pernah menamatkan sekolah dasar ini tiba-tiba muncul di hadapanku sebagai gadis luar biasa: bukan hanya dapat mengatur pekerjaan begitu banyak, juga seorang penunggang kuda, dapat memerah banyak dari pada semua pemerah.

memerah : 젖을 짜다

"아니면 말 타는 것을 더 좋아하나요?"

"말을 탄다?" 내가 외치듯 말했다. "당신 말 탈줄 알아요?"

초등학교도 졸업하지 않은 이 천진난만한 아가씨가 갑자기 특별하고 대단한 아가씨로 내 앞에 다가왔다. 그렇게 많은 일을 처리할 수 있어서 그렇기도 하지만 말을 탈 줄 알고 다른 일꾼들 보다 더 많은 젖을 짜낼 수 있는 능력이 있기 때문이었다.

8.29

"Tentu. Bagaimana bisa mengawasi panen seluas itu kalau tidak berkuda?"

Kami memasuki ladang yang habis dipanen. Kacang tanah. Di mana-mana tampak panenan tergelar di atas tanah dan tumpukan-tumpukan rendeng yang telah siap diangkut untuk makanan ternak.

"Tanah di sini sangat bagus, bisa menghasilkan kacang tanah kering gelondongan tiga ton setiap hektar. Kalau tidak membuktikan sendiri boleh jadi orang takkan percaya," Annelies menerangkan.

rendeng : 땅콩 잎줄기

gelondongan : 다발

"물론이죠. 말을 타지 않고 어떻게 그 넓은 작물들을 관리할 수 있겠어요?"

우리는 추수를 마친 들녘으로 나갔다. 땅콩밭이었다. 밭 여기저기에 수확물이 널려 있었다. 그리고 가축의 사료가 될 땅콩의 줄기와 잎이 실려 가기를 기다리고 있었다.

"여기 땅은 비옥해서 헥타 당 마른 땅콩 3톤씩은 너끈히 수확할 수 있어요. 우리가 이것을 증명해 보이지 않으면 다른 사람들이 믿으려고 하지 않을 거예요," 아넬리스가 설명하였다.

8.30

"Tanah baik. Kualitas satu. Menguntungkan. Rendengnya pun baik buat pupuk dan buat ternak."

Nampaknya ia dapat membaca pikiranku: peduli apa dua atau lima ton setiap hektar? Terdengar suaranya:

"Kau tak punya perhatian pada ladang. Mari berpacu kuda. Setuju?"

Sebelum aku menjawab ia telah tarik tanganku. Diseretnya aku sambil lari. Kudengar nafasnya sampai terengah-engah.

pupuk : 비료

berpacu kuda : 경주하다

terengah-engah : 숨을 헐떡이다

"토질이 좋아요. 일등급이지요. 이득을 안겨주지요. 줄기와 잎도 무성해서 토비나 가축의 사료로 쓰입니다."

그녀는 나의 속마음을 읽고 있는 듯했다: 헥타당 2톤이면 어떻고 5톤이면 어떤가? 그녀의 목소리가 다시 들려왔다.

"당신은 밭에 관심이 없군요. 우리 말을 탑시다. 동의하나요?"

내가 대답하기도 전에 그녀는 이미 나의 손을 잡아 당겼다. 그녀가 달리자 나는 억지로 끌려가게 되었다. 나는 그녀가 숨이 가빠 헐떡거리는 소리를 들었다.

8.31

Dibawanya aku masuk ke sebuah bangsal lebar dan besar, yang ternyata kandang kereta, andong, grobak, bendi. Pada dinding-dinding bergelantungan abah-abah dengan sanggurdi aneka macam. Sebagian besar ruangan kosong. Melihat aku terheran-heran menyaksikan kandang kereta seluas gedung kebupatian ia tertawa, kemudian menuding pada sebuah bendi yang dihiasi dengan serba kuningan mengilat dan berlampu karbid.

bergelantungan : 걸려 있는

abah-abah : 도구

sanggurdi : 말굽

그녀는 나를 우마차, 인력거 등 탈것을 보관해 둔 넓은 창고로 데리고 들어갔다. 벽면에는 여러 종류의 말굽과 함께 마구들이 걸려 있었다. 많은 공간이 아직도 비어 있었다. 군 청사 건물만한 차고 때문에 내가 놀라는 것을 보고 그녀가 웃었다. 그리고는 온통 노란색으로 장식되어 눈부신데다가 카아바이트 등이 달린 마차 한 대를 가리켰다.

8.32

"Pernah melihat bendi sebagus itu?"

Tak pernah aku memperhatikan kebagusan pada bendi. Kepunyaan siapa pun. Sekarang, karena tunjukannya, tiba-tiba aku melihat kebagusannya. Mungkin karena sarannya, mungkin juga karena memang bagus.

"Belum, belum pernah," jawabku sambil mendekati kendaraan itu.

Annelies menarik aku lagi. Kami memasuki kandang kuda yang lebar dan panjang.

saran : 제안

"이렇게 좋은 마차 본 적이 있어요?"

사실 나는 마차가 좋은 줄 모르고 지내왔다. 그것이 누구의 소유이든지 간에. 그러나 지금 나는 단지 그녀가 마차를 보여주었기 때문에 그것이 좋다고 여기는 축이었다. 그녀가 좋다고 했기 때문일 수도 있고 정말 좋아서일 수도 있다.

"아니, 아직 본 적이 없어요," 나는 마차로 다가가면서 대답했다.

아넬리스는 다시 나를 끌었다. 우리는 넓고 긴 마구간으로 들어갔다.

8.33

Hanya ada tiga ekor di dalamnya. Sekarang bau kuda yang memadati ruangan itu menubruk penciumanku. Ia hampiri seekor yang berwarna kelabu. Dirangkulnya leher binatang itu dan membisikkan sesuatu pada kupingnya. Binatang itu meringkik lemah seperti tertawa menanggapi. Kemudian ia meringis memperlihatkan giginya yang perkasa waktu moncongnya ditepuk. Annelies tertawa riang. Suaranya berderai.

meringkik : (말이) 울다, 소리내다

meringis : 이를 드러내고 싱긋 웃다

moncong : (동물의) 주둥이

그 안에는 말 세 필이 있었다. 마구간에 배인 말 냄새가 나의 후각을 자극하였다. 그녀는 회색빛 말에게 다가갔다. 그녀는 말의 목을 감싸 안으며 귀에 대고 뭐라고 속삭였다. 그 말은 흡사 웃으면서 대답하듯이 나지막한 소리를 냈다. 그리고 입 주위를 탁탁 치자 거대한 이빨을 내보이며 씽긋 웃었다. 아넬리스도 가볍게 웃었다. 그녀의 목소리가 다시 들려왔다.

8.34

"Tidak, Bawuk," katanya dalam Belanda pada si peringkik. "Sore ini kita takkan berjalan-jalan." Kemudian dengan suara mengesankan setelah berbisik sambil memeluk leher Bawuk ia melirik padaku, "Sedang ada tamu. Itu orangnya. Minke namanya. Nama samaran, kan? Tentu saja. Dia Islam, Bawuk, Islam. Tapi namanya bukan Jawa, juga bukan Islam, juga bukan Kristen kiraku. Nama samaran. Kau percaya namanya Minke?"

nama samaran : 가명

"아니야, 바욱," 그녀는 화란어로 말에게 말했다.

"오늘 오후에는 아무 데도 안 갈거야." 그리고는 바욱의 목을 껴안은 채 나를 쳐다보면서 의미심장하게 말했다.

"지금 손님이 와 계신단다. 바로 저 분이지. 이름은 밍꺼이고. 가명일 거야, 그렇지? 물론이야. 이슬람을 믿는단다, 바욱, 이슬람을. 그런데 이름이 자바 이름이 아니야, 그렇다고 이슬람식 이름도 아니고. 내가 아는 바로는 기독교식 이름도 역시 아니야. 가명이 틀림없어. 넌 밍꺼라는 이름을 믿니?"

8.35

Gadis itu membelai bulu suri Bawuk, dan kembali binatang itu meringkik menanggapi.

"Nah." katanya, sekarang padaku, "dia bilang namamu memang samaran."

Mereka nampaknya memang sedang membikin persekongkolan. Aku sasaran. Dan dua ekor yang lain ikut meringkik memandangi aku dengan mata besar tak berkedip. Mendakwa.

소녀는 말의 목덜미 털을 쓰다듬었다. 그러자 말이 다시 반응을 보이듯 움직였다.

"자," 그녀가 나에게 말했다. "이 녀석이 당신 이름은 가명이라고 하는군요."

그들은 일견 무슨 음모라도 꾸미는 듯 했다. 대상은 나였다. 옆에 있던 나머지 두 마리의 말도 큰 눈을 끔벅거리지도 않은 채 나를 쳐다보며 소리를 냈다. 무엇인가를 시위하려는 듯했다.

membelai : 쓰다듬다

persekongkolan : 음모

8.36

"Mari keluar dari sini," kataku mengajak.

"Sebentar," jawabnya. Ia datangi dua ekor yang lain, membelai punggung mereka masing-masing, baru kemudian berkata padaku lagi, "Ayoh."

"Kau berbau kuda," tuduhku.

Ia hanya tertawa.

"Nampaknya kau tak merasa terganggu."

"자, 우리 여기서 나갈까요?" 내가 말했다.

"잠시만요," 그녀가 대답했다. 그녀는 다른 두 필의 말에게 다가가서 각각의 엉덩이를 쓰다듬어 준 후 나에게 "자 갑시다."라고 말했다.

"당신에게서 말 냄새가 나요," 내가 불평스러운 투로 말했다.

그녀는 잠자코 미소만 지어 보였다.

"당신은 아무렇지도 않은 모양이군요."

terganggu :방해되는, 방해를 받는

8.37

"Tidak apa," jawabnya ketus, "sudah terbiasa sejak dia masih kecil. Mama akan marah kalau aku tak menyayanginya. Kau harus berterima kasih pada segala yang memberimu kehidupan, kata Mama, sekalipun dia hanya seekor kuda." Tak kuteruskan gangguanku tentang bau kuda itu.

"Mengapa kau tak percaya namaku Minke?"

Matanya bersinar tak percaya, menuduh, mendakwa, menuding. Dan aku terpaksa membela diri.....

menuduh : 비난하다, 몰아부치다

mendakwah : 고발하다, 요구하다

menuding : 비난하다

"괜찮아요," 그녀가 쏘아붙이듯 말했다. "저 말이 어릴 때부터 함께 해왔어요. 내가 말을 아껴주지 않으면 엄마한테 혼날 거예요. 너는 너에게 삶을 영위할 수 있게 해주는 모든 대상에게 고마워할 줄 알아야 한다고 엄마가 항상 말씀하셨어요. 비록 그 대상이 한 마리의 말일지라도." 나는 더 이상 말 내음이 역겹지 않았다.

"왜 당신은 밍꺼라는 내 이름자를 믿으려고 하지 않지요?" 그녀의 눈에는 의구심, 질책, 비난의 빛이 역력했다. 나는 자신을 방어하는 자세를 취할 수밖에 없었다.

8.38

Memang bukan mauku bernama atau dinamai Minke. Aku sendiri tak kurang-kurang heran. Ceritanya memang agak berbelit, dimulai kala aku memasuki E.L.S. tanpa mengetahui Belanda sepatah pun. Meneer Ben Rooseboom, guruku yang pertama-tama, sangat jengkel padaku. Tak pernah aku dapat menjawab pertanyannya kecuali dengan tangis dan lolong. Namun setiap hari seorang opas mengantarkan aku ke sekolah terbenci itu juga.

berbelit : 복잡한, 꼬인

lolong : 울부짖다

opas : 직원, 경비원

물론 나 자신도 밍꺼라고 불리워지기를 바라는 것은 아니다. 이러한 이름으로 처음 불리워졌을 때 나 자신도 적지 않게 놀랐으니까. 이야기는 내가 화란어를 알지도 못하고 ELS라는 화란식 학교에 들어간 때로 거슬러 올라간다. 나의 첫째 담임이었던 벤 로스봄 선생님은 나에게 매우 실망한 분이었다. 나는 그의 질문에 한 번도 제대로 답변한 적이 없었다. 그래서 시도 때도 없이 울고짜고 했다. 하지만 나는 매일 직원 하나가 그 지긋지긋한 학교에 데려다주었다.

8.39

Dua tahun aku harus tinggal di klas satu. Meneer Rooseboom tetap jengkel padaku dan padanya aku takut bukan buatan. Pada tahun pengajaran baru aku sudah agak bisa menangkap Belanda. Teman-temanku sudah pada pindah ke klas dua. Aku tetap di klas satu, ditempatkan di antara dua orang gadis Belanda, yang selalu usil mengganggu. Gadis Vera di sampingku mencubit pahaku sekuat dia dapat sebagai tanda perkenalan. Aku? Aku menjerit kesakitan.

bukan buatan : bukan main 대단히, 매우

나는 일학년 과정을 두 해 동안 다녔다. 로스봄 선생은 나를 계속 미워했고 나는 그를 정말로 무서워했다. 다시 새 학년이 되었을 때 나는 화란어를 약간 알아들을 수 있게 되었다. 내 친구들은 이미 2학년으로 올라갔지만 나는 다시 여전히 1학년 과정에서 공부하였고 내 자리는 나를 항상 괴롭히는 두 명의 화란 여학생 사이였다. 어느 날 내 옆에 앉은 베라가 나를 아는 체하는 표시로 내 허벅지를 힘껏 꼬집었다. 나는? 나는 아파서 소리를 지르고 말았다.

8.40

Meneer Rooseboom melotot menakutkan, membentak:

"Diam kau, monk...Minke!" Sejak itu seluruh kelas, yang baru mengenal aku, memanggil aku Minke, satu-satunya Pribumi. Kemudian juga guru-guruku. Juga teman-teman semua kelas. Juga yang di luar sekolah. Pernah aku tanyakan pada kakekku apa arti nama itu. Ia tak tahu. Bahkan ia menyuruh uku bertanya pada Meneer Rooseboom sendiri. Jelas aku tak berani.

melotot : 눈을 부릅뜨다

membentak : 호통치다, 꾸짖다

로스봄 선생은 무섭게 눈을 부라리며 호통을 쳤다.

"조용히 하지 못하겠니? 몽키 - - - 아니 밍꺼!"

그 이후로 나를 막 알게 된 아이들은 하나 뿐인 토착인인 나를 밍꺼라고 불렀다. 선생님들도 그렇게 불렀다. 다른 반 아이들도 그렇게 불렀고 교외에서도 나는 여전히 몽키와 비스무레한 발음인 밍꺼로 불리웠다. 언젠가 나는 할아버지에게 밍꺼가 무슨 뜻이냐고 물어 보았다. 할아버지는 잘 몰랐다. 할아버지는 오히려 로스봄 선생한테 물어보라고 했다. 물론 나는 엄두가 안났다.

8.41

Kakekku bukan hanya tak tahu Belanda, menulis dan membaca tulisan Latin pun tak bisa. Ia hanya tahu Jawa, tulisan dan lisan. la malah setuju menerima julukan itu sebagai nama tetap: kehormatan dari seorang guru yang baik dan bijaksana. Maka hampir lenyaplah nama asliku. Sampai tamat E.L.S. aku masih tetap percaya nama itu mengandung sesuatu yang tidak menyenangkan. Waktu menyebutkannya untuk pertama kali mata guruku itu melotot seperti mata sapi.

bijaksana : 현명한, 지혜로운

lenyap : 사라지다

나의 할아버지는 화란어뿐만 아니라 영어도 쓰고 읽을 줄 모르셨다. 그는 단지 자바어를 구사할 뿐이었다. 할아버지는 오히려 그 별명을 정식 이름으로 사용하는 것이 좋다고 말씀하셨다. 그것은 마음씨 좋고 지혜로운 선생님한테 받은 영광된 일이라는 것이었다. 그 이후로 나의 원래 이름은 거의 사라져 버렸다. ELS를 졸업할 때까지 나는 내 이름자가 좋지 못한 뜻을 가지고 있다고 믿었다. 맨 처음 우리 선생님이 그렇게 불렀을 때 그의 눈은 황소 눈처럼 휘둥그레졌다.

8.42

Alisnya terangkat seperti sedang mengambil ancang-ancang hendak melompat dari mukanya yang lebar. Dan penggaris di tangannya jatuh di atas meja. Sama sekali tak ada kasih sayang. Kebaikan dan kebijaksanaan? Jauh. Dalam kamus Belanda tak aku dapatkan kata itu. Kemudian masuklah aku ke H.B.S. Surabaya. Juga guru-guruku tak tahu arti dan etimologinya. Mereka pun merasa tak punya dasar untuk mengira-ngira dengan perasaannya.

mengambil ancang-ancang : 준비하다

etimologi : 어원학

그의 눈썹은 금새라도 그의 둥글넓적한 얼굴에서 떨어져 나갈듯이 위로 치켜올려졌다. 그리고 그의 손에 있던 자는 책상 위로 떨어지고 말았다. 사랑이라고는 찾아볼 수 없었다. 선(善)과 지혜? 그것도 관계없는 말이었다. 화란어 사전에서 나는 그 단어를 찾을 수 없었다. 그 후에 나는 수라바야의 HBS에 입학했다. 그곳 선생님들도 역시 그 단어의 뜻 내지는 어원을 알지 못했다. 그들은 감을 잡지 못했다.

8.43

Malah mereka kembali bertanya kepadaku. Salah seorang di antara mereka yang tidak bisa menjawab malah memberi komentar: apalah arti nama, begitu kata pujangga Inggris itu....(Disebutnya sesuatu nama, dan untuk waktu lama aku tak dapat mengingatnya). Kemudian mulailah kami mendapat pelajaran Inggris. Enam bulan lamanya, dan aku temukan kesamaan bunyi dan huruf pada namaku.

menemukan : 발견하다

오히려 그들이 나에게 물어왔다. 대답을 못하는 선생님 중 한 분은 다음과 같이 말하기도 했다 : 이름자의 의미가 뭐 중요한다, 영국의 문호가 그렇게 말하였노라 ----(누군가의 이름자를 댔지만 나는 기억해낼 수 없었다). 그 후로 우리는 영어를 공부하게 되었다. 6개월 정도 지나서 나는 내 이름자와 비슷한 단어와 발음을 접할 수 있었다.

8.44

Aku mulai kenangkan kembali: mata melotot dan alis yang hendak copot dari muka yang lebar itu pasti menyatakan sesuatu yang buruk. Dan aku teringat pada Meneer Rooseboom yang agak ragu menyebutkan nama itu. Dengan kecut pikiranku menduga, dulu ia mungkin bermaksud memaki aku dengan kata *monkey*. Dan tak pernah dugaanku yang kira-kira tepat itu aku ceritakan pada orang lain.

copot : 뽑다, 뽑아내다

dugaan : 추측

나는 다시 기억을 더듬기 시작하였다: 부릅뜬 눈과 그 넓적한 얼굴에서 떨어져 나갈 것 같던 눈썹을 상기해 보면 틀림없이 무엇인가 나쁜 말을 하려고 한 것이 틀림없다. 그리고 나는 내 이름자를 부를 때 잠시 머뭇거리던 로스봄 선생을 떠올렸다. 두렵지만 지금 생각해 보면 그는 나에게 욕을 하면서 몽키라고 한 것이 틀림없다. 나는 틀림이 없을 나의 이러한 추측을 다른 사람에게는 말해 본 적이 없다.

8.45

Salah-salah aku bisa jadi bahan lelucon seumur hidup. Juga pada Annelies bagian ini tak pernah kuceritakan padanya.

"Nama Minke juga bagus," kata Annelies. "Mari pergi ke kampung-kampung. Di atas tanah kami ada empat buah kampung. Semua kepala keluarga penduduk bekerja pada kami." Di sepanjang jalan orang-orang kampung menghormati kami. Mereka memanggil gadis itu Non atau Noni.

bahan lelucon :조롱거리

잘못하다가는 내가 평생 동안 남들의 조롱거리가 될 수 있을 것이기 때문이다. 아넬리스에게도 역시 나는 이 이야기를 하지 않았다.

"밍꺼라는 이름도 좋아요," 아넬리스가 말했다. "우리 마을 쪽으로 갈까요? 저쪽 우리 땅에 네 개의 마을이 있어요. 그 집의 주인들은 모두 우리 농장에서 일하지요." 길옆에서 사람들이 우리에게 경의를 표하였다. 그들은 아넬리스에게 아가씨라고들 불렀다.

8.46

"Jadi berapa hektar saja tanahmu ini?" tanyaku tak acuh.

"Seratus delapan puluh."

Seratus delapan puluh! Tak dapat aku bayangkan sampai seberapa luas. Dan ia meneruskan:

"Sawah dan ladang. Hutan dan semak-semak belum termasuk."

Hutan! Dia punya hutan. Gila. Punya hutan! Untuk apa?

tak acuh : 관심 없이

membayangkan : 상상하다, 추측하다

"그래서 당신네 땅이 전부 몇 헥타나 되나요?" 나는 지나가듯이 물었다.

"백 팔십 헥타입니다."

백 팔십 헥타! 나는 도대체 이것이 얼마나 넓은 땅인지 생각할 수도 없었다. 그녀가 계속 말을 이었다.

"논과 밭이 그렇다는 말입니다. 산림과 덤불숲은 빼고요."

산림! 그녀가 산림을 소유하고 있다는 말이다. 미쳤군. 산림을 소유하다니! 무엇을 하려고?

8.47

"Hanya untuk sumber kayu bakar," ia menambahkan.

"Rawa juga punya, barangkali?"

"Ya. Ada dua rawa kecil."

Rawa pun dia punya.

"Bukit bagaimana?" tanyaku. "Bukit?"

"Kau mengejek," ia cubit aku.

"화목을 구하기 위해서이지요," 그녀가 덧붙였다.

"혹시 소택지도 가지고 있는 것 아니오?"

"있어요. 작은 것 두 개."

소택지도 가지고 있다고 그녀가 말했다.

"산도 있나요?" 내가 물었다. "산?"

"당신 지금 나를 놀리고 있군요," 그녀가 나를 살며시 꼬집었다.

rawa : 소택지

8.48

"Barangkali untuk diambil apinya kalau meletus."

"Iiiih!" ia mencubit lagi.

"Apa yang menggerombol di sana itu?" tanyaku menyeleweng.

"Hanya rumpunan gelagah. Kau tak pernah melihat gelagah?"

"Mari ke sana," aku mengajak.

"Tidak," jawabnya tegas dan bahunya diangkat. Kepalanya nampak bergidik.

"만약 산이 폭발한다면 그 불덩어리를 얻기 위해서인가요?"

"에이!" 그녀가 다시 나를 꼬집었다.

"저쪽에 모여 있는 것은 무엇인가요?" 나는 계면쩍어서 엉뚱한 질문을 했다.

"갈대예요. 당신은 갈대도 못 보았어요?"

"우리 그쪽으로 가봅시다," 내가 그녀의 손을 붙잡으며 말했다.

"싫어요," 그녀는 갑자기 단호한 어조로 말하며 어깨를 뿌리쳤다. 그녀는 잠시 몸서리를 치는 듯했다.

menggerombol : 모여있는

menyeleweng : 빗나가다

gelagah : 갈대

8.49

"Kau takut pada tempat itu," aku menuduh. Ia gandeng tanganku dan kurasai tangan itu dingin. Matanya tiba-tiba saja jadi gugup dan berusaha secepat mungkin melepaskan diri dari rumpunan gelagah itu. Bibirnya pucat. Aku menoleh ke belakang. la tarik tanganku, berbisik gugup:

"Jangan perhatikan. Ayoh, jalan cepat sedikit."

Kami memasuki sebuah kampung, meninggalkannya dan memasuki yang lain.

gugup : 두려운, 무서운

"당신은 저 곳을 무서워하고 있군요," 내가 말했다.

그녀가 나의 손목을 다시 잡았을 때 나는 그녀의 손이 차갑다는 것을 느꼈다. 그녀의 눈에서는 갑자기 무엇엔가 쫓기는 듯 두려워하는 빛이 역력했고 그 갈대밭으로부터 서둘러 빠져나가려고 하는 인상을 주었다. 그녀의 입술이 창백해졌다. 나는 뒤를 힐끗 쳐다보았다. 그녀는 내 손을 끌어당기며 속삭였다: "신경 쓸 것 없어요. 자, 좀 빨리 걸어갈까요?" 우리는 걸어서 여러 마을을 지나쳤다.

8.50

Di mana saja sama: bocah-bocah kecil telanjang bulat bermain-main, sebagian besar dengan ingus tergantung pada hidung. Ada juga di antaranya yang suka menjilati. Di tempat-tempat teduh wanita-wanita bunting tua sedang menjahit sambil menggendong anak terkecil atau dua, tiga wanita duduk berbaris mencari kutu kepala. Beberapa orang perempuan menahan Annelies dan mengajaknya bicara, minta perhatian dan bantuan.

telanjang bulat : 다 벗은, 전라의

menjilati : 핥다

마을의 모습은 어디에나 똑같았다: 발가벗은 어린 아이들이 놀고 있었으며 그들은 대개 누런 코를 흘리고 있었다. 어떤 아이들은 코를 훌쩍거리다가 핥기도 하였다. 그늘진 곳에서는 늙그막히 애를 가진 여인들이 어린 아이를 업은 채로 바느질을 하거나, 혹은 두 세 명의 아낙네들이 앉아서 머리 속의 이를 잡고 있었다. 몇몇 여인들은 그곳을 지나치는 아넬리스를 붙잡고 함께 이야기하기를 청하거나 관심과 도움을 구하기도 하였다.

8.51

Dan gadis luar biasa ini seperti seorang ibu melayani mereka dengan ramah. Jangankan pada sesama manusia, pada kuda pun ia berkasih sayang selama mereka semua memberinya kehidupan. Ia nampak begitu agung di antara penduduk kampung, rakyatnya. Mungkin lebih agung daripada dara yang pernah kuimpikan selama ini dan kini telah marak ke atas takhta, memerintah Hindia, Suriname, Antillen, dan Nederland sendiri.

jangankan : ~은 말할 것도 없고

이 대단한 소녀는 흡사 어머니처럼 그들을 아주 친절하게 대하였다. 그녀는 사람들에게는 물론이고 그녀에게 삶의 터전이 되어주는 말에게도 사랑을 베푸는 사람이 아니었던가. 그녀는 그 마을의 사람들, 즉 자신의 백성들 사이에서 매우 돋보였다. 아마도 그동안 내가 동경해왔으며 지금은 권좌에 올라 인도네시아 군도, 수리남, 안틸렌 및 자신의 나라 화란을 통치하고 있는 그 여왕을 능가하는 것 같았다.

8.52

Kulitnya pun mungkin lebih halus dan lebih cemerlang. Lebih bisa didekati. Begitu terbebas dari rakyatnya kami berjalan lagi. Di sekitar kami alam luas terbentang dan langit cerah tiada awan. Panas sengangar. Pada waktu itulah kubisikkan padanya kata-kata ini:

"Pernah kau lihat gambar Sri Ratu?"

"Tentu saja. Cantik bukan alang kepalang."

"Ya. Kau tak salah."

cemerlang : 훌륭한, 우수한

terbentang : 펼쳐진, 전개된

panas sengangar : panas terik 몹시 더운

bukan alang kepalang : 매우, 대단히

피부도 여왕보다 부드럽고 빛나는 듯했다. 더욱 더 중요한 사실은 지금 내가 그녀와 가까이에 있다는 사실이다. 마을을 벗어나서 우리는 다시 걸었다. 우리 앞에는 광활한 자연이 펼쳐져 있었고 하늘은 구름 한 점 없이 맑았다. 햇볕은 따가웠다. 바로 그때 나는 그녀에게 속삭였다.

"당신은 여왕 폐하 사진을 본 적이 있나요?"

"물론이지요. 어느 누구에게도 뒤지지 않는 미모를 지니셨지요."

"그래요. 당신 말이 맞아요."

8.53

"Mengapa?"

"Kau lebih daripadanya."

Ia berhenti berjalan, hanya untuk menatap aku, dan:

"Te-ri-ma-ka-sih, Minke," jawabnya tersipu.

Jalan itu semakin panas dan semakin sunyi. Aku lompati selokan hanya untuk mengetahui ia akan ikut melompat atau tidak.

selokan : 하수구, 도랑

"그런데 왜 그러지요?"

"당신이 여왕 폐하보다도 더 예뻐요."

그녀는 가던 길을 멈추더니 천천히 나를 쳐다보았다.

"감-사-합-니-다, 밍꺼,"그녀가 얼굴의 붉은 빛을 감추지 못하며 대답했다.

둘이서 걷는 길은 점점 더 뜨거워지고 더욱 큰 적막감이 감돌았다. 나는 단지 그녀가 나를 따라서 뛸 것인가를 시험해보기 위하여 도랑을 건너뛰었다.

8.54

Ia angkat gaun panjangnya tinggi-tinggi dan melompat. Aku tangkap tangannya, aku dekap dan kucium pada pipinya. Ia nampak terkejut, membeliak mengawasi aku.

"Kau!" tegurnya. Mukanya pucat.

Dan aku cium dia sekali lagi. Kali ini terasa olehku kulitnya halus seperti beledu.

mengawasi : 경계하다

pucat : 창백한

그녀도 자신의 긴 가운을 높이 걷어 부치고 뛰었다. 나는 그녀의 손을 잡고 그녀를 안은 채 뺨에 뽀뽀하였다. 그녀는 잠시 놀라는 듯하더니 나를 경계하듯 눈을 치켜떴다.

"당신!" 그녀가 나지막이 말했다. 그녀의 얼굴에는 핏기가 사라졌다.

나는 다시 한 번 뽀뽀하였다. 나는 그녀의 피부가 벨벳처럼 부드럽다고 생각하였다.

8.55

"Gadis tercantik yang pernah aku temui," bisikku sejujur hatiku. "Aku suka padamu, Ann."

Ia tak menjawab, juga tak menyatakan terima kasih. Hanya dengan isyarat ia mengajak pulang. Dan ia berjalan membisu dan tetap membisu, sampai kami tiba di belakang kompleks perumahan. Firasat pun datang padaku: kau akan mendapat kesulitan karena perbuatanmu yang belakangan ini, Minke.

firasat : 징조, 예감

"내가 지금까지 만난 여인 중에서 당신처럼 아름다운 여인은 없었어요," 나는 진솔한 태도로 속삭였다.

"난 당신이 좋아, 안."

그녀는 대꾸하지도 않고, 고맙다는 표시도 하지 않았다. 그녀는 단지 이제 돌아가자는 신호를 보내왔다. 우리는 아무 말 없이 걸어서 마을 어귀에 다달았다. 나는 이런 예감이 들었다: 밍꺼, 너는 지금의 행동으로 인하여 큰 어려움에 봉착하게 될 거야.

8.56

Kalau dia mengadu pada Darsam boleh jadi kau akan dipukulnya tanpa kau bisa menggonggong. Ia berjalan menunduk. Baru pada waktu itu aku mengetahui sandalnya tertinggal sebelah di seberang selokan. Dan aku pura-pura tidak tahu. Kemudian aku merasa malu pada diri sendiri karena pura-pura tidak tahu itu. Memperingatkan:

"Sandalmu tertinggal, Ann."

pura-pura : ~체 하다

만약 그녀가 다르삼에게 고자질한다면 나는 뼈도 못 추리게 될 것이야. 그녀는 고개를 숙이고 걸었다. 나는 그제서야 그녀가 샌달 한 짝을 도랑 건너편에 떨어뜨린 것을 알았다. 나는 모르는 체 하였다. 나는 곧바로 내가 모르는 체 했던 것을 부끄럽게 생각하였다. 그리고 그녀에게 상기켰다.

"당신 샌달 한 짝이 없어졌군요, 안."

8.57

Ia tidak peduli. Tidak menjawab. Tidak menoleh. Ia berjalan lebih cepat.

Aku bercepat menghampirinya:

"Kau marah, Ann? Marah padaku?" Ia tetap membisu.

Dari kejauhan nampak istana kayu itu tinggi di atas atap yang lain. Pada sebuah jendela loteng nampak Nyai sedang mengawasi kami. Annelies yang berjalan menunduk tidak tahu.

menghampiri : mendekati 다가가다

그녀는 아무런 관심을 보이지 않았다. 묵묵부답이었다. 뒤를 돌아보지도 않았다. 그녀는 오히려 더 빨리 걷기 시작하였다. 나도 서둘러 걸으면서 그녀와 보조를 맞추었다.

"당신 화났어요, 안? 나한테 화났어요?"

그녀는 계속 대꾸를 하지 않았다. 저 멀리에 다른 집들의 지붕 위로 목조 왕궁이 자태를 드러내고 있었다. 집의 윗층 창문으로 냐이가 우리 쪽의 동정을 살피고 있는 것이 보였다. 고개를 숙이고 걷는 아넬리스는 알 턱이 없었다.

8.58

Mata pada jendela itu tetap mengikuti kami sampai atap-atap gudang menutup pemandangan. Kami memasuki rumah dan duduk lagi di sitje ruang depan. Annelies duduk diam-diam, membiarkan beku semua pertanyaanku. Mendadak ia merentak bangun. Tanpa bicara pergi masuk ke dalam rumah. Aku semakin gelisah di tempat dudukku. Dia pasti akan mengadu. Dan aku akan menerima hukuman setimpal! Tidak, aku takkan lari.

mendadak : 갑자기

hukuman : 벌, 징벌

setimpal : ~에 상응하는

창고의 지붕에 시선이 걸려서 우리를 볼 수 없을 때까지 냐이는 우리 쪽을 응시하였다. 우리는 집 안으로 들어가서 응접실의 긴 의자에 앉았다. 아넬리스는 아무 말도 하지 않았고, 그래서 나의 질문들은 허공에서 하릴없이 얼어버리는 듯했다. 그녀는 벌떡 일어나더니 아무 말 없이 내실 쪽으로 들어갔다. 나는 점점 좌불안석이 되어갔다. 그녀는 틀림없이 고자질을 할 것이다. 그리고 나는 그에 상응하는 벌을 받게 될 것이다! 그렇지만 나는 적어도 도망치지는 않을 것이다.

8.59

Tak lama kemudian ia muncul kembali membawa sebuah bungkusan besar kertas. Diletakkannya benda itu di atas meja. Dengan nada dingin ia berkata:

"Sudah sore, beristirahatlah. Pintu itu," ia menunjuk ke belakang pada sebuah pintu, "kamarmu. Di dalam bungkusan ini ada sandal, anduk, piyama. Kau mandi di sini. Aku masih ada pekerjaan."

Sebelum pergi ia menghampiri pintu yang ditunjuknya tadi, membukanya dan menyilakan aku masuk.

anduk : 수건

잠시 후 그녀는 종이로 싼 큰 꾸러미를 가지고 나타났다. 그녀는 그것을 탁자 위에 올려놓았다. 쌀쌀맞은 목소리로 그녀가 말했다.

"날이 저물었어요, 쉬세요. 저쪽이 당신이 쉴 방이에요," 뒤쪽에 있는 문을 가리키며 그녀가 말하였다. "이 안에 샌달, 수건, 파자마가 있어요. 여기서 샤워도 하세요. 저는 해야 할 일이 남았어요." 그녀는 밖으로 나가기 전에 아까 가리킨 쪽으로 다가가서 문을 열고 나를 안내하였다.

8.60

"Kau sudah tahu di mana kamar mandi," tambahnya. Dan dengan lembutnya ia sorong aku masuk ke dalam, ditutupnya pintu dari luar dan tertinggallah aku seorang diri di dalamnya. Ketegangan kecil dan besar ini membikin aku sangat lelah. Duga-sangka tentang segala yang mungkin terjadi karena kelancanganku mengganggu ketenteraman hatiku. Biar begitu aku tak dapat menyalahkan diriku. Bagaimana dapat salahkan?

sorong : 밀다

ketegangan : 긴장

kelancangan : 무례

ketenteraman : 평온, 안정

"욕실이 어딘지는 아시죠?" 그녀가 덧붙였다. 그녀는 나를 가볍게 밀치듯 방 안으로 밀어 넣은 후 밖에서 문을 닫았다. 나는 방 안에 혼자 남게 되었다. 이 크고 작은 일련의 긴장감이 나를 피곤하게 만들었다. 나의 경거망동이 평온함을 깨뜨렸기 때문에 내가 염려하고 있는 일들이 정말 일어날 지도 모를 일이다. 그렇다고 해서 나는 나를 책망할 생각은 없다. 어떻게 자신을 책망할 수 있겠는가?

8.61

Apa pemuda lain takkan sama tingkahnya denganku di dekat dara cantik luar biasa? Kan guru biologi itu...... persetan dengan biologi. Memasuki kamar mandi adalah menikmati kemewahan lain lagi. Dinding-dinding dilapis dengan cermin 3mm berdiri di atas landasan tegel tembikar creme. Baru kali ini aku melihat kamar mandi begini luas, bersih, menyenangkan. Biar dalam kompleks kebupatian sekali pun takkan pernah orang dapatkan.

tingkah : 행동

다른 젊은이가 만약 이렇게 예쁜 소녀를 옆에 두고 있다면 나와 똑같이 행동하지 않았겠는가? 옛날 생물학 선생님께서 ---- 어휴, 저주받을 생물학이여. 욕실에 들어가면서 나는 또 다른 사치스러움을 맛보았다. 벽에는 3밀리미터 짜리 거울이 달려 있었고 바닥은 크레임 자기 타일이 깔려 있었다. 나는 그렇게 넓고, 깨끗하며 안락한 욕실을 처음으로 보았다. 군수의 저택에도 그러한 욕실을 본 사람은 없다.

8.62

Air yang kebiruan di dalam bak berlapis porselen itu memanggil-manggil untuk diselami. Dan barang ke mana mata diarahkan, diri sendiri juga yang nampak: depan, belakang, samping, seluruhnya. Air jernih, sejuk, kebiruan ini melenyapkan kegelisahan dan duga sangka. Dan kalau kelak aku sempat menjadi kaya, akan kubangun kemewahan seperti ini juga. Tidak kurang dari ini.

melenyapkan : 사라지게 하다, 지워버리다

자기(磁器)로 줄을 두른 욕조에 담긴 시퍼런 물이 나를 유혹하였다. 시선을 주는 곳마다 욕실을 채운 사물들이 스스로의 자태를 뽐내고 있었다: 앞, 뒤, 옆, 모든 곳에. 이 맑고, 시원하고, 푸른 물이 나의 염려를 씻어가는 듯했다. 내가 훗날 돈을 많이 벌게 되면 나도 이렇게 훌륭한 것을 소유해야지. 이보다 절대로 못하지 않은.

확인학습

I. Pasangan kata yang mempunyai hubungan arti seperti yang terdapat pada pasangan kata *kendaran, mobil, sepeda motor, andong* ialah.......

(a) profesi, dokter, apoteker, wartawan
(b) perabot rumah, meja, almari, piring
(c) afiks, prefiks, sufiks, prakata
(d) Korsel, Belanda, AS, Arab Saudi

II. Makna kata *tangan* yang merupakan bagian dari makna kata yang mengikutinya terdapat dapa......

(a) tangan besi
(b) tangan kursi
(c) tangan kanan
(d) tangan dingan

IX

Akta Pendirian Perseroan Terbatas

주식회사 설립 정관

9.1

Pasal 1. Nama dan Tempat Kedudukan

제 1 조 회사명 및 위치

1. Perseroan terbatas ini bernama : PT. OCEAN PRAJA (selanjutnya dalam Anggaran Dasar ini cukup disingkat dengan Perseroan), berkedudukan di Jalan Pulau Moyo, Green Kori III/18, Denpasar, Provinsi Bali.

1. 본 주식회사의 명칭은 "오션 프라자 주식회사"라고 칭하며(이후 "회사") 위치는 Jalan Pulau Moyo, Green Kori iii/18, Denpasar, Provinsi Bali 이다.

perseroan terbatas : 주식회사

anggaran dasar : 정관

9.2

2. Perseroan dapat membuka cabang atau perwakilan di tempat lain, baik di dalam maupun di luar wilayah Republik Indonesia sebagaimana yang ditetapkan oleh Direksi, dengan persetujuan dari atau aktanya ditandatangani bersama dengan sekurang-kurangnya seorang anggota Komisaris.

2. 회사는 1(일) 인 이상 감사의 공동 서면 승인을 득하여 이사회가 정한 바 인도네시아 국 내외의 타 지역에 지사나 대리점을 설치할 수 있다.

cabang : 가지, 지사

perwakilan : 대표부

sekurang-kurangnya : 적어도, 최소

anggota komisaris : 감사

9.3

Pasal 2. Jangka Waktu Berdirinya Perseroan

제 2 조 회사 존립 기간

Perseoran ini didirikan untuk waktu selama 30 (tiga puluh) tahun sejak tanggal Anggaran Dasar ini disahkan oleh Menteri Kehakiman dan Hak Asasi Manusia Republik Indonesia.

본 회사의 존립 기간은 본 정관이 인도네시아공화국 법무인권부장관의 승인를 득한 시점부터 기산하여 30년으로 정한다

9.4

Pasal 3. Maksud dan Tujuan Perseroan

제 3 조 사업 목적 및 활동 범위

bidang usaha : 사업분야

jasa akomodasi : 숙박업

1. Maksud dan tujuan Perseroan ialah : bergerak dalam bidang usaha jasa akomodasi (hotel).

1. 회사의 사업 목적은 숙박서비스업(호텔)이다.

9.5

2. Untuk mencapai maksud dan tujuan tersebut di atas Perseroan dapat melaksanakan kegiatan usaha yang bergerak dalam bidang jasa akomodasi (hotel).

2. 상기 목적을 달성하기 위하여 회사는 숙박업 분야의 사업을 수행할 수 있다.

mencapai : 달성하다, 도달하다, 이르다

melaksanakan : 수행하다

9.6

Pasal 4. Modal

제 4 조 자본

1. Modal dasar Perseroan ini berjumlah Rp. 28.431.000.000,00 (dua puluh delapan milyar empat ratus tigapuluh satu juta rupiah) atau sebesar US. $. 3.000.000 (tiga juta dolar Amerika Serikat) terbagi atas 3.000.000 (tiga juta) saham masing-masing saham bernilai nominal Rp. 9.477, (sembilan ribu empat ratus tujuh puluh tujuh rupiah) atau sebesar US $ 1 (satu dolar Amerika Serikat).

1. 회사의 기초자본금은 284억 3,100만 루피아(미화 300만 불)이며, 이는 액면가 9,477루피아(미화 1불)의 주식 3백만 주로 구성한다.

modal dasar : 기초자본금

bernilai nominal : 액면가

9.7

2. Dari modal dasar tersebut telah ditempatkan dan disetor 100 % (seratus persen) atau sejumlah 3.000.000 (tiga juta) saham dengan nilai nominal seluruhnya sebesar Rp. 28.431.000.000,00 (dua puluh delapan milyar empat ratus tiga puluh satu juta rupiah) atau sebesar US. $. 3.000.000,00 (tiga juta dolar Amerika Serikat).

ditempatkan dan disetor : 납입되다

2. 상기 기초자본금은 이미 100% 납입되었으며 이는 명목가치 284억 3,100만 루피아 혹은 미화 300만 불 상당의 300만 주의 주식에 해당한다.

9.8

3. Saham-saham yang masih dalam simpanan akan dikeluarkan oleh Perseroan menurut keperluan modal Perseroan, dengan persetujuan Rapat Umum Pemegang Saham.

3. 회사는 필요시 주주총회의 승인을 득하여 보관중인 주식을 공개할 수 있다.

9.9

4. Para pemegang saham yang namanya tercatat dalam Daftar Pemegang Saham mempunyai hak terlebih dahulu untuk mengambil bagian atas saham yang hendak dikeluarkan itu dalam jangka waktu 14 (empat belas) hari sejak tanggal penawaran dilakukan dan masing-masing pemegang saham berhak mengambil bagian seimbang dengan jumlah saham yang mereka miliki (proporsional), baik terhadap saham yang menjadi bagiannya maupun terhadap sisa saham yang dimiliki oleh pemegang saham lainnya.

pemegang saham : 주주

Daftar Pemegang Saham : 주주명부

hak terlebih dahulu : 우선권

4. 주주명부에 등록된 주주는 주식공개 공고일로부터 14일 이내에 공개된 주식을 우선 매입할 권리가 있으며, 각 주주는 본인이나 타 주주 지분의 주식에 대하여 각 주주가 소유한 주식에 비례하여 매입에 참여할 권리가 있다.

9.10

5. Jika setelah lewat jangka waktu 14 (empat belas) hari terhitung sejak penawaran kepada pemegang saham tersebut masih ada sisa saham yang belum diambil bagian, maka Direksi berhak menawarkan sisa saham tersebut kepada pihak ketiga.

terhitung sejak : ~일로부터 기산하여

pihak ketiga : 제3자

5. 주식공개 공고일로부터 기산하여 14일 이후에 상기 주식의 잔여분이 있을 때 제3자에게 양도한다.

9.11

Pasal 5. Saham

제 5 조 주식

saham atas nama : 기명주(記名株)

1. Semua saham yang dikeluarkan oleh Perseroan adalah saham atas nama.

1. 회사가 출자한 주식은 모두 기명주(記名株)이다.

9.12

badan hukum : 법인

2. Yang boleh memiliki dan mempergunakan hak atas saham hanyalah Warga Negara Indonesia atau Badan Hukum Indonesia dan Warga Negara Asing atau Badan Hukum Asing.

2. 주식을 소유하고 그에 대한 권리를 사용할 수 있는 사람은 인도네시아 국적을 가진 자 혹은 인도네시아 법인 그리고 외국인 혹은 외국법인이다.

9.13

3. Bukti pemilikan saham dapat berupa surat saham.

surat saham : 주식증서

3. 주식 소유 증명은 주식증서로 한다.

9.14

4. Dalam hal Perseoran tidak menerbitkan surat saham, pemilikan saham dapat dibuktikan dengan surat keterangan atau catatan yang dikeluarkan oleh Perseroan.

surat keterangan : 확인서

catatan : 기록, 적요

4. 회사가 주식증서를 발부하지 않을 경우 주주는 회사에서 발부한 확인서 혹은 기록으로 주주임을 밝힐 수 있다.

9.15

5. Jika dikeluarkan surat saham, maka untuk setiap saham, diberi sehelai surat saham.

5. 주식증서를 발행할 시, 각 주식에 대하여 각각의 주식증서가 발부된다.

9.16

6. Surat kolektif saham dapat dikeluarkan sebagai bukti pemilikan 2 (dua) buah atau lebih saham yang dimiliki oleh seorang pemegang saham.

surat kolektif saham : 통합주식증서

6. 한 주주가 2(이) 주 이상의 주를 소유할 때 그 증거로서 통합주식증서를 발행할 수 있다.

9.17

7. Pada surat saham harus dicantumkan sekurangnya : (a) nama dan alamat pememgang saham; (b) nomor surat saham; (c) nilai nominal saham; (d) tanggal pengeluaran surat saham.

nilai nominal saham : 주식의 액면가

7. 주식증서에는 적어도 다음 각 호의 사항이 기재된다: (a) 주주의 성명 및 주소; (b) 주식증서 번호; (c) 주식의 액면가; (d)주식증서 발행일자.

9.18

8. Pada surat kolektif saham sekurangnya harus dicantumkan : (a) nama dan alamat pememgang saham; (b) nomor dan surat kolektif saham; (c) nomor surat saham dan jumlah saham; (d) nilai nominal saham; (e) tanggal pengeluaran surat kolektif saham.

8. 통합주식증서에는 적어도 다음 각 호의 사항이 기재된다: (a) 주주의 성명 및 주소; (b) 통합주식증서 번호; (c) 주식증서 번호 및 주식 합계; (d) 주식의 액면가; (e) 통합주식증서 발행일

9.19

Pasal 6. Surat Saham Pengganti

제 6 조 교체주식증서

1. Jika surat saham rusak atau tidak dapat dipakai, atas permintaan mereka yang berkepenting, direksi mengeluarkan surat saham pengganti setelah surat saham yang rusak atau tidak dapat dipakai tersebut diserahkan kembali kepada direksi.

1. 주식증서가 파손되거나 더 이상의 사용이 불가할 때 해당주주의 요청으로 이사회는 교체주식증서로 교환 발행한다.

yang berkepentingan : 이해당사자

surat saham pengganti : 교체주식증서

9.20

2. Surat saham sebagaimana dimaksud pada ayat (1) harus dimusnahkan dan dibuat berita acara oleh Direksi untuk dilaporkan dalam Rapat Umum Pemegang Saham berikutnya.

2. 상기 제 (1) 항의 파손 주식증서는 폐기하며 이사회는 차기 주주총회에 이를 고지하기 위한 보고서를 만든다.

dimusnahkan : 폐기되다

berita acara : 보고서, 조서

9.21

3. Jika surat saham hilang, maka atas permintaan mereka yang berkepentingan Direksi akan mengeluarkan surat saham pengganti setelah menurut pendapat Direksi kehilangan itu cukup dibuktikan dan dengan jaminan yang dipandang perlu oleh Direksi untuk tiap peristiwa yang khusus.

kehilangan : 분실

3. 주식증서를 분실했을 시는 해당 주주의 요청에 의하여 이사회는 독자적으로 판단하여 전기한 분실이 확실하다는 증거가 있고 이사회가 이를 보장할 수 있을 때 교체주식증서를 발행한다.

9.22

4. Setelah surat saham pengganti tersebut dikeluarkan, maka surat asli saham yang dinyatakan hilang tersebut tidak berlaku lagi terhadap Perseroan.

4. 교체주식증서가 발행된 후에는 원본 주식증서는 본 회사에 대하여 더 이상 유효하지 않다.

9.23

5. Semua biaya yang berhubungan dengan pengeluaran surat saham pengganti ditanggung oleh pemegang saham yang berkepentingan.

5. 교체주식증서를 발행하는데 소요되는 비용은 전액 해당 주주가 부담한다.

9.24

6. Ketentuan dalam ayat (1), ayat (2), ayat (3), ayat (4), dan ayat (5) pasal 6 ini, mutas mutandis berlaku bagi pengeluaran surat kolektif saham pengganti.

mutas mutandis : 준용

6. 본 제7조의 (1)항, (2)항, (3)항, (4)항 및 (5항)의 사항은 통합주식증서 발행의 경우에도 동일하게 준용된다.

9.25

Pasal 7. Pemindahan Hak atas Saham
제 7 조 주식양도

1. Pemindahan hak atas saham harus berdasarkan akta pemindahan hak yang ditandatangani oleh yang memindahkan dan yang menerima pemindahan atau kuasanya yang sah.

1. 주식의 양도는 양도인과 양수인 혹은 그들의 합법적 대리인이 서명한 권리양도 증서에 의거해야 한다.

kuasa yang sah : 합법적 대리인

9.26

2. Pemegang saham yang hendak memindahkan hak atas saham, harus menawarkan terlebih dahulu kepada pemegang saham lain dengan menyebutkan harta serta persyaratan penjualan dan memberitahukan kepada Direksi secara tertulis tentang penawaran tersebut.

2. 소유 주식의 양도를 원하는 주주는 양도 주식의 가격 및 조건을 명시하여 다른 주주에게 우선적으로 제의하고 이를 이사회에 서면으로 통지해야 한다.

menawarkan : 제의하다, 제안하다

persyaratan penjualan : 양도조건

secara tertulis : 서면으로

9.27

3. Pemindahan hak atas saham harus mendapat persetujuan dari instansi yang berwenang, jika peraturan perundang-undangan mensyaratkan hal tersebut.

3. 주식양도에 있어서 법률이 정할 경우에는 관계 기관의 허가를 득해야 한다.

instansi yang berwenang : 관계기관

mensyaratkan : 조건으로 하다

9.28

4. Mulai hari panggilan Rapat Umum Pemegang Saham (RUPS) sampai dengan hari dilaksanakan RUPS pemindahan hak atas saham tidak diperkenankan.

4. 주주총회 소집 공고일로부터 주주총회 당일까지는 주식양도를 할 수 없다.

Rapat Umum Pemegang Saham : 주주총회

diperkenankan : 허가되다, 허용되다

9.29

5. Apabila karena warisan, perkawinan atau sebab lain saham tidak lagi menjadi milik Warga Negara Indonesia atau Badan Hukum Indonesia, maka dalam jangka waktu 1 (satu) tahun orang atau badan hukum tersebut wajib memindahkan hak atas sahamnya keapda Warga Negara Indonesia, sesuai ketentuan Anggaran Dasar.

warisan : 상속
jangka waktu : 기간
badan hukum : 법인

5. 상속, 결혼 등의 이유로 인하여 주식이 인도네시아 국적의 개인이나 법인의 소유가 되지 아니할 때 정관에 의거 해당 개인이나 법인은 1(일)년 안에 주식을 인도네시아 인에게 양도할 의무가 있다.

9.30

Pasal 8. Rapat Umum Pemegang Saham
제 8 조 주주총회

istilah : 용어
kecuali : ~를 제외하고

1. Rapat Umum Pemegang Saham yang selanjutnya disebut RUPS adalah : (a) RUPS tahunan; (b) RUPS lainnya, yang dalam Aggaran Dasar ini disebut juga RUPS luar biasa.

1. 주주총회는 이하 '주총'이라 칭하며 다음과 같이 나눈다.
   a. 정기주주총회
   b. 임시주주총회, 본 정관에서는 '임시주총'이라 칭함.

9.31

2. Istilah RUPS dalam Anggaran Dasar ini berarti keduanya, yaitu RUPS tahunan dan RUPS luar biasa kecuali dengan tegas ditentukan lain.

istilah : 용어

kecuali : ~를 제외하고

2. 본 정관에서 주총이라함은 달리 정하는 경우를 제외하고 정기주주총회와 임시주주총회를 일컫는다.

9.32

3. Dalam RUPS tahunan Direksi menyampaikan: (a) Laporan tahunan telah ditelaah oleh Dewan Komisaris untuk mendapat persetujuan RUPS; (b) Laporan keuangan untuk mendapat pengesahan rapat; (c) Ditetapkan penggunaan laba, jika perseroan mempunyai saldo laba yang positif; (d) Diputuskan mata acara RUPS lainnya yang telah diajukan sebagaimana mestinya dengan memperhatikan ketentuan anggaran dasar.

dewan komisaris : 감사회

laporan keuangan : 재무제표

saldo laba : 흑자

3. 주총에서 이사회는 다음 각 호의 사항을 보고한다: (a) 주총의 인준을 득하기 위위해 감사회에서 검토한 결산보고서; (b) 주총의 인준을 득하기 위한 재무제표; (c) 회사가 흑자를 산출했을 경우 당기 순이익의 사용 계획; (d) 정관의 규정에 의거 필요한 기타 주총 의제.

9.33

4. Persetujuan laporan tahunan dan pengesahan laporan keuangan oleh RUPS tahunan berarti memberikan pelunasan dan pembebasan tanggung jawab sepenuhnya kepada anggota Direksi dan Dewan Komisaris atas pengurusan dan pengawasan yang telah dijalankan selama tahun buku yang lalu.

pengurusan : 운영
pengawasan : 감독

4. 주총에서 회계연도의 연례보고서와 재무제표를 인준했다함은 해당 회계연도 중 회사의 운영과 감독에 대한 이사회와 감사의 책임을 완전히 면함을 의미한다.

9.34

5. RUPS luar biasa dapat diselenggarakan sewaktu-waktu berdasarkan kebutuhan untuk membicarakan dan memutuskan mata acara rapat kecuali mata acara rapat yang dimaksud pada ayat (3) huruf (a) dan huruf (b), dengan memperhatikan peraturan perundang-undangan serta Anggaran Dasar.

sewaktu-waktu : 수시로
memutuskan : 결정하다
mata acara rapat : 의제

5. 임시주총은 상기 제3항 (a), (b)에서 언급한 바의 의제를 제외한 다른 의제를 논의하고 결정하기 위하여 관계 규정이나 정관에 의거 수시로 개최할 수 있다.

9.35

Pasal 9. Tempat, Pemanggilan dan Pimpinan RUPS

제 9 조 주주총회 장소, 회의소집 및 주재

1. RUPS diadakan di tempat kedudukan Perseroan.

1. 주총은 본 회사가 위치한 곳에서 개최한다.

9.36

2. RUPS diselenggarakan dengan melakukan pemanggilan terlebih dahulu kepada para pemegang saham dengan surat tercatat dan/atau dengan iklan dalam surat kabar.

pemanggilan : 소집

surat tercatat : 등기우편

2. 주총은 각 주주에게 사전에 등기우편 그리고/혹은 일간지에 공고 소집 후 개최한다.

9.37

3. Pemanggilan dilakukan paling lambat 14 (empat belas) hari sebelum tanggal RUPS diadakan dengan tidak memperhitungkan tanggal pemanggilan dan tanggal RUPS diadakan.

paling lambat : 늦어도

3. 주총의 소집은 소집통보일과 회의 당일을 포함하지 않고 늦어도 주주총회 개최 14일 전에 통보해야 한다.

9.38

4. RUPS dipimpin oleh Presiden Direktur. Selain itu sebagai alternatif lain RUPS dapat dipimpin oleh Komisaris Utama/Presiden Komisaris.

4. 주총은 원칙적으로 대표이사가 주재하며, 대표감사도 주재할 수 있다.

9.39

5. Jika Presiden Direktur tidak ada atau berhalangan karena sebab apapun yang tidak perlu dibuktikan kepada pihak ketiga RUPS dipimpin oleh wakil Presiden Direktur.

5. 대표이사 부재 시 혹은 제3자에게 이유를 밝힐 필요 없는 이유로 주재가 불가능할 경우에 대표이사의 대리인이 주재한다.

berhalangan : 지장이 있는, 차질을 빚은

9.40

6. Jika Presiden Direktur atau Wakil Presiden Direktur tidak ada atau berhalangan karena sebab apapun yang tidak pelru dibuktikan kepada pihak ketiga RUPS dipimpin oleh salah seorang Direktur yang ditunjuk oleh Presiden Direktur atau Wakil Presiden Direktur.

6. 대표이사 혹은 그의 대리인 부재 시 혹은 제3자에게 이유를 밝힐 필요 없는 이유로 그들의 주총 주재가 불가능할 경우에 대표이사 혹은 그의 대리인이 지명하는 이사 중 1(일)인이 주재한다.

ditunjuk : 지명된

9.41

7. Jika semua anggota dewan tidak hadir atau berhalangan karena sebab apapun yang tidak perlu dibuktikan kepada pihak ketiga RUPS dipimpin oleh salah seorang dewan komisaris.

7. 회사의 모든 이사의 주총 참석이 불가능하거나 제3자에게 이유를 밝힐 필요 없는 이유로 그들의 주총 주재가 불가능할 경우에 감사 중 1(일)인이 주재한다.

9.42

8. Jika semua anggota dewan tidak hadir atau berhalangan karena sebab apapun yang tidak perlu dibuktikan kepada pihak ketiga, RUPS dipimpin oleh seseorang yang dipilih oleh dan di antara mereka yang hadir dalam rapat.

8. 회사의 모든 이사나 감사의 주총 참속이 불가능하거나 제3자에게 이유를 밝힐 필요 없는 이유로 그들의 주총 주재가 불가능할 경우 주총에 참석한 사람 중 호선된 1(일)인이 주재한다.

9.43

Pasal 10. Kuorum, Hak Suara, dan Keputusan RUPS

제 10 조 주총의 정족수, 의결권 및 의결

kuorum : 의결정족수

1. Rapat Umum Pemegang Saham dapat dilangsungkan apabila kuorum kehadiran sebagaimana disyaratkan dalam undang-undang tentang perseroan terbatas telah terpenuhi.

1. 주총은 주식회사에 대하여 법의로 정한 의결 정족수가 충족되었을 때 개최된다.

9.44

pemungutan suara : 투표

suara tertutup : 무기명투표

secara lisan : 구두로

2. Pemungutan suara mengenai diri orang dilakukan dengan suara tertutup yang tidak ditandatangani dan mengenai hal lain secara lisan, kecuali apabila ketua RUPS menentukan lain tanpa ada keberatan dari pemegang saham yang hadir dalam RUPS.

2. 임직원과 관련된 안건을 결정할 때는 무기명비밀투표를 실시하며, 기타 사항은 주총에 참석한 주주들의 이견 없이 의장이 다른 방법을 제시하는 경우를 제외하고는 구두로 의결한다.

9.45

3. Suara blanko atau suara yang tidak sah dianggap tidak akan dan tidak dihitung dalam menentukan jumlah suara yang dikeluarkan dalam RUPS.

suara blanko : 백지투표

3. 백지투표 및 적법하지 아니한 투표는 개표 시 효력이 없는 것으로 간주하여 투표수에 포함하지 않고 무효표 처리한다.

9.46

4. Semua keputusan diambil berdasarkan musyawarah untuk mufakat. Dalam hal keputusan berdasarkan musyawarah untuk mufakat tidak tercapai maka keputusan yang diambil dengan pemungutan suara berdasarkan suara setuju terbanyak dari jumlah suara yang dikeluarkan dengan sah dalam rapat, kecuali apabila dalam Anggaran Dasar ditentukan lain. Apabila jumlah suara yabg setuju dan tidak setuju sama banyaknya, maka usul ditolak.

musyawarah untuk mufakat : 만장일치

4. 회의 결정은 만장일치를 원칙으로 한다. 만약 합의가 도출되지 못하였을 경우 본 정관에 따로 규정한 경우를 제외하고는 회의에 적법하게 참석한 구성원이 투표하여 과반수 이상의 찬성으로 의결한다. 가부 동 수인 경우에는 부결된 것으로 간주한다.

9.47

Pasal 11. Direksi

제 11 조 이사회

terdiri dari : ~으로 구성된

1. Perseroan diurus dan dipimpin oleh suatu Direksi yang terdiri dari 2 (dua) orang Direktur, yang diajukan oleh pememgang saham Pihak Asing.

1. 회사는 외국인 주주 측이 지명하는 2(이)명의 이사로 구성된 이사회를 통하여 운영된다.

9.48

2. Jika diangkat lebih dari seorang direktur, maka seorang di antaranya dapat diangkat sebagai Presiden Direktur.

2. 1(일) 명 이상의 이사가 선임될 때 그 중 1(일)인을 대표이사로 지명한다.

9.49

3. Anggota Direksi diangkat oleh Rapat Umum Pemegang Saham untuk jangka waktu 5 (lima) tahun, dengan tidak mengurangi hak Rapat Umum Pemegang Saham untuk memberhentikannya sewaktu-waktu.

memberhentikan : 정지시키다, 세우다

3. 이사는 주주총회에서 선임되고 각각 임기는 5(오)년이며 주주총회의 권한을 감하지 않고 필요시 그들의 임기를 종료케 할 수 있는 권한을 가진다.

9.50

4. Jika oleh suatu sebab apapun jabatan seorang atau lebih atau semua anggoata Direksi lowong, maka dalam jangka waktu paling lama 30 (tiga pulah) hari sejak terjadi lowongan, harus diselenggarakan Rapat Umum Pemegang Saham, untuk mengisi lowongan itu dengan memperhatikan ketentuan peraturan perundang-undangan dan Anggaran Dasar.

lowong : 공석, 결원

4. 특별한 사유로 인하여 1(일)인 혹은 그 이상의 인원, 혹은 모든 이사 결원이 발생하였을 시에는 결원 발생일로부터 30(삼십)일 이내에 주주총회를 개최하고 여기에서 법률 및 정관이 정하는 바의 인물로 그 결원을 보충해야 한다.

9.51

5. Jika oleh suatu sebab apapun semua jabatan anggota Direksi lowong untuk sementara perseroan diurus anggota dewan komisaris yang ditunjuk oleh rapat dewan direksi.

untuk sementara : 당분간

5. 특별한 사유로 인하여 모든 이사의 결원이 발생하였을 시에는 이사회의에서 지명하는 감사가 당분간 회사를 운영한다.

9.52

6. Anggota Direksi berhak mengundurkan diri dari jabatannya dengan memberitahukan secara tertulis mengenai maksudnya tersebut kepada Perseroan sekurangnya 30 (tiga puluh) hari sebelum tanggal pengunduran dirinya.

mengunudrkan diri : 사퇴하다

6. 이사회의 이사는 이사 직에서 자진 사퇴할 권리가 있으며 이 때 사퇴 예정일로부터 적어도 30(삼십)일 이전에 사퇴의 의향을 서면으로 통지해야 한다.

9.53

7. Jabatan anggota Direki berakhir apabila (a) mengundurkan diri sesuai dengan ketentuan ayat 6; (b) tidak lagi memenuhi persyaratan perundang-udangan; (c) meninggal dunia; (d) diberitahukan berdasarkan keputusan Rapat Umum Pemegang Saham.

7. 각 이사는 다음 각 호의 경우 그 직을 상실한다. (a)상기 제6항에서 언급한 바의 자진 사퇴; (b) 법 규정의 조건을 더 이상 충족시키지 못할 시; (c) 사망; (d) 주주총회의 결의로 면직을 당했을 시.

9.54

Pasal 12. Tugas dan Wewenang Direksi

제 12 조 이사회의 의무와 권한

1. Direksi berhak mewakili Perseroan di dalam dan di luar pengadilan tentang segala hal dan dalam segala kejadian, mengikat Perseroan dengan pihak lain dan pihak lain dengan Perseroan, serta menjalankan segala tindakan, baik yang mengenai kepengurusan maupun kepemilikan, akan tetapi dengan pembatasan bahwa untuk : (a) meminjam atau meminjamkan uang atas nama Perseroan (tidak termasuk mengambil uang di bank); (b) mendirikan suatu usaha atau turut serta pada perusahaan lain baik di dalam maupun di luar negeri.

1. 이사회는 모든 사안이나 사건에 대하여 법정 안팎에서 본 회사를 대표하고, 본 회사와 제3자를 연결하며, 운영이나 소유에 대하여 제반 조치를 취할 권한이 있다. 그러나 다음 각 호의 사항에 대하여는 주주총회의 승인을 득해야 한다: (a) 회사의 명의로 자금을 차입하거나 대여할 때 (은행에서 본 회사의 돈을 인출하는 경우는 제외); (b) 국내외에서 신규 사업을 시작하거나 타 회사의 사업에 공동으로 참여하는 경우.

pengadilan : 법원

kepengurusan : 운영

kepemilikan : 소유

mendirikan : 설립하다

9.55

2. Direktur Utama berhak dan berwenang bertindak untuk dan atas nama Direksi serta mewakili Perseroan.

2. 대표이사는 이사회를 위해서 그리고 그 명의로 조치를 취할 권리와 권한이 있고 아울러 회사를 대표한다.

9.56

3. Dalam hal Direktur Utama tidak hadir atau berhalangan karena sebab apapun juga, hal mana tidak perlu dibuktikan kepada pihak ketiga, maka salah seorang anggota Direksi lainnya berhak dan berwenang bertindak untuk dan atas nama Direksi serta mewakili Perseoran.

bertindak : 조치를 취하다

3. 대표이사 유고시에는, 제3자에게 이유를 밝힐 필요 없이, 이사 중 일 인이 이사회를 위해서 그리고 그 명의의 조치를 취할 권리와 권한이 있고 아울러 본 회사를 대표한다.

9.57

Pasal 13 Rapat Direksi

제 13 조 이사회의(理事會義)

penyelenggaraan : 개최

permintaan tertulis : 서면요구

1. Penyelenggaraan Rapat Direksi dapat dilakukan setiap waktu apabila dipandang perlu : (a) oleh seorang atau lebih anggota direksi; (b) atas permintaan tertulis dari seorang atau lebih anggota dewan komisaris atau; (c) atas permintaan tertulis dari 1 (satu) orang atau lebih pemegang saham yang bersama-sama mewakili 1/10 (satu per sepuluh) atau lebih dari jumlah seluruh saham dengan hak suara.

1. 이사회의는 다음 각 호와 같이 필요하다고 생각될 때 개최한다: (a) 1(일)인 이상의 이사가 필요하다고 생각할 때; (b) 일 인 이상의 감사가 서면으로 요구할 때 ; (c) 전체 주식의 유효 표 중 1/10(십분의 일) 이상의 주주가 서면으로 요구할 때.

9.58

2. Panggilan Rapat Direksi dilakukan oleh anggota Direksi yang berhak bertindak untuk dan atas nama Direksi menurut ketentuan Pasal 9 Anggaran Dasar ini ;

2. 이사회의는 본 정관 제9조에서 언급한 사항에 따라 이사회를 대표할 수 있는 이사가 소집한다.

9.59

3. Panggilan Rapat Direksi disampaikan dengan surat tercatat atau dengan surat yang disampaikan langsung kepada anggota Direksi dengan mendapat tanda terima paling lambat 3 (tiga) hari sebelum rapat diadakan, dengan tidak memperhitungkan tanggal panggilan dan tanggal rapat.

tandan terima : 수령증

3. 이사회의 소집통보는 등기우편으로 하거나 직접 각 이사에게 전달후 수령증을 받아야 하며 소집통보일과 회의 당일을 포함하지 않고 적어도 3(삼)일 이상의 여유를 두고 통보해야 한다.

9.60

4. Panggilan rapat itu harus mencantumkan acara, tanggal, waktu dan tempat Rapat.

4. 회의소집 안내장에는 안건, 회의일시 및 회의장소가 포함되어야 한다

9.61

5. Rapat Direksi diadakan di tempat kedudukan Perseroan atau tempat kegiatan usaha Perseroan. Apabila semua anggota Direksi hadir atau diwakili, panggilan terlebih dahulu tersebut tidak disyaratkan dan Rapat Direksi dapat diadakan di mana pun juga dan berhak mengambil keputusan yang sah dan mengikat.

5. 이사회의는 본 회사가 위치한 곳이나 회사의 사업 활동이 이루어지는 곳에서 개최한다. 이사 전원 혹은 그 대리인이 함께 할 때 사전 회의소집 안내는 반드시 필요한 것은 아니며 이사회는 어느 장소에서도 개최될 수 있고 합법적이고 구속력 있는 결정을 할 수 있다.

9.62

6. Rapat Direksi dipimpin oleh Presiden Direktur dalam hal Direktur Utama tidak dapat hadir atau berhalangan hal mana tidak perlu dibuktikan kepada pihak ketiga, maka Rapat Direksi akan dipimpin oleh seorang anggota Direksi yang dipilih oleh dan dari anggota Direksi lainnya berdasarkan surat kuasa.

surat kuasa : 위임장

6. 이사회의는 대표이사가 주재한다. 다만 제3자에게 이유를 밝힐 필요는 없으되 대표이사가 부득이 참석치 못할 경우에는 이사회의는 위임장에 의거 다른 이사 중에서 이사들이 선출한 1(일)인이 주재한다.

9.63

7. Seorang anggota Direksi dapat diwakili dalam Rapat Direksi hanya oleh anggota Direksi lainnya berdasarkan surat kuasa.

7. 이사회의에서 이사는 위임장으로서 다른 이사에게만 권한을 위임할 수 있다.

9.64

8. Rapat Direksi adalah sah dan berhak mengambil keputusan yang mengikat apabila lebih dari 1/2 (satu per dua) dari jumlah anggota Direksi hadir atau diwakili dalam Rapat.

8. 이사회의 정족수는 재적 이사의 과반수 이상이 참석하거나 대리할 때 구속력 있는 결정을 할 수 있다

9.65

9. Keputusan Rapat Direksi harus diambil berdasarkan musyawarah untuk mufakat. Dalam hal keputusan beradasarkan musyawarah untuk mufakat tidak tercapai maka keputusan diambil dengan pemungutan suara berdasarkan lebih dari 1/2 (satu per dua) dari jumlah suara yang sah yang dikeluarkan dalam rapat.

9. 이사회의 결정은 만장일치를 원칙으로 한다. 만약 만장일치로 결정되지 않을 경우 적법하게 참석한 구성원이 투표하여 과반수 이상의 찬성으로 의결한다.

9.66

10. Apabila suara yang setuju dan yang tidak setuju berimbang, ketua rapat direksi yang akan menentukan.

berimbang :
균형을 이루는, 동수의

10. 가부 동수일 경우 이사회 의장이 이를 결정한다.

9.67

11. Setiap anggota Direksi yang hadir berhak mengeluarkan 1 (satu) suara dan tambahan 1 (satu) suara untuk setiap anggota Direksi lain yang diwakilinya. Pemungutan suara mengenai diri orang dilakukan dengan surat suara tertutup tanpa tanda tangan sedangkan pemungutan suara mengenai hal-hal lain dilakukan secara lisan kecuali ketua rapat menentukan lain tanpa ada keberatan dari yang hadir.

mengeluarkan suara : 투표하다, 투표권을 행사하다

11. 각 이사는 1(일)표의 의결권과 타 이사로부터 위임받은 1(일)표의 의결권을 행사할 수 있다. 임직원과 관련된 안건을 결정할 때는 무기명 비밀투표를 실시하며, 기타 사항은 회의 참석자들의 이견 없이 의장이 다른 방법을 제시하는 경우를 제외하고는 구두로 의결한다.

9.68

Suara blanko dan suara yang tidak sah dianggap tidak dikeluarkan secara sah dan dianggap tidak ada serta tidak dihitung dalam menentukan jumlah suara yang dikeluarkan.

백지투표 및 적법하지 아니한 투표는 개표 시 효력이 없는 것으로 간주하여 투표수에 포함하지 않고 무효표 처리한다.

9.69

12. Direksi dapat juga mengambil keputusan yang sah tanpa mengadakan Rapat Direksi, dengan ketentuan semua anggota Direksi memberikan persetujuan mengenai usul yang diajukan secara tertulis serta menandatangani persetujuan terseut. Keputusan yang diambil dengan cara demikian mempunyai kekuatan yang sama dengan keputusan yang diambil dengan sah dalam Rapat Direksi.

dengan sah : 적법하게

12. 각 이사들에게 서면으로 안건을 고지하고 각 이사들이 서면으로 동의하고 서명했 때 이사회는 이사회의를 개최하지 않고도 당해 사안에 대하여 합법적으로 의결할 수 있다. 이와 같은 방법으로 의결한 안건은 이사회의에서 의결한 안건과 동일한 효력을 진다.

9.70

Pasal 14. Dewan Komisaris

제 14 조 감사회

1. Komisaris terdiri dari seorang atau lebih anggota Komisaris, apabila diangkat lebih dari seorang anggota dewan komisaris, maka seorang di antaranya yang diajukan sebagai Komisaris Utama.

1. 감사회는 1(일)인 혹은 그 이상의 감사로 구성하며 1(일)인 이상의 감사로 구성될 때 감사 중 일인을 대표감사로 선임할 수 있다.

9.71

2. Yang boleh diangkat sebagai anggota Dewan Komisaris hanya Warga Negara Indonesia dan Warga Negara Asing yang memenuhi persyaratan yang ditentukan peraturan perundang-undangan yang berlaku.

2. 관련 법 규정이 정하는 바의 요건을 충족하는 인도네시아인 및 외국인이 감사로 선임될 수 있다.

diangkat : 임명되다, 선임되다

dewan komisaris : 감사회

9.72

3. Anggota Dewan Komisaris diangkat oleh Rapat Umum Pemegang Saham utuk jangka waktu 5 (lima) tahun dengan tidak mengurangi hak Rapat Umum Pemegang Saham untuk memberhentikan sewaktu-waktu.

3. 감사는 주주총회에서 선임되고 각각 임기는 5(오)년이며 주주총회가 필요시 그들의 임기를 종료케 할 수 있는 권한이 있다.

9.73

4. Jika oleh suatu sebab jabatan anggota Dewan Komisaris lowong, maka dalam jangka waktu 30 (tiga puluh) hari setelah terjadinya lowongan, harus diselenggarakan Rapat Umum Pemegang Saham untuk mengisi lowongan itu dengan memperhatikan ketentuan ayat 2 pasal ini.

4. 특정한 사유로 감사가 결원되었을 경우 결원 발생일로부터 30(삼십)일 이내에 주주총회를 개최하고 총회에서 상기 제 2 항에 충족하는 인물로 그 결원을 보충해야 한다.

9.74

5. Seorang anggota Dewan Komisaris berhak mengundurkan diri dari jabatnannya dengan memberitahukan secara tertulis mengenai maksud kepada Perseroan sekurangnya 30 (tiga puluh) hari sebelum tanggal pengunduran dirinya.

5. 감사는 감사직에서 자진 사퇴할 권리가 있으며 이 때 사퇴 예정일로부터 적어도 30(삼십)일 이전에 사퇴의 의향을 서면으로 고지해야 한다.

9.75

6. Jabatan anggota Komisaris berakhir apabila: (a) kehilangan kewarganegaraan Indonesia; (b) mengundurkan diri sesuai dengan ketetuan ayat 5; (c) tidak lagi memenuhi persyaratan perundang-undangan; (d) meninggal dunia; (e) diberhentikan berdasarkan keputusan Rapat Umum Pemegang Saham.

6. 각 감사는 다음 각 호의 경우 그 직을 상실한다: (a) 인도네시아 국적 상실; (b) 상기 제5항에서 언급한 바의 자진 사퇴; (c) 현행 법 규정의 조건을 더 이상 충족시키지 못할 시; (d) 사망; (e) 주주총회의 결의로 면직을 당했을 시.

9.76

Pasal 15. Tugas dan Wewenang Dewan Komisaris

제 15 조 감사위원회의 의무와 권한

1. Dewan Komisaris setiap waktu dalam jam kerja kantor Perseroan berhak memasuki bangunan dan halaman atau tempat lain yang dipergunakan atau yang dikuasai oleh Perseroan dan berhak memeriksa semua pembukuan, surat dan alat bukti lainnya, memeriksa dan mencocokkan keadaan uang kas dan lain-lain serta berhak untuk mengetahui segala tindakan yang telah dijalankan oleh Direksi.

1. 감사위원회는 개인적으로 혹은 합동으로 근무시간에 때를 가리지 않고 회사의 건물 혹은 회사에서 사용하거나 권리를 행사할 수 있는 다른 공간에 들어갈 권한이 있으며, 경리장부, 문서 및 다른 증거품에 대하여 조사하고, 현금 등의 현황을 조사하고 대조하며, 이사회에서 행한 모든 조치를 인지할 권리가 있다.

pembukuan : 회계

mencocokkan : 대조하다

uang kas : 현금

9.77

2. Direksi dan setiap anggota Direksi wajib untuk memberikan penjelasan tentang segala hal yang ditanyakan oleh Dewan Komisaris.

2. 이사회와 각 이사는 감사위원회가 문의하는 모든 사항에 대하여 설명할 의무가 있다.

9.78

3. Apabila seluruh anggota Direksi diberhentikan sementara dan Perseroan tidak mempunyai seorang pun anggota Direksi maka untuk sementara Dewan Komisaris diwajibkan untuk mengurus Perseroan. Dalam hal demikian Dewan Komisaris berhak untuk memberikan kekuasaan sementara kepada seorang atau lebih di antara aonggota Dewan Komisaris atas tanggungan Dewan Komisaris.

kekuasaan sementara : 임시 권한

3. 이사 전원이 일시적인 직무수행 정지 조치로 본 회사를 운영할 이사가 공석일 때 감사위원회는 일시적으로 회사를 운영할 의무가 있다. 이 때 감사위원회는 그들의 공동책임으로써 그들 중 일 인 혹은 그 이상의 감사에게 일정기간 동안 권한을 위임할 수 있다.

9.79

4. Dalam hal hanya ada seorang anggota Dewan Komisaris, segala tugas wewenang yang diberikan kepada Komisaris Utama atau anggota Dewan Komisaris dalam anggaran dasar ini berlaku pula baginya.

4. 감사가 1(일)인에 불과할 때, 본 정관의 대표감사 혹은 타 감사에게 주어진 의무와 권한은 그에게 귀속된다.

9.80

Pasal 16. Rapat Dewan Komisaris
제 16 조 감사위원회의

Ketentuan sebagaimana dimaksud dalam pasal 10 mutatis mutandis berlaku bagi rapat Dewan Komisaris.

감사위원회의와 관련된 사항은 제 10 조에 준용한다.

9.81

Pasal 17. Rencana Kerja, Tahun Buku, dan Laporan Tahunan

제 17 조 운영계획, 회계연도, 결산보고서

anggaran tahunan : 연간예산

tahun buku : 회계연도

1. Direksi menyampaikan rencana kerja yang memuat juga anggaran tahunan perseroan kepada Dewan Komisaris untuk mendapat persetujuan, sebelum tahun buku dimulai.

1. 이사회는 회계연도가 시작하기 전에 회사의 예산을 포함한 운영계획을 감사위원회에 보고하여 승인을 득해야 한다.

9.82

2. Rencana kerja sebagaimana dimaksud pada ayat (1) harus disampaikan paling lambat 30 (tiga puluh) hari sebelum dimulainya tahun buku akan datang.

2. 상기 제1조에서 의도하는 바의 운영계획은 늦어도 차기 회계연도 개시 30(삼십)일 전에 보고되어야 한다.

9.83

3. Tahun buku perseroan berjalan dari tanggal 1 (satu) Januari sampai dengan tanggal 31 (tiga puluh satu) Desember. Pada akhir bulan Desember tiap tahun, buku perseroan ditutup.

3. 회사의 회계연도는 1(일)월 1(일)부터 12(십이)월 31(삼십일)일까지로 한다. 매 회계연도의 12(십이)월 말에 본 회사의 회계를 결산한다.

9.84

4. Direksi menyusun laporan tahunan dan menyediakannya di kantor Perseroan untuk dapat diperiksa oleh para pemegang saham terhitung sejak tanggal panggilan RUPS tahunan.

4. 이사회는 결산보고서를 작성하여 회사에 비치함으로써 주주총회 소집일부터 주주들의 검토를 받도록 한다.

9.85

Pasal 18. Penggunaan Laba dan Pembagian Deviden

제 18 조 당기순이익의 처리 및 배당

neraca : 대차대조표

perhitungan laba rugi : 손익계산

1. Laba bersih perseroan dalam suatu tahun buku seperti tercantum dalam neraca dan perhitungan laba rugi yang telah disahkan oleh RUPS tahunan merupakan saldo laba yang positif, dibagi menurut cara penggunaannya yang ditentukan oleh RUPS tersebut.

1. 정기 주주총회에서 인준받은 대차대조표 및 손익계산서 상에 명시된 바의 회계연도 회사의 순이익은 긍정적인 이익의 잔액을 말하며 이는 상기 주주총회에서 의결한대로 처리한다.

9.86

dana cadangan : 적립금

2. Jika perhitungan laba rugi pada suatu tahun buku menunjukkan kerugian yang tidak dapat ditutup dengan dana cadangan, maka kerugian itu akan tetap dicatat dan dimasukkan dalam perhitungan laba rugi dan dalam tahun buku selanjutnya perseoran dianggap tidak mendapat laba selama kerugian yang tercatat dan dimasukkan dalam perhitungan laba rugi itu belum sama sekali tertutup.

2. 회계연도의 손익계산이 적립금으로 충당할 수 없는 손실이 발생했을 때 이 손실은 손익계산서에 손실로 기입하고 차기 회계연도에 해당 손실을 막을 수 없을 때 회사는 순이익을 내지 못하는 것으로 간주한다.

9.87

Pasal 19. Penggunaan Cadangan

제 19 조 적립금 사용

1. Penyisihan laba bersih untuk cadangan dilakukan sampai mencapai 20 % (dua puluh persen) dari jumlah modal yang ditempatkan dan disetor hanya boleh dipergunakan untuk menutup kerugian yang tidak dipenuhi oleh cadangan lain.

1. 당기순이익는 수권자본의 20(이십)%까지 적립할 수 있으며 이는 다른 적립금으로 보전할 수 없는 손실을 막기 위하여 사용할 수 있다.

laba bersih : 당기순이익

menutup kerugian : 손실을 막다

9.88

2. Jika jumlah cadangan telah melebihi jamlah 20 % (dua puluh persen), RUPS dapat memutuskan agar jumlah kelebihannya digunakan bagi keperluan Perseroan.

2. 위에서 언급한 수권자본의 20(이십)%를 상회하는 자금이 적립되었을 때 주주총회는 정한 바를 상회하는 적립금은 회사에서 필요한 부분에 사용할 수 있도록 의결할 수 있다.

melebihi : 상회하다

9.89

3. Cadangan sebagaimana dimaksud dalam ayat 1 yang belum dipergunakan untuk menutup kerugian dan kelebihan cadangan sebagaimana dimaksud pada ayat 2 yang penggunaannya belum ditentukan oleh RUPS harus dikelola oleh Direksi dengan cara yang tepat menurut pertimbangan Direksi, setelah memperoleh persetujuan Dewan Komisaris dan memperhatikan peraturan perundang-undangan agar memperoleh laba.

3. 상기 제1항에서 의도하는 바의 손실보전을 위한 미 시용 적립금과 제2항에서 의도하는 주주총회에서 사용처를 정하지 못한 적립금의 상회분은 감사위원회의 승인 및 이익을 산출할 수 있도록 관련 법규정을 참조하여 적법한 범위 안에서 이사회가 판단하여 활용한다.

9.90

Pasal 20. Ketentuan Penutup

제 20 조 마감규정

1. Segala sesuatu yang tidak atau belum cukup diatur dalam Anggaran Dasar ini, akan diputus dalam RUPS.

1. 본 정관에 명시되지 않았거나 미흡한 제반 사항은 주주총회에서 결정한다.

확인학습

I. *Ibu membacakan adik dongeng.*

Fungsi imbuhsn *me-kan* pada kata "membacakan" sama dengan imbuhan *me-kan* pada kata dalam kalimat ......

(a) Pak Haji menjahitkan kain sarungnya yang baru.
(b) Ayah membelikan adik sepeda.
(c) Pelayan menyediakan makan pagi.
(d) Peristiwa itu sangat menyedihkan.

II. Imbuhan *ber-* yang mempunyai arti "mempunyai" terdapat pada kalimat ......

(a) Adik bersepedan ke sekolah.
(b) Murid berusaha menyelesaikan tugasnya.
(c) Saya bermaksud mengunjungi nenek.
(d) Ibu berbelanja di pasar.

X

Sedekah Minus

마이너스 희사

10.1

DJIWO sedang sensitif mendengar nama kiai, ustaz, atau Gus disebut-sebut. Bukan karena penolakannya pada Tuhan, juga nasehat-nasehat kebaikan; tetapi justru karena kalimat-kalimat kebajikan nyaris setiap saat mampir ke telinga. Seolah yang dilakukannya masih salah, seolah ibadahnya masih terasa kurang hingga kesulitan hidup menghimpit tak sudah-sudah. Berjalin sambung-menyambung bagai antrian kendaraan bermotor yang macet tiap pagi di jalan protokol.

kiai : 이슬람교 성직자, 율법사

ustaz : guru agama 이슬람 교육자

kebajikan : 은혜

ibadah : 예배

sambung-menyambung : terus berlanjut 이어지는

지워는 요즈음 이슬람 성직자들의 이름에 민감하다. 그것은 그가 신을 부인하거나 그의 가르침을 따르지 않아서가 아니라 절대자의 가르침이 귀에서만 맴돌기 때문이다. 자신이 행한 일이 그릇된 듯하고 자신이 드리는 예배가 부족하여 결국은 자신의 삶을 끊임없이 옥죄는 어려움에 봉착한다고 생각했다. 어찌 보면 그의 일상은 매일 아침 정체된 출근길에 줄을 지어 도열해 있는 자동차와 같은 것일지도 모를 일이다.

10.2

Djiwo bukan orang yang enggan ibadah. Lima waktu, diusahakannya bersujud berjamaah. Berlomba dengan takmir masjid, Pujo yang bernasib sama: tubuh kering, kusut, legam, rambut keperakan. Djiwo dan Pujo bergantian mengumandangkan azan. Meski desas-desus tak enak beredar: modin harusnya anak muda bersuara merdu. Masjid-masjid di kota besar mulai memasang muazin, imam, takmir yang energik penuh vitalitas.

takmir : 사원관리인

legam : hitam

azan : 이슬람교에서 기도시간을 알리는 일

modin : 아잔을 행하는 사람

지워는 예배를 게을리 하는 사람이 아니다. 하루에 다섯 번 무릎 꿇고 기도하려 했다. 사원의 일을 보는 데에도 뿌조와 앞을 다투었다. 뿌조는 지워처럼 깡마르고, 산발에 반백이며, 피부는 까맣다. 지워와 뿌조는 교대로 아잔을 외쳤다. 소문이 좋게 들릴 리는 없지만 모딘은 목소리가 좋은 젊은이들이 맡아야 한다는 말이 들리기도 했다. 도회지의 사원에서는 활기에 찬 젊은 사람을 모딘, 성직자, 사원관리인 등으로 기용하기 시작했다.

10.3

Anak-anak muda punya segudang kreativitas untuk menghidupkan agenda-agenda masjid. Masjid kampung mereka masih sepi anak muda. Para remaja sibuk main futsal, nonton bareng piala Eropa, main *play station* atau ngenet berjam-jam. Djiwo bersyukur kampung mereka memiliki Pujo yang setia berdiam di masjid, membersihkan kamar mandi, menyiapkan sarana salat. Pujo pun senang berteman Djiwo yang ringan tangan menyemarakkan masjid.

ngenet : 인터넷을 하다

ringan tangan : lekas berbuat sesuatu

젊은이들은 사원의 프로그램을 살리기 위한 무한한 창의력과 에너지를 가지고 있기 때문이다. 그들 마을의 사원에는 젊은이들이 드물었다. 젊은이들은 풋살을 하거나 함께 유로컵을 시청하였으며, 플스를 하고 몇 시간을 인터넷에 매달려 있다. 지워는 뿌조같은 사람이 마을에 있는 것이 감사했다. 뿌조는 사원에 기거하며 욕실을 청소하고 예배에 필요한 장비들을 준비한다. 뿌조도 사원을 잘 관리하는 지워와 함께 있는 것이 좋았다.

10.4

Perbedaan Djiwo dan Pujo hanya satu: Pujo menduda lama sejak istrinya meninggal lima belas tahun lalu karena kanker paru-paru, Djiwo masih memiliki Kanthi, istri yang memberinya tiga anak. Djiwo cukup berbahagia memiliki Kanthi. Kanthi mampu membantunya menopang ekonomi keluarga, berjualan pecel di pinggir jalan Medokan Ayu tiap hari. Penghasilan sebagai tukang tambal ban tentu tak cukup menyuapi lima mulut, terlebih kebutuhan sekolah susul-menyusul.

susul-menyusul : saling menyusul 뒤따르는, 이어지는

지워와 뿌조가 다른 것은 딱 하나이다. 뿌조는 폐암으로 아내를 여의고 홀아비가 된지 십 오년이 되었고, 지워는 세 아이를 낳아준 아내 깐띠와 사는 것이다. 지워는 깐띠를 아내로 맞아 행복했다. 깐띠는 머도깐 아유 길에서 야채샐러드 장사를 해서 가정 경제를 돕고 있다. 타이어 수리공 수입으로는 다섯 식구가 먹고 살기에도 빠듯하며 계속 이어지는 아이들 학비는 엄두도 못 낸다.

10.5

Kanthi istri dengan gambaran perempuan pada umumnya: mengurus anak dan rumah, membagi uang, menabung sedikit-sedikit. Kekurangan - atau kelebihan - Kanthi, terletak pada semangat ibadah serta penutur yang hebat, penyambung lidah luar biasa bagi para pendakwah yang menyampaikan nilai di mimbar-mimbar.

pendakwah : 설교자

깐띠는 여느 아내들과 같다. 아이와 가사를 돌보고 돈을 쪼개 쓰며 조금씩 저축한다. 깐띠의 단점은 - 아니 장점이 될 수도 있겠다 - 예배에 대한 열정과 대단한 입심에 있다. 그녀는 연단에서 진리를 전하는 설교자들의 훌륭한 전령이다.

10.6

"Kiai Dikin, yang punya pesantren besar itu lho Mas Djiwo··· sekeluarga mau berangkat umroh pas malam laitul qadar. Usaha bisnis travel hajinya sukses. Walaah, siapa sangka dia bisa jadi orang sukses, jadi kiai, santri dan jamaahnya banyak. Lha wong dulu hanya orang biasa, punya sakit kanker··· apa itu? Pokoknya kanker di tenggorokan. Terus kiai Dikin rajin salat malam, ndak pernah tinggal.

kiai : 이슬람교의 율법사

qadar : 금식월 중에 성스러운 날로 이 날의 경배에 대한 신의 축복이 다른 천 개월 동안의 경배보다 많다고 여김.

santri : 신앙심이 좋은 이슬람 계층

jamaah : 회중

"여보, 제법 큰 이슬람 기숙학교를 가지고 있는 끼아이 디낀은 온 가족이 라일라뚤 까다르 전날에 성지순례를 가려고 한다니까요. 성지순례 관련 비즈니스가 잘 된대요. 에고, 누가 그 사람이 성공하고, 율법사가 되고, 산뜨리가 되고, 회중이 많을 것이라고 생각이나 했겠어요. 전엔 그저 평범한 사람이었지요. 암에도 걸렸었고... 후두암에 걸렸었는데요. 끼아이 디낀은 저녁 예배에도 충실했어요. 빼먹은 적이 없어요.

10.7

Eeee, habis itu penyakitnya sembuh, usahanya maju, malah sering diminta ngisi ke sana kemari. Mungkin, sampeyan harus kayak kiai Dikin, Mas Djiwo. Jangan tinggal salat malam!" Djiwo hanya diam. Seingatnya, ia berusaha menggenapi tidur dengan witir. Bila terlalu lelah, salat malam memang hanya sanggup dua rakaat. Kanthi datang dengan ceramah berbeda, lain hari.

그리고는 병이 나았고, 사업도 번창했지요. 여기저기 부르는 데가 많아요. 당신도 끼아이 디낀처럼 해야 해요. 그러니까 저녁 예배에 빠지지 말도록 해요." 지워는 잠자코 있었다. 그의 기억으로 그는 항상 위띠르 예배를 드리고 취침했다. 다만 너무 피곤하고 지쳤을 때는 2배만 했다. 깐띠는 다른 날에는 또 다른 이야기를 했다.

sampeyan : Anda 당신

menggenapi : menepati, menuruti 완수하다, 따르다

witir : 이슬람교의 마지막 예배인 이샤 이후에 드리는 자발적인 예배로 3배, 5배, 7배 등 홀수로 드리는 기도

10.8

"Ustazah Romlah tadi hebat, Mas! Masih muda! Ilmunya banyak! Dia itu punya usaha rumah makan bebek dekat kampus. Dulu, katanya hidupnya susah. Terus, ustazah Romlah ndak pernah tinggal salat dhuha delapan rakaat. Habis itu, usahanya kayak air rezekinya. Ngaliiiiir terus." Kanthi dan Djiwo berusaha salat dhuha. Sebelum berangkat belanja bahan pecel ke pasar Soponyono untuk bahan jualan esok hari, Kanthi sempatkan salat dua rakaat.

"롬라 선생님 아까 대단했어요, 여보. 아직 젊은데 말이어요! 박학다식해요! 그 분은 대학교 근처에서 오리고기 식당을 해요. 사람들이 그러는데 옛날에는 어렵게 살았대요. 그 분은 두하 예배 8배를 거르지 않았어요. 그 뒤 사업이 잘 되었대요." 깐띠와 지워는 두하 예배를 시도했다. 소뽀뇨노 시장으로 다음 날 장사에 필요한 식자재를 구입하러 가기 전에 깐띠는 2배로 예배를 드렸다.

dhuha : 낮에 하는 자발적 예배로 2배에서 12배까지 하는 것이 일반적임.

rakaat : 배(拜) (한 번 일어서고, 두 번 구부리고, 두 번 무릎 꿇음)

10.9

Djiwo sendiri membuka usaha tambal ban di dekat kantor pemerintah yang memiliki masjid megah. Disempatkannya salat dua rakaat saat matahari sepenggal naik.

"Sampeyan kalau salat dhuha harusnya delapan rakaat, Mas. Aku kalau sempat juga delapan rakaat kok⋯."

Djiwo mengangguk, mengiyakan dalam diam.

sepenggal : sepotong, setengah 반절, 한 뼘

지워는 대 사원을 가진 관청 옆에서 타이어 수리점을 냈다. 그 역시 해가 한 뼘쯤 떠올랐을 때 2배로 기도를 드렸다.

"두하 예배를 할 때는 8배를 해야 해요, 여보. 나도 할 수 있으면 그러려고 해요..."

지워는 고개를 끄덕이며 조용히 아내의 말에 수긍했다.

10.10

Kali lain, Kanthi membawa cerita mengharukan.

"Aku sampai nangis dengernya, Mas. Dulu, ada tukang roti yang ndak pernah berhenti beristighfar. Katanya, semua permintaannya terwujud kecuali satu hal: bertemu imam Ahmad bin Hambal. Eee, lha kok, suatu hari ada kejadian misterius yang menyebabkan imam Ahmad terpaksa harus bermalam di rumahnya.

beristighfar : 알라에게 용서를 구하다

imam : 이슬람교의 성직자

어느 날 깐띠는 또 다른 애처로운 이야기를 했다.

"나는 이야기를 듣고 울 뻔했어요, 여보. 전에 알라에게 계속적으로 용서를 구한 빵 장수가 있었어요. 그 사람 말이 그의 요청은 하나를 빼고 모두 이루어졌다고 해요. 그 하나는 바로 아흐맛 빈 함발 이맘을 만나는 것이었어요. 그런데 어느 날 아흐맛 이맘이 그의 집에 묵을 수밖에 없는 이상한 일이 발생했어요.

10.11

Istighfar yo Mas? Aku ya gitu kok, sambil motongin kacang panjang, motong timun, metik kemangi, ngulek bumbu, baca istighfar. Sampeyan kalau nambal ban ya harus sering-sering baca istighfar biar rezekinya ndak mampet!"

Djiwo berusaha melafazkan istighfar bukan hanya saat tersandung, atau saat jemarinya tak sengaja tertusuk peralatan tambal ban.

당신도 알라에게 용서를 구하기 바래요. 저는 줄콩을 자르거나 오이를 자를 때, 그리고 레몬바질을 따거나 양념을 만들 때 항상 알라에게 용서를 구하는 기도를 암송해요. 당신도 타이어 펑크를 때울 때 항상 그리해야 해요. 그래야 돈이 벌려요."

지워는 일이 안 풀릴 때 혹은 타이어 수리기에 손가락이 찔렸을 때 알라에게 용서를 구하는 기도문을 암송했다.

kemangi : 레몬바질

ngulek bumbu : 양념을 만들다

mampet : pampat, terhenti 중지된, 멈춘

tersandung : terhalang, mendapat rintangan 장애물이 있는

10.12

Sembari melangkah ke masjid, mengayuh sepedanya berangkat dan pulang; bukan hanya istighfar. Tasbih, tahmid, takbir, lisannya berusaha terus mengingat Kanjeng Pangeran. Ucapan Kanthi, sudah lebih dahulu dilaksanakan. Beberapa hari terakhir, Kanthi mengulang hal yang sama. Masih seputar ibadah yang membuka pintu-pintu rezeki. Wajar Kanthi uring-uringan, putri pertama mereka dilamar orang. Sesederhana apa pun perhelatan, pasti butuh biaya.

사원을 오고 갈 때 자전거 페달을 밟으면서 그는 용서를 구하는 기도문을 암송함은 물론이고 신에게 감사하고 신의 위대함을 반복해 찬미했다. 깐띠가 한 말을 척척 수행한 것이다. 최근 며칠 동안 깐띠는 같은 일을 반복했다. 장사를 시작할 때는 반드시 예배를 드렸다. 그의 첫째 딸이 청혼을 받았을 때 깐띠가 투덜거리는 것은 당연했다. 아무리 간소하게 한다 해도 비용이 들 것이기 때문이다.

tasbih : 알라를 칭송함 (*subhanallah*, Mahasuci Allah)

tahmid : 알라를 칭송함 (*alhamdulillah*, segala pujian hanya untuk Allah)

takbir : 알라를 칭송함 (*Allhu Akbar*, Allah Mahabesar)

uring-uringan : 투덜거리다

perhelatan : kenduri, pesta perkawinan 잔치, 결혼피로연

10.13

Uang tambal ban yang diberikan Djiwo, hasil jualan pecel, tabungan sedikit-sedikit yang disisihkan tidak mencukupi. Meminjam saudara, itu terpaksa. Kalau sudah menagih, tentu harus dibayar dengan uang. Kanthi sudah mengupayakan arisan dapat diminta lebih dahulu, pinjam ke koperasi; tapi belum mencukupi. Meminta Djiwo berbuat lebih, itu yang diminta.

"Coba tho Mas Djiwo, usaha lebih!"

Apalagi yang bisa diupayakan Djiwo?

mengupayakan : 노력하다

남편 지워가 타이어 수리를 해서 모은 돈에다 깐띠가 야채샐러드 장사로 모은 돈, 그리고 조금씩 저축한 것을 합해도 충분치 못하다. 동기간에게 돈을 빌릴 수밖에 없다. 빚은 지면 언젠가는 갚아야 한다. 깐띠는 곗돈을 먼저 타게 해달라고 부탁했고 협동조합에서도 돈을 빌렸다. 그래도 모자랐다. 그래서 남편 지워가 좀 더 많은 일을 할 수 있기를 바랐다.

"여보, 좀 더 많이 해봐요!"

지워가 무엇을 더 할 수 있겠는가?

10.14

Kemampuan tamatan sekolah dasar, memberinya kesempatan bekerja mandiri tanpa bekal keterampilan maksimal. Usaha tempe, berdagang kerupuk, membuat sambel pecel telah dicobanya. Pekerjaan menambal ban ini yang ternyata bertahan cukup lama. Kanthi melihatnya belum berupaya seperti yang diharapkan. Djiwo masih berlapang dada ketika Kanthi menganggapnya kurang cekatan mencari uang.

tempe : 인도네시아의 전통적인 요리의 하나. 발효시킨 콩을 뭉친 것.

kerupuk : 양파, 새우, 생선가루가 섞인 튀긴 과자

berlapang dada : berasa lega, berasa senang 여유 있는, 즐거운

초등학교를 졸업한 그가 자립해서 할 수 있는 일은 많지 않았다. 뗌뻬 사업이나 끄루뿍 장사를 해보았고 야채샐러드 소스도 만들어보았다. 지금 하는 타이어 수리업은 비교적 오래 하고 있다. 깐띠가 보기에는 자기 남편이 아직 자신이 원하는 만큼의 일을 하지 않고 있다고 생각했다. 지워는 깐띠가 자기에게 아직 돈을 잘 못 번다고 하는 정도는 그냥 넘어갈 수 있었다.

10.15

Tapi, ketika pembahasan menyinggung masalah kekurangannya beribadah, entah mengapa hatinya rasa tersengat sakit. Kurang ibadah?

"Sedekah lho Mas. Itu temen-temenku juga bilang gitu. Sekarang sedang rame orang-orang pada sedekah, ada yang sendiri-sendiri ada yang rombongan. Balasannya bisa berlipat kali! Ibarat tanaman padi, kelipatannya ratusan. Bu Ratih habis sedekah, dapat hadiah gratis umroh.

tersengat : tertusuk 찔린, 저미는

하지만 자기에게 예배가 미흡하다고 할 때는 이유 없이 가슴이 저미는 듯 했다. 예배가 미흡하다고?

"희사를 해야 해요, 여보. 내 친구들도 그리 말했어요. 지금 사람들이 앞 다투어 희사를 하고 있어요. 개인적으로도 하고, 공동으로도 해요. 은혜가 몇 배에 달해요. 흡사 벼농사를 하는 것과 같아서 수확이 수백 배의 결실이 있잖아요. 라띠 부인은 희사를 한 후에 무료로 성지순례를 할 수 있는 기회를 얻었어요.

10.16

Bu Endang sedekah gajinya, tahu-tahu dikasih hadiah sama majikannya yang habis jual tanah. Malah suami Bu Wiryo sedekah semua bonus gaji satpamnya, dikasih sepeda motor sama perusahaan. Itulah mas, kalau sedekah jangan setengah-setengah. Biar rezeki kita lancar. Aku sudah sering sedekah, tinggal Mas Djiwo. Gimana?" Djiwo tahu, sebagai manusia, mana berani mengatakan telah cukup beribadah?

tahu-tahu : dengan tidak diduga-duga, tanpa diketahui lebih dulu, tina-tiba 뜻밖에, 갑자기

엔당 부인은 봉급을 모두 희사한 후 땅을 팔게 된 주인으로부터 뜻밖에 선물을 받았대요. 게다가 위르요 부인의 남편은 경비원 봉급의 보너스를 희사한 후 회사 측으로부터 오토바이를 받았어요. 그러니까 여보, 희사를 하려면 어중간히 하지 말고 전적으로 해요. 그래야 우리가 복을 받아요. 나는 희사를 자주 하는데 당신은 안 그래요" 지워는 알고 있다. 한 사람의 인간으로서 감히 예배가 완전하다고 말할 수 있겠는가?

10.17

Nabi saja bahkan bengkak kakinya salat malam, merasa sangat bersyukur. Setahunya, para sahabat dan ulama pun berlomba beribadah. Umar bin Khatab pernah menginfakkan separuh hartanya di saat Abubakar menyerahkan seluruh hartanya. Imam Ahmad bin Hambal semasa hidup salat tiga ratus rakaat saat sehat, dan seratus lima puluh rakaat saat sakit. Ibnu Mubarrak setahun berhaji, setahun berjihad, begitu bergantian sepanjang masa. Djiwo, tentu tak ada apa-apanya.

menginfakkan : 희사하다

예언자 마호메트는 부은 발로 저녁 예배에 참석할 수 있었던 것을 감사해했다는 것 아닌가. 그가 알기로 마호메트의 제자들과 울라마들도 경쟁적으로 예배를 드렸다고 한다. 아부바까르가 전 재산을 희사할 때 우마르 빈 까땁은 재산의 반을 희사했다고 한다. 이맘 아흐맛 빈 함발은 건강할 때 300배의 예배를 드렸고 몸이 아플 때 150배의 예배를 드렸다고 한다. 입누 무바락은 평생을 한 해는 성지순례, 한 해는 성전에 참여하며 일생을 보냈다고 한다. 지워는 아무 것도 아니었다.

10.18

Lelaki itu berusaha beribadah sebaik mungkin yang ia bisa. Apalagi bila usai mendengar khutbah Jumat atau pengajian rutin di kampungnya tiap Kamis malam. Ketika kiai berkata Nabi Saw tak pernah meninggalkan salat witir, dhuha dan puasa tengah bulan; Djiwo berupaya melakukan. Sesekali witirnya kedodoran, dhuhanya terburu, atau puasa tengah bulan yang seharusnya tiga hari hanya dapat dilakukannya sehari.

sebaik mungkin : 최선을 다해

kedodoran : 감당하지 못하다

지워는 그가 할 수 있는 한 최선을 다 해 예배에 임했다. 특히 금요 예배 때 강론을 들을 때나 매주 목요일 동네에서의 경전을 낭독할 때는 신심을 다했다. 선지자께서 위띠르, 두하 등의 예배, 그리고 매달 중순경의 금식을 게을리 한 적이 없다고 끼아이가 말할 때 지워도 그렇게 하려고 노력했다. 가끔씩 위띠르 예배를 감당하지 못했고, 두하 예배는 서둘렀으며 3일 동안 행해야 할 중순경의 금식은 하루만 하고 끝냈다.

10.19

Ketika kiai berkata bahwa surat Waqiaah dapat menjamin dari kemiskinan, Djiwo berusaha menghafalkan dan membacanya tiap hari; meski susah payah ia menghafalkan dengan otak yang beranjak tua. Ketika kiai menyampaikan, surat al Mulk dapat membebaskan dari siksa kubur, Djiwo pun berusaha memebaca tiap malam sebelum tidur. Sekali lagi, sesungguhnya, ia sama sekali tak berani merasa cukup beribadah.

끼아이가 경전의 와끼아가 가난을 탈피해줄 수 있는 챕터라고 해서 그 챕터를 매일 읽고 외웠다. 그것은 나이가 든 지워로서는 결코 쉽지는 않은 일이었다. 끼아이가 경전의 물크가 죽음의 공포로부터 자유롭게 해주는 챕터라고 해서 매일 밤 자기 전에 그 챕터를 읽었다. 한 번 더, 사실, 그는 자신의 예배가 완전하다고 단언할 수 없었다.

waqiaah : 코오란의 56번째 챕터

mulk : 코오란의 67번째 챕터

10.20

Karenanya, ketika Kanthi mendesaknya untuk banyak sedekah, ada yang terasa mengganjal. Menghadapi Kanthi yang tangkas bicara, Djiwo sering gelagapan. Itulah sebabnya puluhan tahun mereka menikah, sebagai lelaki lebih memilih diam ketika istri mengomel. Beruntung, Pujo bersedia menyediakan telinga saat dirinya pepat masalah. Djiwo tahu, ujung kisahnya hanya berujung pada nasehat: sabar.

그러므로 깐띠가 희사를 많이 하라고 독려했을 때, 편치 않은 느낌을 받았다. 청산유수인 깐띠에 비하면 지워는 어눌했다. 그것이 바로 수십 년의 결혼생활을 지탱하게 했다. 아내가 바가지를 긁으면 남편은 잠자코 있는 것. 다행이 뿌조는 자신에게 문제가 생겼을 때 잠자코 듣기만하는 버릇이 있다. 지워는 안다. 그녀의 이야기는 충고라는 것을. 그러니 인내가 필요하다.

mengganjal : terasa tidak menenangkan hati, terasa mengganggu pikiran 편치않은, 염려스러운

gelagapan : 어눌한

pepat : penuh 꽉찬, 많은

10.21

Tapi sungguh lumayan sudah berbagi beban pada orang lain, setidaknya, ada yang membantunya berpikir sekalipun penyelesaiannya pun tetap harus ditanggung sendiri.

"Memang zaman Kalatidha, kata Ranggawarsito," Pujo berkata, usai Djiwo selesai menarik nafas di kalimatnya yang terakhir.

"Orang bingung cari rezeki, mana halal mana haram. Orang yang beruntung yang *eling lan waspodho*, tetap ingat dan waspada. Ndak tergiur harta."

zaman Kalatidha : 광란의 시대

Ranggawarsito : 1860년에 "광란의 시대"(Kalatidha)를 쓴 시인

eling lan waspodho : ingat dan waspada 기억과 경계

하지만 다른 사람과 함께 짐을 진다는 것은 대단한 일이다. 비록 최종적으로는 자신이 책임을 져야 하지만 적어도 무엇인가를 생각하게 해준다.

"랑가와르시또 말대로 광란의 시대야." 지워가 숨을 들이쉬며 마지막 문장을 마칠 때 뿌조가 말했다.

"사람들은 돈을 버는 데 있어서 혼란스러워 해. 어느 것이 정당하고 어느 것이 부당한지. 그것을 기억하고 경계할 수 있음은 다행이야. 재물을 탐하지 않고."

10.22

Djiwo tahu itu. Memangnya, selama ini ia telah tergiur? Banyak teman-temannya mengajak bisnis barang tadahan, uang cepat, tapi ia bertahan menambal ban demi rezeki halal meski sedikit. Mereka terus berdiskusi usai salat Isya berjamaah, dan seperti biasa, Djiwo tak mampu berbicara menukik langsung ke persoalan.

"Sampeyan··· sering sedekah, Jo?" Djiwo bertanya hati-hati.

tergiur : 탐욕적인

barang tadahan : 장물

지워는 그것을 안다. 그동안 자신은 탐욕적이었나? 여러 친구들이 장물을 사고파는 사업을 제안했었다. 돈을 빨리 벌 수 있다고 했다. 하지만 그는 비록 돈벌이는 시원찮았지만 정당한 신의 축복을 위하여 타이어 수리 일을 고수했다. 그들은 이샤 예배가 끝난 후 토론했다. 그리고 항상 그랬던 것처럼 지워는 문제의 본질을 꿰뚫는 말을 할 수 없었다.

"희사 자주 해, 조?" 지워는 조심스럽게 물었다.

10.23

Pujo terkekeh. Memang, ibadah apa pun sebaiknya tersembunyi, namun dalam beberapa hal, baik untuk dibicarakan demi menambah semangat.

terkekeh : 껄껄웃다

"Ya iya laaa…. Dulu ada sahabat yang minta izin ndak jihad sama sedekah, terus sama Kanjeng Nabi dibilangin intinya, lha sampeyan mau masuk surga pake apa? Sedekah itu harus sudah jadi kebiasaan tho."

"Besarnya berapa? Maksudku, jumlahnya…," Djiwo merasa mukanya merah menahan malu.

뿌조는 껄껄 웃었다. 물론 어떤 형태의 선행도 비밀스럽게 행해야 한다. 하지만 사안에 따라 공개적으로 해도 좋을 일이다. 의욕을 불러일으키기 위하여.

"그래, 맞아.... 전에 예언자에게 성전과 희사를 면해달라고 요구한 제자가 있었지. 그러자 예언자가 너는 천국에 무엇으로 들어갈 것이냐고 물었지. 희사는 이미 일상화 돼있어야 해."

"어느 정도 해야 해? 내 말은 얼마를....." 지워는 창피해서 얼굴이 달아오르는 듯했다.

10.24

Pujo mengernyitkan kening.

mengernyitkan kening : 눈살을 찌푸리다

"Aku memang ndak ada tanggungan, Wo," papar Pujo.

"Anak ndak punya, cucu apalagi. Paling sesekali keponakan minta dibantu. Jadi ya… aku bebas mau sedekah berapa pun. Yang pasti, kalau Jumat, aku usahakan sedekah yang terbaik. Ya terbaik jumlahnya, terbaik bentuk uangnya."

뿌조는 눈살을 찌푸렸다.

"나는 물론 책임질 사람이 없어, 워," 뿌조가 말했다.

"아들도 없고, 손자는 물론 없고. 기껏 해봤자 가끔씩 조카들이 도와달라고 손을 벌리는 정도야. 그래서...나는 자유롭게 얼마가 되든지 희사할 수 있어. 확실한 것은, 금요 예배 때에는 가장 좋은 모습의 희사를 하려고 노력해. 그래, 액수에 있어서도 그렇고 돈의 모양새도 그렇지."

10.25

"Terus, ada··· balasannya?"

Djiwo betul-betul terbentur malu berpangkat-pangkat! Untung, Pujo memaknai perbincangan itu memang sebagai pencarian jawaban atas ibadah-ibadah mereka, orang-orang dengan ilmu agama yang masih jauh dari memadai. Djiwo dan Pujo saling melengkapi, sesekali Djiwo mendapatkan penguatan dari Pujo.

terbentur : 직면하다, 부딪치다

berpangkat-pangkat : bertingkat-tingkat 여러 층으로 이루어진

saling melengkapi : 상호보완적인

"그렇다면, 상급이....있는가?"

지워는 창피해서 어쩔 줄 몰랐다. 다행인 것은 뿌조는 이러한 토론을 아직 신앙이 완벽하지 못한 그들의 예배에 대한 답을 구하기 위한 것으로 생각하는 것이었다. 지워와 뿌조는 서로 보완적이었다. 지워는 뿌조를 통하여 가끔씩 힘을 얻는다.

10.26

Pujo pun acapkali mendapatkan pencerahan dari Djiwo yang diam-diam diakui Pujo sebagai lelaki dengan kesabaran dan keteguhan di atas rata-rata. Perlahan Djiwo mengisahkan kebutuhan keluarganya yang terlilit hutang. Memang, tidak sebesar hutang koruptor tapi sudah cukup memusingkan. Anak bungsunya yang harus masuk sekolah SMK, kebutuhan hidup yang tambal sulam.

terlilit hutang : 빚에 쪼들리는

SMK : Sekolah Menengah Kejuruan 기술고등학교

tambal sulam : (일부를) 보수하다, 깁다

뿌조 역시 자신이 인내심과 진솔함이 대단한 남자로 암암리에 인정하는 지워로부터 때로는 지혜를 배운다. 지워는 천천히 빚에 쪼들리는 자신의 가족이 필요한 것을 말했다. 물론 그들의 빚이 부패자들의 빚처럼 많지는 않으나 제법 골치 아픈 것이었다. 그의 막내는 기술고등학교에 들어가야 한다. 덕지덕지 어려운 삶에서 살아남을 필요한 수단이다.

10.27

Djiwo menggarisbawahi perkataannya, bahwa ia sama sekali tidak mempertanyakan mengapa Tuhan memberikan kehidupan sangat sederhana-bahasa halus untuk miskin-kepada keluarganya. Yang ia tanyakan, mungkinkah semua disebabkan ibadahnya kurang sehingga rezeki tak mengalir? Matahari bersinar sepuluh kali lebih terang. Langit lebih meninggi, mobil berjalan lambat.

menggarisbawahi : 중요시하다

지워는 신이 자신의 가족에게 어찌하여 그렇게도 수수한 - '가난한'이라는 말을 완곡하게 표현한 말 - 삶을 부여했는지 물어본 적이 없다는 점을 중요하게 여겼다. 그가 묻고 싶은 것은 이 모든 것이 그가 신앙심의 부족에서 연유한 것이며 그래서 돈을 잘 벌지 못하는 것인가? 태양이 찬란한 빛을 발하고 있다. 하늘은 더욱 높아보였고 자동차는 천천히 움직였다.

10.28

Setiap orang tersenyum, daun lebih hijau, udara bersih jernih. Seperti ini rasa kebahagiaan itu. Segala yang tampak terlihat lebih dari biasanya. Djiwo mengayuh sepeda riang. Mulutnya ringan mengucap istighfar. Hari ini, ia merasa lebih baik dari hari-hari sebelumnya. Perbincangan dengan Pujo setidaknya memberikan kekokohan kaki untuk melangkah.

setidaknya : 적어도

사람들이 미소를 짓고 있고, 이파리는 더욱 푸른빛을 띠었으며 공기는 상큼했다. 행복감이라는 것이 이런 것일 것이다. 눈에 보이는 모든 것이 보통 이상이었다. 지워는 경쾌하게 자전거 페달을 밟았다. 그의 입에서는 신에게 용서를 구하는 기도가 가볍게 흘러나왔다. 오늘 그는 그 이전의 어느 날 보다 더욱 좋아보였다. 뿌조와의 토론은 적어도 그가 굳건하게 앞으로 나아갈 수 있는 힘이 되었다.

10.29

"Kalau rezeki dimaknai uang, ya sedikit, Wo. Kamu masih punya harga diri buat cari uang sendiri, itu rezeki lho. Kita habis nengok pak Setyo kan, yang tergolek stroke? Apa ya enak, lelaki ndak bisa apa-apa seperti itu⋯."

Ya. Rezeki itu bukan matematika, bukan seperti bunga bank yang perhitungannya selalu uang dan uang. Masing-masing orang boleh jadi tak punya pemahaman sama tentang rezeki, tetapi bagaimanapun rezeki seperti yang digambarkan Pujo.

"만약 축복이라는 것이 돈을 의미한다면, 그래, 적다고 할 수 있지, 워. 너는 아직 자신의 돈을 버는 것에 대한 자존감이 있어, 그것이 바로 축복이야. 우리는 풍을 맞아 쓰러진 세뚀씨를 봤잖아. 그는 이제 아무 것도 할 수가 없지...."

그렇다. 축복이라는 것은 수학이 아니다. 돈으로 계산되는 은행의 이자가 아닌 것이다. 사람들 모두가 축복에 대한 이해가 같을 수는 없다. 하지만 어찌됐건 그것은 뿌조가 그리고 있는 것과 같은 것이다.

10.30

"⋯barang ghaib. Pintunya ada di arah tak disangka."

Manusia beranggapan rezekiya dari gaji, teryata dibuka dari pintu yang lain. Banyak pintu tersedia, tinggal mengupayakan kunci.

Ya. Ya.

Djiwo tetap berusaha memenuhi permintaan Kanthi untuk bersedekah. Bagaimanapun, saran Kanthi mungkin ada benarnya.

ghaib : 신비스러운

"..... 신비스러운 것이야. 문이 생각지도 않은 곳에 있어."

사람들은 축복이라는 것이 봉급에서 온다고 여기는데, 사실은 다른 문에서 나온다. 문은 많이 있다. 우리는 열쇠를 찾는 일만 남은 것이다.

그래, 맞다.

지워는 아내 깐띠가 요구한 희사의 생활화를 위한 노력을 계속했다. 어찌됐건 깐띠의 제안은 일리가 있을 것이다.

10.31

Ia masih ragu untuk bersedekah, tetapi Djiwo tak ingin berhitung-hitung masalah pengembalian. Tuhan bukan pedagang, meski berniaga dengan Tuhan adalah perniagaan paling menguntungkan. Hari ini Djiwo mencoba bersedekah lebih banyak. Dan memang, Tuhan membayar kontan. Bukan bayaran kontan itu yang membuat Djiwo bersuka cita. Tapi makna lain yang ia dapatkan. Usai bersedekah, salat asar, seseorang mendekatinya.

그는 희사에 관하여 확신은 없지만 반대급부 문제를 계산하고 싶지는 않았다. 신과의 거래가 가장 이익을 주는 것이지만 그렇다고 신은 장사꾼이 아니다. 오늘 지워는 평소보다 많은 희사를 해보았다. 그리고 신이 즉시 상급을 줄 것이다. 그 상급이 지워를 즐겁게 하지는 않을 것이다. 하지만 그는 다른 의미의 보상을 받을 것이다. 희사를 하고 오후 기도를 마쳤을 때 어떤 한 사람이 다가왔다.

masalah pengembalian : 반대급부 문제

kontan : 상급

salat asar : 오후 기도

10.32

Lelaki tinggi besar itu memperkenalkan diri sebagai kepala seksi di salah satu bagian. Ia menitipkan beberapa sepeda untuk diperbaiki mulai ban hingga pengecatan. Mereka sekeluarga akan lebih sering menggunakan sepeda untuk jarak-jarak pendek demi kesehatan. Djiwo tentu senang. Ditambah lagi, pak kepala seksi menambahkan instruksi berbeda untuk takmir masjid, sesuatu yang membuat Djiwo ternganga.

키가 크고 건장한 그 사람은 본인이 관청의 팀장이라고 소개했다. 그는 자전거 몇 대를 가져와 타이어 수리며 도색을 부탁했다. 그들 가족은 건강을 위해 단거리는 자전거를 자주 이용하게 될 것이다. 지워는 물론 기뻤다. 게다가 그 팀장은 사원 관리자를 위한 다른 지침을 추가했다. 실로 지워를 놀라게 만드는 일이었다.

ternganga : 놀라게 하다

10.33

Takmir masjid berniat menggelontorkan dana pinjaman sebesar lima ratus ribu, bisa dicicil hingga dua puluh kali, setelah sebelumya hanya mengizinkan pinjaman maksimal dua ratus ribu. Malu-malu, Djiwo bertanya pada takmir masjid, apa pasal yang menyebabkan pak kepala seksi berniat memperbaiki sepeda-sepedanya dan memerintahkan penambahan dana pinjaman untuk dirinya.

menggelontorkan dana pinjaman : 자금을 빌려주다

apa pasal : 무슨 이유로

사원 관리자는 50만 루피아의 자금을 최대 20회 분할 상환 조건으로 빌려준다고 한다. 전에는 20만 루피아가 최대였다. 지워는 팀장이라는 사람이 왜 자전거를 수리하려고 하며 자신에게 자금을 더 많이빌려주도록 지시했는지 부끄러움을 무릅쓰고 사원 관리자에게 문의했다.

10.34

"Aku pernah cerita ke beliau, kalau sampeyan itu termasuk yang tepat waktu mengembalikan pinjaman, jujur lagi," terang takmir. Bukan pujian itu yang menyenangkan hati Djiwo, tapi justru kelebatan perkataan Pujo. Rezeki. Barang ghaib. Pintunya tersebar. Mungkin saja, buah komitmennya selama ini yang takut mati membawa hutang sehingga bersusah payah menyisihkan uang demi membayar pinjaman, membuat pintu rezeki terbuka.

"내가 그 분에게 이렇게 말한 적이 있어요. 당신은 빌려간 돈을 제 때에 갚는 사람이고 정직하기까지 한 사람이라고요." 사원 관리자가 답했다. 그의 칭찬이 지워의 마음을 기쁘게 한 것이 아니었다. 그보다는 뿌조의 말이었다. 축복. 신비스러운 것. 문은 열려있다. 아마도 그동안 빚을 죽을 때까지 갚지 못할 수도 있다는 생각에서 열심히 일해서 빚을 갚아온 것이 축복의 문을 열리게 한 것은 아닌지.

10.35

Mungkin juga, sedekah itu membuat lebih lancar semuanya. Setidaknya Djiwo lebih yakin, bahwa semua amal ibadah, memang layak dikerjakan tanpa pilih-pilih, demi balasan yang juga lebih terbuka lebar jenisnya. Djiwo memberitakan detil kejadian kepada Kanthi. Kanthi terbelalak. Mulut terbuka. Anehnya, wajahnya tak sumringah.

"Yaaa… coba yang mas Djiwo sedekahnya bukan separuh imbalan. Pasti dapatnya lebih besar dari lima ratus ribu!"

amal ibadah : 신앙적 행위

terbelalak : 눈이 휘둥그레지다

sumringah : 기쁜

아마도 그 희사가 모든 것을 더욱 원활하게 만들었을 것이다. 적어도 지워는 모든 신앙적 행위는 가리지 않고 성실하게 수행해야 한다는 확신이 있으며, 결국은 그것이 더욱 많은 상급이 있을 것이라고 믿었다.

지워는 깐띠에게 아까 있었던 일을 소상히 말해주었다.

깐띠는 눈이 휘둥그레지고 입이 벌어졌다. 그런데 이상한 것은 그리 기쁘지 않은 표정이었다.

"그래요....당신이 희사한 것에 대한 보상은 훨씬 많을 거예요. 50만 루피아 이상이 될 것이 확실해요!"

10.36

Mulut Djiwo terkatup. Jengkel tentu saja. Tapi mengingat wajah Pujo, hatinya ayem. Semua pantas disyukuri. Punya rezeki seperti Kanthi, istri yang cerewet tapi selalu mengingatkan ibadah, juga rezeki. Djiwo ingin berkata, kalau ia ingin memperlakukan Tuhan bukan seperti pedagang. Kalau betul-betul berdagang dan berniat menginfakkan Kanthi pada Pujo, apa ia dapat ganti istri yang lebih baik lagi? (*Sinta Yudisia)

ayem : (마음이) 편한

cerewet : 말이 많은

지워는 입을 열지 못했다. 좀 언짢았다. 하지만 뿌조의 얼굴이 떠오르자 다시 마음이 편해졌다. 모두 감사해야할 일이다. 깐띠와 같은 축복을 가진 것도 그렇다. 말이 많지만 항상 신앙을 강조하는 아내 역시 축복인 것이다. 지워는 자신이 신을 장사꾼으로 여기지 않고 있다는 것을 말하고 싶었다. 만약 정말로 장사를 하고 깐띠를 뿌조에게 넘긴다면 그녀보다 더 좋은 아내를 얻을 수 있을까?

확인학습

I. *Aksi jual beli saham di Bursa Efek Jakarta kembali bergairah.*
Pasangan kata di bawah ini yang setipe dengan "jual beli" adalah ......

(a) pantang mundur
(b) serah terima
(c) terus terang
(d) sepat terjang

II. Pola gabungan kata "ikat pinggang" sama dengan pola gabungan kata.......

(a) sarung sutra
(b) celana monyet
(c) minyak goreng
(d) tusuk gigi

확인학습 해설
정답모음

확인학습 해설

Pelajaran I

1. sebelumnya (이전에)
2. sebaliknya (반면에)
3. sebaiknya (~하는 편이 낫다)
4. sebenarnya (사실은)
5. rupanya (~처럼 보인다)
6. tentunya (확실히)
7. seharusnya (~했어야 한다)
8. pokoknya (중요한 것은)
9. kiranya (~하기를 바란다)
10. setidaknya (적어도)

Pelajaran II

1. Celeng Wayungyang menjadi hamil.
2. Dayang Sumbi pandai menenun.
3. Dia mengatakan bahwa barnag siaa mengambilkan taropongnya, kalau perempuan akan dia jadikan saudara, kalau laki-laki akan dia jadikan suaminya.
4. Karena tidak jelas siapa ayah anak yang ada dalam kadungannya dan untuk melindungi nama baik keluarga raja.
5. Karena si Tumang bukannya mengejar Celeng Wayungyang, tetapi malah berputar-putar di sekitar Sang Kuriang hingga Sang Kuriang hampir terjatuh karena langkahnya terhalang tubuh si Tumang.
6. Dayang Sumbi mengambil sendoknya, lalu mendekatkannya ke bekas luka di atas dahi pemuda itu.
7. Kepala perampok yang memungut Sang Kuriang sebagai anak.
8. Pertama, membendung Sungai Citarum agar terjadi sebuah danau. Kedua, membuat perahu untuk berlayar bagi mereka berdua di danau itu.
9. Karena dia bekerja dengan mengerahkan para siluman yang dipanggil melalui kesaktiannya.
10. Ia menendang perahu yang hampir selesai.

Pelajaran III

I.

1. Apa pekerjaan rombongan ini?
2. Rombongan ini harus mengenakan apa di depan pintu?
3. Di pos pemeriksaan kedua, mereka harus menukar kartu pengenal dengan kartu apa saja?
4. Mr. George Goh Eng Geok menjabat apa di perusahaan ini?
5. Apa maksud 'burung-burung besai raksasa'?

II.

1. Tidak sembarangan orang boleh masuk ke kamar itu.
2. Pendek kata, dia yang bersdalah.
3. Sekurang-kurangnya seratus lima puluh juta orang menyertai pemilihan umum.
4. Tadi lelaki paruh baya datang menemuimu.
5. Begitu sampai di kantor, dia memanggil rapat direksi.

Pelajaran IV

I.

1. 아까 보건소에 출발하기 전에 했어야 했는데 잊은 일이다.
2. semoga
3. pantas
4. menengadah
5. 반 년 동안 비를 맞았지만 아직 상태가 괜찮다.

II.

1. c-b-a-d
2. Orang itu sudah selesai makan mulutnya bergerak-gerak.
3. 3 (부가 의문문의 일종임)

Pelajaran V

I.“rumah orang kaya yang terbakar itu”를 “화재가 난 부자의 집”과 “얼굴이 탄 부자의 집”으로 해석할 수 있으므로 (b)가 정답이다.

II. “melempar”는 “던지다”이므로 “berjalan”과 무관하다. (d)가 정답이다.

Pelajaran VI

I. 문장(a)는 membicarakan을 dibicarakan으로 고쳐야 하며, 문장(b)는 옳은 문장이다. 문장(c)는 bagi를 삭제해야 하며, 문장(d)는 yang 뒤에 이어지는 절을 수동형으로 해야 하므로 melakukan을 dilakukan으로 고쳐 써야 한다.

II. (c)를 제외한 표현 (a), (b), (c)는 완곡어법이다. 따라서 정답은 (c)이다.

Pelajaran VII

I. ‘모형’의 의미이므로 (d)가 정답이다.

II. ‘서로 존중하다’의 의미이므로 (c)가 정답이다. 나머지는 ‘서로’의 의미가 아니다.

Pelajaran VIII

I. 앞에 있는 어휘는 대표성이 있는 어휘이다. (d)는 아니므로 (d)가 정답이다.

II. (b)

Pelajaran IX

I. 이 경우 접사 “*me-kan*”이 “~에게 ~을 해주다”의 의미이므로 (b)가 정답이다.

II. “소유하다”의 의미로 사용된 것은 (c)이다.

Pelajaran IX

I. (b)

II. 두 어휘가 목적격의 관계이므로 (d)가 정답이다.

MEMBACA TEKS
BAHASA INDONESIA
인도네시아어 읽기 연습

초판 1쇄 발행 2016년 11월 11일
초판 2쇄 발행 2021년 1월 30일

지은이 고영훈
발행인 김인철
총괄 · 기획 윤성우 Director, University Press
편집장 신선호 Executive Knowledge Contents Creator
전자책 · 사전 장혜린 Contents Creator
도서편집 이근영 Contents Creator
재무관리 조아라 Managing Creator
발행처 한국외국어대학교 지식출판콘텐츠원
02450 서울특별시 동대문구 이문로 107
전화 02)2173-2493~7
팩스 02)2173-3363
홈페이지 http://press.hufs.ac.kr
전자우편 press@hufs.ac.kr
출판등록 제6-6호(1969. 4. 30)
디자인 · 편집 (주)이환디앤비 02)2254-4301
인쇄 · 제본 네오프린텍(주) 02)718-3111

ISBN 979-11-5901-144-3 13730 정가 12,000원

*잘못된 책은 교환하여 드립니다.

HUINE은 한국외국어대학교 지식출판콘텐츠원의 어학도서, 사회과학도서, 지역학 도서 Sub Brand이다. 한국외대의 영문명인 HUFS, 현명한 국제전문가 양성(International +Intelligent)의 의미를 담고 있으며, 휴인(携引)의 뜻인 '이끌다, 끌고 나가다'라는 의미처럼 출판계를 이끄는 리더로서, 혁신의 이미지를 담고 있다.

MEMBACA TEKS
BAHASA INDONESIA

인도네시아어 읽기 연습